Schulbuchwissen

Umrisse einer Wissens- und Medientheorie des Schulbuches

Thomas Höhne

Johann Wolfgang Goethe-Universität
Frankfurt am Main 2003

Frankfurter Beiträge zur Erziehungswissenschaft
Reihe Monographien

im Auftrag des Vorstandes
des Fachbereichs Erziehungswissenschaften
der Johann Wolfgang Goethe-Universität
herausgegeben von
Frank-Olaf Radtke

Sigle: D 30

© Fachbereich Erziehungswissenschaften der
Johann Wolfgang Goethe-Universität
Frankfurt am Main 2003

Hergestellt: Books on Demand GmbH

Bibliografische Information Der Deutschen Bibliothek

Die Deutsche Bibliothek verzeichnet diese Publikation in der Deutschen Nationalbibliografie; detaillierte bibliografische Daten sind im Internet über http://dnb.ddb.de abrufbar.

ISBN 3-9806569-7-7

Inhaltsverzeichnis

Vorwort des Herausgebers   5

Danksagung   7

1.	**Einleitung**	**9**
2.	**Das Schulbuch als Gegenstand der Forschung**	**20**
2.1	Schulbuch und Schulbuchforschung	20
	2.1.1 Zur Kritik methodischer Eindimensionalität in der Schulbuchforschung	29
	2.1.2 Vom Vorurteil zum Wissen	35
	2.1.3 Internationale und interdisziplinäre Perspektiven für die Schulbuchforschung	42
2.2	Schulbuchforschung am Beispiel „Migration"	51
2.3	Zusammenfassung	58
3.	**Schulbücher zwischen Kontrolle und Konstruktion**	**60**
3.1	Schulbücher, Wissen und Staat	60
	3.1.1 Diskursarena Schulbuch und seine Konstruktion	61
3.2	Das Schulbuch als Medium	66
3.3	Schulbuchwissen, Didaktik und Lehrpläne	80
3.4	(Schulbuch-) Wissen, Performativität und Subjektkonstitution	95
3.5	Zusammenfassung	102

| 4. | **Wissen als theoretische Leitkategorie** | **105** |

4.1 Wissen als erziehungswissenschaftliche Kategorie 105
    4.1.1 Wissen als Subdiskurs in den Erziehungswissenschaften 109
4.2 Das Konzept des soziokulturellen Wissens 129

| 5. | **Zusammenfassung** | **155** |

Bibliographie   **174**

Vorwort des Herausgebers

Daß der modernen Schule im Prozeß der Nationalstaatsbildung eine bedeutende Rolle zugefallen ist, wurde in historischen Studien mehrfach belegt und ist theoretisch hinreichend aufgearbeitet worden. Worüber wir bisher nur in Ansätzen verfügten, war eine Theorie des Schulbuches, die diesen Kontext der Konstitution des Nationalen durch die Schule systematisch berücksichtigte und dabei empirisch fundiert war. Genau diese Lücke zu füllen, ist der Anspruch der hier vorgelegten Arbeit. Thomas Höhne geht es um eine Bestimmung der Genese und des Status des im Schulbuch präsentierten soziokulturellen Wissens. Dazu wird das Schulbuch nicht in erster Linie auf seine didaktische Form hin untersucht, sondern als ein wichtiges Medium des öffentlichen Diskurses wie der pädagogischen Kommunikation aufgefaßt.

Mit dem Begriff der „Diskursarena" führt Höhne ein Konzept ein, das er dazu nutzt, die gesellschaftspolitischen Machtauseinandersetzungen um das Schulbuchwissen zu beschreiben, das repräsentatives Wissen im Sinne einer Selbstdarstellung einer jeden Gesellschaft ist. Die Schulbücher sind sogesehen „Dokumente der offiziellen Kultur" oder, anders formuliert, das „Wissensprodukt" einer gesellschaftlichen Auseinandersetzung. In Schulbüchern wird über aufwendige Zulassungsprozeduren gültig gemachtes Wissen an die nächste Generation weiter gegeben. Das Schulbuchwissen kann also als institutionell gebundenes, soziokulturell anerkanntes Wissen behandelt werden.

An der Fokussierung der Analyse um die Begriffe „Medium", „Wissen" und „Diskurs" läßt sich die theoretische Einbettung der Arbeit in die Wissenssoziologie und den Sozialkonstruktivismus, aber besonders innovativ in seiner Erweiterung in den Post-Strukturalismus und die Semiotik ablesen. Höhne betritt Neuland und eröffnet der Schulbuchforschung mit der auf einer Rezeption von Diskurstheorien aufbauenden diskursanalytischen Perspektive auch eine neue Option empirischer Forschung. Dabei wird die Diskursanalyse selbst nicht mechanisch als Methode mißverstanden. Thomas Höhne hat vielmehr eine auch Bilder einschließende Untersuchungsprogrammatik entworfen, die eine Balance von Hermeneutik und Inhaltsanalyse findet.

Die hier vorgelegte Arbeit ist entstanden im Kontext eines von der Stiftung Volkswagenwerk zwischen 1998 und 2000 geförderten Projekts, in dem unter dem Titel „Bilder von Fremden" hessische und bayrische Heimatkunde- bzw. Sachunterrichtsbücher der Grundschule sowie Gesellschafts- und Sozialkundebücher der Sekundarstufen untersucht wurden. Die Bücher wurden als ein Medium unter anderem aufgefaßt, mit dem allgemein geteilte Wahrnehmungsmuster über „die Fremden" einstudiert, erlernt und immer wieder reproduziert werden. Dazu wurden die jeweils thematischen Unterrichtseinheiten als Teil eines Diskurses über Ausländer/Migranten/Fremde betrachtet.

Eine forschungsleitende Frage war, wie Erziehung in Relation zu den außerschulischen Bedingungen der massenmedialen Präsentation des ‚Ausländerproblems' ihren pädagogisch-normativen Sozialisations- und Aufklärungsanspruch zu realisieren versucht.

Bei der Studie handelt es sich um eine konsequent diskursanalytisch ausgerichtete Untersuchung von Schulbüchern, mit deren Hilfe eine Einschätzung der Wirkungsweisen von Schulbuchtexten in Richtung auf eine noch ausstehende Wirkungsforschung vorbereitet wird. Von besonderem Interesse war die Frage, welche Rolle das in den neunziger Jahren entwickelte Programm der Interkulturellen Pädagogik bei der Erzeugung, Korrektur oder auch affirmativen Bekräftigungen der öffentlichen Bilder vom „Fremden" spielt. (Die Ergebnisse dieses Projektes sind in Bd. 3 dieser Reihe veröffentlicht).

Thomas Höhne hat dieses empirische Projekt mit seiner diskurs- und medientheoretischen Begründung maßgeblich mit vorbereitet und (zusammen mit Thomas Kunz) in seiner Durchführung getragen. Die von ihm vorgelegte Wissens- und Medientheorie des Schulbuches bildet den theoretischen Rahmen, in dem die empirische Studie zu lesen ist. Erst indem sie die in der Schulbuchforschung vorherrschende ideologiekritische Begrenzung überwindet, kann sie Anschluß an allgemeine Theorien der pädagogischen Kommunikation und ihrer Medien finden.

Mit dem vorliegenden Band der Reihe Frankfurter Beiträge zur Erziehungswissenschaft setzt der Fachbereich Erziehungswissenschaften die Veröffentlichung hervorragender Dissertationen fort, die in direktem Zusammenhang von längerfristig angelegten Forschungsschwerpunkten zum Umgang mit Wissen, hier zur empirischen Schul- und Unterrichtsforschung, entstanden sind und den engen Zusammenhang von Forschung und Nachwuchsförderung deutlich machen.

Frankfurt a. M., im Oktober 2002   Frank-Olaf Radtke

Danksagung

Eine Arbeit wie die vorliegende beruht auf einem umfangreichen impliziten und unsichtbaren Wissen, das dem Leser und der Leserin größtenteils verborgen bleibt, da nur ein *Autor*enname den Buchdeckel ziert. Im Sinne eines komplexen Verweisungszusammenhangs könnte der folgende Text jedoch von vielen Personen *mitautor*isiert werden, die inhaltlich und formal an seinem Zustandekommen in unterschiedlichem Maße beteiligt waren. An dieser Stelle bietet sich die Möglichkeit dar, die Vielstimmigkeit eines Textes zumindest namentlich kenntlich zu machen, ohne die Anonymität damit grundlegend aufheben zu können, denn Texte und Ideen sind stets diskursiv und netzartig in eine unsichtbare Vielzahl von Bezügen eingewoben, deren Komplexität unfaßbar ist. Die Ordnung des Sichtbaren bildet – wie gewöhnlich – nur einen Ausschnitt, für den das Attribut „repräsentativ" nur einen unzureichenden Ausdruck darstellt. An den folgenden Überlegungen waren zahlreiche Personen beteiligt, bei denen ich mich bedanken möchte: Für nachhaltige und fruchtbare Irritationen sorgten vor allem meine beiden Betreuer Prof. Egon Becker und Prof. Frank-Olaf Radtke, aber auch Matthias Proske, Thomas Kunz und Christian Kolbe. Besonders bedanken möchte ich mich für ein intensives Feedback sowie wichtige Kritik bei Prof. Gerold Scholz, Prof. Frank Nonnenmacher, Prof. Marianne Krüger-Potratz, Steffi Wöhl, Dr. Georg Stöber, Rainer Jansen (Dr. in spe), Domenico Siciliano, Marina Melber und nicht zuletzt bei Andreas Hofmann und Isil Tarkan für die unermüdliche Unterstützung.

Th. H.

1. Einleitung

In der deutschsprachigen Schulbuchforschung, so scheint es, ist der Gegenstand Schulbuch klar umrissen. Stellvertretend kann dafür eine Definition des Schulbuchforschers R. Bamberger angeführt werden, in der das Schulbuch als Forschungsgegenstand folgendermaßen eingegrenzt wird:

„Wir wollen also unter ‚Schulbuch' die im Dienste der Jugend methodisch aufbereitete Textart verstehen und fügen die allgemein anerkannte Definition aus dem ‚Brockhaus' hinzu: ...'Ein eigens für den Schulunterricht erstelltes Lehr- und Arbeitsbuch, das in den Lehrplänen festgelegten Unterrichtsstoff sachgerecht und didaktisch aufbereitet darbietet; dazu gehört, daß es den lerntheoretischen Erkenntnissen entspricht und neben der Sachinformation auch zur Eigenarbeit anleitet" (1995: 47).

Bei genauerer Betrachtung dieser Schulbuchdefinition finden sich eine Reihe von Annahmen, Postulaten und Prämissen, die von Bamberger nicht weiter thematisiert werden. Sie sollen hier herausgestellt werden, weil sie einen Teil des Konsens repräsentieren, der zwischen Schulbuchforscherinnen[1] herrscht, durch den das Schulbuch als Forschungsgegenstand in entscheidender Weise bestimmt wird.

Die erste Annahme lautet, daß es eine „allgemein anerkannte Definition" von Schulbuch gäbe, die im Brockhaus repräsentiert sei. Damit wird impliziert, daß eine Bestimmung von Schulbuch existiere, der alle bzw. die meisten Experten, Schulbuchautorinnen usw. zustimmen könnten, so daß vom Schulbuch als einem klar umrissenen, anerkannten und in dem Sinne ‚objektiven' Gegenstand ausgegangen werden könnte (Prämisse der ‚Gegenstandsobjektivität'). Zweitens wird mit dem Attribut „sachgerecht" unterstellt, daß es objektive Kriterien gäbe, welche die eindeutige Beurteilung einer ‚der Sache gerechten' Darstellungsweise zuließe und daß die Adäquatheit der Darstellung eine zentrale Funktion von Schulbüchern sei (Prämisse der ‚Sachadäquatheit' von Inhalten). Drittens wird vorausgesetzt, daß Schulbuchinhalte auch bei den Schülerinnen ‚wirklich ankämen', daß die unter Zugrundelegung einer bestimmten didaktischen Strukturierung des Materials beabsichtigten Wirkungen erzielt würden (Prämisse der ‚Wirkungsadäquatheit'[2] von Inhal-

---

1 Bezüglich der sprachlichen Markierung der Geschlechterdifferenz wird eine alternierende Schreibweise verwendet, d. h. es ist einmal von ‚Schülerinnen' und ein andermal von ‚Schülern' die Rede.
2 Im Grund handelt es sich also um zwei Prämissen, die aufeinander aufbauen. Man muß zunächst grundsätzlich von Wirkungen ausgehen, die Schulbücher hätten, um schließlich intendierte Wirkungen durch Schulbuchinhalte in organisierten Lernprozessen anzunehmen.

ten). Infolgedessen könnten Inhalte nach besser oder schlechter „didaktisch aufbereitet" (als ein Charakteristikum des Schulbuchs) beurteilt werden.

Damit sind zentrale Funktionen von Schulbüchern benannt, und es wird durch die drei aufgezeigten Prämissen der ‚Gegenstandsobjektivität', ‚Sachadäquatheit' und ‚Wirkungsadäquatheit' eine entsprechende Festschreibung und Eingrenzung des Gegenstandes Schulbuch vorgenommen. Dabei ist zu überlegen, was in dieser Definition an *möglichen* Merkmalen und Funktionsbestimmungen in bezug auf Schulbücher außen vor bleibt.

Legt man etwa die drei Funktionsbestimmungen von Gerd Stein (1991) für das Schulbuch zugrunde – Schulbuch als ‚Informatorium', ‚Pädagogicum' und ‚Politicum' – so wird deutlich, daß zumindest die Funktion ‚Politicum' in der Beschreibung von Bamberger nicht auftaucht. Eine Perspektive auf die politische Dimension von Schulbüchern würde den Gegenstand Schulbuch gegenüber der oben angeführten Definition von Bamberger in entscheidender Weise verschieben. Schulbuchinhalte wären auch und gerade als Resultat gesellschaftlicher Auseinandersetzungen anzusehen, wodurch der Anspruch auf Objektivität in Frage stände. Vielmehr müßte auch immer die Legitimationsfunktion von Schulbuchinhalten mitreflektiert werden, so daß sich ‚Sachgerechtigkeit' am Ende ganz wesentlich auch als ‚Definitionssache' bzw. Vorgabe bestimmter „gesellschaftlicher Mächte" herausstellen könnte, wie Erich Weniger (1952) in seiner Lehrplantheorie die zentralen sozialen Akteure bezeichnet, die das Lehrplanwissen gestalten.

Zu den zentralen Annahmen deutschsprachiger Schulbuchforschung gehört die erwähnte Wirkungsannahme von Schulbuchinhalten, die gewöhnlich mit bestimmten Vorstellungen des Rezipienten einhergehen[3]. Zur genaueren Bestimmung der Zielgruppe formuliert Bamberger:

„Das Schulbuch ist gekennzeichnet durch den Schülerbezug in der inhaltlichen Anpassung an die kognitiven Voraussetzungen des Schülers und durch die methodische Aufbereitung der Texte, welche die Aufnahme des Inhalts erleichtern und bestmögliche Wirkungen erzielen" (ebd.).

Mit der Wirkungsannahme ist zugleich impliziert, daß es sich um eindeutige Inhalte handelt, die auf Schülerseite entsprechend rezipiert werden. Dem liegt die Vorstellung von Kommunikation als *Übertragung* von Information zugrunde. „Bestmögliche Wirkungen" entsprächen demnach der Optimierung

---

[3] Dies spiegelt sich in den Aussagen, daß Schulbücher „im Dienste der Jugend" produziert würden und daß diese „neben der Sachinformation auch zur Eigenarbeit" anleiten sollen, wieder. Das setzt voraus, daß Schulbuchforscherinnen und Schulbuchautoren ziemlich genau darüber informiert sind, was ‚das Beste' für ‚die Jugend' sein könnte bzw. was deren Interessen sein könnten. Man könnte allerdings auch unterstellen, daß Schulbücher eher ‚im Dienste der Schulbuchforscher und -autorinnen' bzw. ‚der Eltern', ‚der Politikerinnen', ‚der Schulverwaltungen', ‚der Zulassungskommissionen' usw. stehen. In diesem Fall wären es zahlreiche Akteure – jenseits ‚der Jugend' – die ‚das Beste' für ‚die Jugend' konstruierten.

von zielgruppenspezifisch strukturierten, eindeutigen Inhalten. Abgesehen von diesem objektivistischen Sinn- und Kommunikationsverständnis werden keine Überlegungen angestellt, *welches Wissen* überhaupt in die Schulbücher gelangt und so zu Schulbuchwissen wird. Vielmehr wird auch hier ein Konsens darüber vorausgesetzt, was das beste respektive das richtige Wissen sei, das in die Schulbücher gelangen soll.

Es wird von der Vermutung ausgegangen, daß die ‚Inhalte' dem jeweiligen Bewußtseins- und Wissensstand der Schülerin ‚angepaßt' seien. Diese Adäquatheitsannahme von ‚Inhalt' und ‚Schüler' (= Rezipientenadäquatheit') setzt wiederum voraus, daß man kognitionstheoretisch nicht nur alters- und klassenstufenspezifisch genau ermitteln könnte, wie das (Vor)Wissen der Schülerinnen beschaffen ist, sondern auch, daß die individuellen Verarbeitungsmechanismen von Information bei allen Schülerinnen gleich oder ähnlich abliefen. Dem liegt wiederum die Annahme zugrunde, daß je nach Entwicklungsphase Strukturähnlichkeiten oder -gleichheiten kognitiver Entwicklungen vorlägen, da sonst kein Kriterium für die Bestimmung ‚adäquater Inhalte' bzw. Strukturen angebbar wäre. Demgegenüber sind zum einen Bedenken wegen der unterschiedlichen Wissensstände von Schülern innerhalb einer als homogen definierten Zielgruppe anzumelden (vgl. Reuser 1999). Zum anderen entsteht die Frage, ob durch ein homogenes Schulbuchwissen nicht vielmehr das Ideal eines Schülers konstruiert wird, das sich aus einem als idealtypisch für seinen Entwicklungsstand erachteten stationären Bild herleitet. Schulbuchwissen schlösse in dieser Hinsicht also eher an die Funktion von Schule an, Schülergruppen nach einem normativ verordneten Leistungs- und Entwicklungstand zu unterscheiden und zu sortieren (Selektionsfunktion von Schule).

Mit den Wirkungs- und Zielgruppenfiktionen geht daher ein bestimmtes Bild des Schülers einher, der als eine Art informationsverarbeitende „Trivialmaschine" (von Foerster 1997: 60-67) konzipiert wird[4]. Dadurch können, wie erwähnt, die Komplexität sowie die Kontingenz von Kommunikations- und Rezeptionsprozessen, zumal in Unterrichtssituationen mit 20-30 Schülerinnen, kaum angemessen erfaßt werden.

Was besagen solche Prämissen in bezug auf das Schulbuch als Forschungsgegenstand? Wenn das Schulbuch in der Funktion als Träger eindeutiger Inhalte (mitsamt den Hintergrundannahmen über Kommunikation und den ‚informationsverarbeitenden Schüler') konzipiert wird, so wird damit ein relativ autonomes Medium der Vermittlung assoziiert, dessen Inhalte kontrollierbar (für Unterricht), bewertbar (für die Schulbuchforschung) und als ob-

---

4   Etwas salopp formuliert: Die Information, die hineingegeben wird, kommt entsprechend verarbeitet auch wieder heraus. Trivialmaschinen zeichnen sich dadurch aus, daß es, anders als bei der black box von Bewußtsein, eine eindeutige Relation zwischen Input und Output gibt: Wenn in den Getränkeautomaten 1,20 DM hineingeworfen werden, dann erhält man Kaffee und kein anderes Getränk, das teurer oder billiger ist.

jektive Schulbuchinhalte transparent und klar bestimmbar (für die Schulbuchzulassungskommissionen, Schulbuchautorinnen) erscheinen. Vor allem die Annahme, das Schulbuch sei ein ‚autonomes' bzw. ‚singuläres' Vermittlungsmedium, läßt bei oberflächlicher Betrachtung das Bild eines scharf abgegrenzten Forschungsgegenstandes entstehen und ist daher besonders funktional für dessen Konstruktion als Objekt der Schulbuchforschung. Dabei wird aber weder der Status von Schulbüchern als Medium geklärt, noch allgemein reflektiert, in welchem Verhältnis unterschiedliche Medien (Schulbuch und Fernsehen, Schulbuch und Presse) zueinander stehen. Mit dem Kriterium der Medialität ist demgegenüber eine wichtige Dimension von Schulbüchern und damit zur näheren Bestimmung des Schulbuchs als Forschungsgegenstand gewonnen, wozu ein adäquater Medienbegriff theoretisch zu umreißen unabdingbar ist (Kap. 3).

Bei der gängigen Konstruktion des Gegenstandes Schulbuch spielen die erwähnten Annahmen, die von den meisten Schulbuchforscherinnen geteilt werden, eine zentrale Rolle für die Art der Forschung. Postulate, Prämissen und gängige Vorstellungen bezüglich des Schulbuchs stützen sich dabei gegenseitig. So setzt die Annahme adäquater Inhalte die Sachadäquatheit voraus, die wiederum entsprechendes Verstehen auf Seiten der Rezipienten voraussetzt, woran die Vermittlung der Inhalte geknüpft ist, der allgemeine Wirkungsannahmen als Prämisse vorausgehen. Was die Schulbuchinhalte betrifft, so haben diese wiederum mit der Annahme der Eindeutigkeit bzw. Objektivität von Inhalten und, damit verbunden, von Rezeptionsprozessen zu tun. Im Zentrum dieses *Netzes aus sich gegenseitig stützenden Voraus-Setzungen und Annahmen* steht schließlich die Vorstellung vom Schulbuch als einem adäquaten und singulären Leitmedium von Unterricht, mit dessen Hilfe sich soziales Wissen objektiv und schülergerecht vermitteln ließe. Diese beiden grundsätzlichen Annahmen werden im Folgenden in Frage gestellt und einer eingehenden Kritik unterzogen.

Ein wesentliches Merkmal etablierter[5], deutschsprachiger Schulbuchforschung stellt der Mangel bzw. das Fehlen einer empirischen Wirkungsforschung dar, was angesichts der starken Wirkungsannahmen verwundern

---

5   Bei der Rede von ‚herkömmlicher' oder ‚etablierter Schulbuchforschung' wird nicht unterstellt, daß Schulbuchforschung einen monolithischen Block bildete. Vielmehr sind an Schulbuchforschung sehr viele verschiedene wissenschaftliche Bereiche beteiligt wie z. B. die jeweiligen Fachwissenschaften, die Didaktik (Schulbuchdidaktik), Psychologie, Pädagogik usw. In dem Sinne handelt es sich ausschließlich um eine Querschnittsdisziplin, die von der ‚Interdisziplinarität' lebt. Mit ‚herkömmlicher' oder ‚etablierter Schulbuchforschung' ist der durchaus große Teil von Schulbuchforschern gemeint, zwischen denen ein Konsens über den Status, die Rolle und die Funktionen des Schulbuchs im oben angegebenen Sinne besteht, was sich aus den jeweiligen Definitionen oder Prämissen in bezug auf Schulbücher herauslesen läßt (diesen Hinweis verdanke ich Dr. Stöber vom Georg-Eckert-Institut in Braunschweig).

muß[6]. Das Schulbuch wird wesentlich als normativer Gegenstand konstruiert, dem (erwünschte) Wirkungen wie etwa Aufklärung oder Objektivität der Inhalte zugerechnet werden. Auf diese Weise kann zum business as usual der Verbesserung von Schulbüchern übergegangen werden, solange die normativ überformten und ungeklärten Prämissen an sich nicht in Frage gestellt werden.

Ein Indiz für die normative Ausrichtung herkömmlicher Schulbuchforschung stellt ihre ideologiekritische Orientierung und der Bezug zum Vorurteilsansatz dar, aus dem Aufklärungsziele abgeleitet werden. Schulbuchforschung versteht sich dabei als „little science" (Behrmann 1982), die in ihrem kleinen überschaubaren Teilbereich zu veritablen Ergebnissen komme (vgl. Kap. 2.1). Die Grundannahmen lauten dabei, daß Schulbuchinhalte eindeutig und das vermittelte Wissen transparent und entsprechend wissenschaftlich eindeutig analysierbar seien. Verzerrte bzw. falsche Darstellungen könnten aufgezeigt und unter Rückgriff auf objektive Kriterien korrigiert werden. Die Bezugnahme auf eine für alle gleichermaßen erkennbare und eindeutige Realität/Objektivität wird jedoch seit geraumer Zeit rezeptions- und medientheoretisch sowie sozialwissenschaftlich in Frage gestellt (Lange 1982). Demgegenüber wird die Pluralität möglicher Beobachtungs- und Beschreibungsformen, d. h. Konstruktionen (Höhne 2001) hervorgehoben, deren Unterschiede und Gemeinsamkeiten erst aufgrund empirischer Analysen deutlich werden. Die Vernetzung unterschiedlicher medialer Bereiche – Buch, Fernsehen, Computer – macht es daher notwendig, die verschiedenen Konstruktionslogiken offen zu legen. Von vornherein eingeführte Unterscheidungen wie wahr/falsch mit Blick auf „Realität" helfen dabei wenig, sondern versperren eher eine Perspektive, welche die spezifischen Strukturen des jeweiligen medialen Wissens offenlegen will. Statt dessen könnte etwa mithilfe diskursanalytischer Untersuchungen auf die Eigenlogik der jeweiligen Medienkonstruktionen und mithin des medial artikulierten Wissens fokussiert werden. Durch inhaltsanalytisch-ideologiekritische Verfahren, die zum Standard etablierter Schulbuchforschung gehören, wird diese Sichtweise auf die Struktur von Schulbuchwissen systematisch verbaut, was in methodischer Hinsicht seit zwei Jahrzehnten als „Methodenmonismus" innerhalb der Schulbuchforschung beklagt wird (Lange 1981, vgl. Kap. 2.1.2).

Diese einleitend-kritischen Bemerkungen dienen zum einen dazu, die Defizite und Desiderate im Bereich herkömmlicher Schulbuchforschung deutlich zu machen, und zum anderen soll mit ihnen schon angedeutet werden, in welcher Weise das Schulbuch als *spezifisches Medium sozialen Wissens* alternativ konzipiert werden könnte. Das Schulbuch befindet sich, so die An-

---

[6] In diesem Kontext muß die Publikation von Rauch/Wurster (1998) erwähnt werden, deren evaluationstheotischer Ansatz aber auf eine andere Ebene zielt und keine Einschränkung der oben getroffenen Aussagen bedeutet. Eine eingehendere Auseinandersetzung mit dieser Arbeit findet im dritten Teil statt.

nahme, an der Schnittstelle mehrerer spezifischer Wissensbereiche wie Politik, Erziehung, Wissenschaft, Medien usw. Darüber hinaus steht es als klassisches Medium spezifisch mit anderen sozialen Medien wie Zeitung, Bücher, Computer, Fernsehen usw. noch einmal in einem spezifischen systemischen Zusammenhang. Es bildet ein Medium in einer *Kette von Medien*, so daß davon auszugehen ist, daß Schulbuchwissen eo ipso *intermedial* ist. Kein Medium der Beobachtung[7] ist isoliert oder steht außerhalb der Medienkette, sondern bezieht sich auch in seiner spezifischen Konstruktionslogik auf anderes medial vorkonstruiertes Wissen. Wird dieser Aspekt bei der Analyse berücksichtigt, so stellt sich konsequent die Frage, worin die spezifische Konstruktionslogik von Schulbuchwissen gegenüber anderem Medienwissen besteht, worin es sich unterscheidet und worin es strukturell mit anderem Medienwissen konvergiert. In dieser Hinsicht wird der gängigen Perspektive etablierter Schulbuchforschung auf das Schulbuch als singuläres pädagogisches Medium hier grundsätzlich widersprochen und demgegenüber eine intermediale Perspektive auf Schulbücher vorgeschlagen.

Neben dem bereits erwähnten Mangel an empirischer Forschung innerhalb der Schulbuchforschung liegt noch ein zweites zentrales Defizit vor. Bis dato existiert keine Theorie des Schulbuchs, die es als Forschungsgegenstand grundsätzlich beschreiben würde (z. B. Rauch/Wurster 1998: 93). Angesichts dieses *doppelten empirischen und theoretischen Defizits* zeigt sich die eigentümliche Konturierung des Forschungsgegenstandes Schulbuch in der etablierten Schulbuchforschung folgendermaßen: Das Schulbuch wird als Gegenstand normativer Forschung betrachtet, der es nicht primär darum bestellt ist, ihre Annahmen empirisch zu überprüfen, sondern Kriterien für ‚gute Schulbücher' zu erarbeiten. Daran schließt sich die Frage an, woher die Kriterien bezogen werden, um ein ‚gutes Schulbuch' von einem ‚schlechten Schulbuch' zu unterscheiden, wenn nicht empirisch beobachtet wird, wie die jeweiligen Schulbuchinhalte im Unterricht wirken und umgesetzt werden. Auf welche Art von ‚Realität' oder ‚Objektivität' bezieht sich Schulbuchforschung bei der Ermittlung ihrer Kriterien? Jeismann hat den gemeinsamen Referenzpunkt von Schulbuchforschung mit dem Begriff „Konsensobjektivität" (1990: 14) bezeichnet[8], und diese Konsensobjektivität direkt an den Expertenstatus der Forscherinnen gekoppelt. Eine Problematisierung des Konsenses hat er dabei nicht vorgenommen, so daß der Konsens hier schlichtweg

---

[7] Moderne Massenmedien wie Buch, Zeitungen, Fernsehen stellen gesellschaftliche Beobachtungsmittel dar, indem sie Beschreibungsformen und Interpretationsangebote, kurz: Deutungswissen für Ereignisse liefern.

[8] Damit hat er ziemlich präzise aus wissenssoziologischer Perspektive die Koexistenz von ‚normativen' und ‚deskriptiven' Kriterien in zahlreichen wissenschaftlichen Bereichen beschrieben und somit etwas Grundlegendes über die Art von Gegenstandskonstruktionen ausgesagt. Dennoch ist die entscheidende Frage, wie eine Disziplin damit umgeht und ob sie sich in der Definition des Gegenstandsbereichs wie im Falle des Schulbuchs gegenüber anderen Akteuren die Rolle von ‚objektiver Erkenntnis' selbst zuschreibt.

vorausgesetzt wird. Dissens und der „Kampf der Interpretationen" *unter* den Expertinnen wird in dem Zusammenhang nicht thematisiert.

Aus den genannten Defiziten eröffnet sich nun die Perspektive auf eine alternative Beschreibung des Schulbuchs als Forschungsgegenstand. Neben dem Mangel an empirischer Schulbuchforschung leitet sich aus dem genannten theoretischen Defizit die Notwendigkeit einer entsprechenden *Gegenstandstheorie* ab, worauf die vorliegende Arbeit zielt. Theoretisch soll eine Beschreibung des Schulbuchs als Forschungsgegenstand in *wissens- und medientheoretischer* Perspektive unternommen werden, wie sie oben bereits kurz angedeutet wurde (Intermedialität von Schulbüchern, Schulbuch als Medium soziokulturellen Wissens).

Mit der Verwendung des Begriffs *Schulbuchwissen* geht es in dieser Arbeit daher auf einer Ebene um die Frage, wodurch sich Schulbuchwissen als Wissen *in* Schulbüchern und somit spezifisches Wissen auszeichnet, auf einer zweiten Ebene auch darum, zu untersuchen, von welcher Art das Wissen herkömmlicher Schulbuchforschung *über* Schulbücher ist. „Schulbuchwissen" ist daher in diesem doppelten Sinne zu verstehen und diese beiden Dimensionen sind nicht voneinander zu trennen, wenn es um die Bestimmung des Schulbuchs als Gegenstand der Forschung geht. So kann etwa besagte Leitmedienthese der Schulbuchforschung allenfalls hypothetischen Charakter besitzen, da sie nur empirisch durch Unterrichtsbeobachtung belegt werden kann. Bestimmte gegenstandstheoretisch relevante Fragen tauchen angesichts der erwähnten Verengung des Forschungsgegenstandes Schulbuch (singuläres Leitmedium, Wirkungsannahmen, Methodenmonismus, ideologiekritische Orientierung) gar nicht oder nur am Rande auf, wie etwa: Welches Wissen ist im Schulbuch enthalten? Welche anderen Funktion(en) neben der Vermittlung hat es außerdem? Worin besteht seine Spezifik beispielsweise im Unterschied zum „Zeitungswissen"? Wie werden pädagogische Zielvorstellungen (Lehrpläne, Didaktik, Lehrerhandbücher) in der materialen Form und Struktur des Schulbuchwissens umgesetzt?

So kann die Frage nach dem Schulbuch als Leitmedium von Unterricht nur im Kontext der medialen Veränderungen der Gesellschaft nachgegangen werden, wozu auch mediensozialisatorische Überlegungen anzustellen wären. Doch nicht nur die Veränderungen im Bereich der Massenmedien der letzten Jahrzehnte und die damit einhergehenden Wandlungen in den Sozialisation- und Rezeptionsformen lassen theoretische Zweifel am Schulbuch als ‚Leitmedium' von Unterricht aufkommen. Auch Art und Umfang des (Vor-) Wissens der Schülerinnen haben sich in den letzten Jahrzehnten analog zu den Veränderungen des gesellschaftlichen Wissens im allgemeinen gewandelt und mithin die Stellung der Bildungsinstitutionen. Gleichgültig, ob es sich nun um das „Ende der Erziehung" zugunsten anonymisierter Sozialisationsprozesse handelt, die insbesondere über Massenmedien und Gleichaltrigengruppen funktionieren" (Giesecke 1988: 10), oder um Veränderungen, die in der Pädagogik mit dem Etikett der „Individualisierung" (Angiletta 2002) belegt werden.

Darüber hinaus haben auch Diskussionen in Didaktik und Pädagogik um offenen, schülerzentrierten, problem- und handlungsorientierten Unterricht wie auch Debatten um die Funktion von Schule (Autonomie) zu Bestimmungen von Unterricht und Lernkultur geführt, in dessen Arrangement das Schulbuch eher den Status eines marginalen, anachronistischen Lehr- und Lernmediums besitzt[9]. Tendenzen, wie die Entgrenzung von Lernen über die traditionellen Bildungsinstitutionen hinaus (Lebenslanges Lernen) sowie die Autonomisierung und Individualisierung von Lernen (Differenzierung durch Gruppenarbeit, selbständiges Erarbeiten von Inhalten), relativieren in starkem Maße die Bedeutung des Schulbuchs als primäres Referenzmedium von Unterricht[10].

Damit verknüpft ist die Frage, inwieweit Schulbücher in Form und Struktur ihres Wissens tendenziell mit dem massenmedialen Wissen vergleichbar oder Konvergenzen feststellbar sind[11]. Dies ist auch nicht verwunderlich, wenn man davon ausgeht, daß die wesentlichen Formen sozialer Beobachtung über Massenmedien vollzogen werden, und diese notwendig zum Orientierungs- und Referenzpunkt für jede Form von Beschreibung werden (Luhmann 1996). So kann als Gegenthese zum Leitmediumtheorem nun formuliert werden: Aufgrund der massenmedialen Entwicklung der letzten Jahrzehnte, der sozialisatorischen Veränderungen, der allgemeinen Öffnung von Lernprozessen in der Schule und der damit einhergehenden Verschiebungen in den wissenschaftlichen Diskussionen (Didaktik, Lehrplan- und Unterrichtsdiskussion usw.) wurde das Schulbuch theoretisch wie praktisch in seiner Funktion und

---

[9] In der Befragung von Fritzsche/Hartung wurde von Schüler- wie auch von Lehrerinnenseite an Schulbüchern grundsätzlich moniert, daß sie inaktuell, ja zum großen Teil veraltet seien (1997).

[10] So ist zu vermuten, daß am Ende – natürlich fachspezifisch unterschiedlich – eine Kernfunktion von Schulbüchern übrig bleiben wird, nämlich als Grundlage für die Überprüfung von Wissen zu dienen. Auch wenn die hier getroffenen Aussagen im übrigen primär für sozial- und gemeinschaftskundliche Fächer (Politik, Geschichte, Geographie) gelten, so können sie – fachspezifisch differenziert – auch Geltung für sprach- und naturwissenschaftliche Fächer sowie Religion oder Ethik insofern beanspruchen, als dort jeweils ein spezifisches Wissen konstruiert wird (etwa Wissen über „die Franzosen" im Französischunterricht, vgl. dazu Poenicke 1995).

[11] Sicherlich war das, historisch gesehen, zu einem bestimmten Anteil immer der Fall. Wie sich aber die Strukturveränderungen bei Schulbuchwissen unter dem zunehmenden Einfluß von Medienwissen in den letzten Jahrzehnten effektiv ausgewirkt haben, kann alleine an der rasanten Zunahme von Bildern in Schulbüchern in den letzten Jahrzehnten schon rein quantitativ ermessen werden (vgl. ausführlich dazu Kap. 3.2). Die Ergebnisse eines an der Frankfurter Universität durchgeführten Schulbuchprojekts zur Migrantendarstellung in Schulbüchern zeigten eine hohe Konvergenz der Darstellungsformen und Diskursstrukturen zwischen Schulbüchern und Massenmedien (Fernsehen, Zeitungen, vgl. Höhne/Kunz/Radtke 2003). Dies ist auch ein Beleg für die intermediale Logik von Schulbuchwissen, was seinen systemischen Charakter noch einmal hervorhebt.

Bedeutung als Leitmedium von Unterricht systematisch relativiert und kann, was seine Gegenstandskonstitution betrifft, nur als *ein* Medium unter anderen gefaßt, konzipiert und untersucht werden.

Angesichts der erwähnten Veränderungsprozesse und der Konturierung des Schulbuchs als Medium des Wissens verschiebt sich entsprechend der Gegenstand Schulbuch in grundlegender Weise gegenüber der Konzeption etablierter Schulbuchforschung in Richtung einer *medientheoretischen* und *wissenssoziologisch-diskursanalytischen* Gegenstandsbeschreibung. Statt von eindeutigen, mit bestimmten Wirkungen verknüpften und objektiven Inhalten des Einzel- und Leitmediums Schulbuch auszugehen, steht nun die Erfassung des im Medium Schulbuch artikulierten Wissens im Vordergrund, dessen intermediale Struktur nun in den Blick rückt. Es müssen für eine angemessene gegenstandstheoretische Beschreibung von Schulbüchern zwei Voraussetzungen erfüllt werden. Zum einen muß ein theoretischer Rahmen geschaffen werden, innerhalb dessen die Struktur bzw. spezifische Form von Schulbuchwissen (etwa in Absetzung von Medienwissen) aufgezeigt werden kann – einschließlich der damit verbundenen Veränderungen des ‚Schulbuchwissens' selbst. Zum anderen muß ein Medienbegriff entwickelt werden, der das zwischen verschiedenen Medien oszillierende Wissen in seiner jeweiligen Funktion präziser beschreibbar und die Medien bezüglich ihrer spezifischen Wissensproduktion gegeneinander abgrenzbar macht.

Damit ist eine wissens- und mediensoziologische Perspektive auf Schulbücher umrissen, die im Folgenden weiter entwickelt werden soll und als „Fernziel" zu einer angemessenen gegenstandstheoretischen Beschreibung des Schulbuchs führen soll. Es gilt, einen theoretischen Rahmen zu entwickeln, innerhalb dessen das Schulbuch als Forschungsgegenstand schärfer konturiert werden kann.

Was die erwähnte Doppelbedeutung von „Schulbuchwissen" als Wissen *in* und gleichzeitig als wissenschaftliches Wissen *über* Schulbücher betrifft, so geht es in der vorliegenden Arbeit primär um das Wissen in Schulbüchern[12], genauer: Um soziokulturelles Wissen in Schulbüchern. Dabei wird das Schulbuch als ein ‚Wissensmedium' verstanden, in dem ein allgemeines soziokulturelles Wissen auf spezifische Art repräsentiert ist. In einem ersten Zugriff kann die spezifische Form des Schulbuchwissens grob als „Vermittlungswissen" bezeichnet werden, das didaktisch auf eine spezifische Ziel-

---

12   Dies stellt keinen Widerspruch zu der oben getroffenen Feststellung über den Zusammenhang beider Verwendungsweisen dar. Das Wissen über Schulbücher in Gestalt der erwähnten Prämissen und Annahmen kann aber ausreichend kritisiert werden, ohne eigens einen Wissensbegriff zu etablieren. Durch die theoretisch unterschiedliche Konzeptualisierung (= Wissen über Schulbücher) verändert sich automatisch das Schulbuchwissen (= Wissen in Schulbüchern), auch wenn man glaubt, daß doch eigentlich noch dasselbe Wissen darin stünde.

gruppe, entsprechende Lernziele und idealtypische Entwicklungsverläufe (Klassendifferenzierung, Schulformen usw.) hin strukturiert ist.

Mit dem Begriff des soziokulturellen Wissens werden zwei wesentliche Elemente von Wissen hervorgehoben. Das Attribut „sozial" verweist auf den Umstand, daß Wissen stets sozial geteiltes Wissen insofern ist, als es einen Teil überindividueller, kollektiver Praxis darstellt. Darüber hinaus ist damit die Dominanz, respektive Macht von Wissen beinhaltet, wenn es an zentralen sozialen und medialen Orten auftaucht, wozu Schulbücher zu zählen sind. „Kulturell" bezieht sich auf die symbolischen und zeichenförmigen Prozesse, in denen Wissen in Form von Sprache, Texten, Bildern, Graphiken zur Erscheinung kommt. Da die diskursive Seite des Wissens hierbei von entscheidender Bedeutung ist, kann ‚soziokulturelles Wissen' auch als ‚Diskurswissen' bezeichnet werden.

Im Folgenden wird der Versuch unternommen, das Schulbuch als Forschungsgegenstand im Rahmen einer Theorie des ‚soziokulturellen Wissens' genauer zu bestimmen. Dies geschieht zum einen über eine Auseinandersetzung mit den erwähnten Prämissen, Voraus-Setzungen und Annahmen etablierter Schulbuchforschung, was exemplarisch am Beispiel der Migrantenthematik verdeutlicht wird. Unter der beschriebenen wissenssoziologischen und medientheoretischen Perspektive wird das Schulbuch, um auf eine Unterscheidung von Gerd Stein (1991) zurückzugreifen, nicht mehr primär und nur als ‚Pädagogicum' (Leitmedium) oder ‚Informatorium' (Wissensvermittlung) gesehen, sondern in seinem sozialen Funktionszusammenhang als ‚Politicum'. Als Medium soziokulturellen Wissens, das in vielfach gefilterter, vorstrukturierter und kontrollierter Weise ein Selbstbild der Gesellschaft repräsentiert, tritt das Schulbuch in seiner Funktion als Repräsentations- und soziales Beobachtungsmittel in den Vordergrund. Von vielen Instanzen und durch zahlreiche Akteure wird entschieden, *welches Wissen* ins Schulbuch gelangt, das als lehr- und lernbar erachtet wird. Die ihm eigene Konstruktionslogik kann in Anlehnung an Steins Unterscheidungen von „Pädagogicum, Informatorium, Politicum" als ‚Konstruktorium' bezeichnet werden.

Wie Erich Weniger und Herwig Blankertz hervorgehoben haben, besitzen Lehrpläne und Schulbücher vor allem die Funktion, ein repräsentatives Wissen an die nachfolgende Generation zu vermitteln. Diese Logik des Generationendenkens verweist an sich schon auf die normative und selektive Dimension des Schulbuchwissens, durch das sich eine Gesellschaft nicht schlicht abbildet, sondern idealtypisch beschreibt[13] mit dem Zweck, nachfolgende

---

[13] Dies schließt ‚kritische' wie ‚affirmative' Schulbücher in gleicher Weise ein. Mit ‚idealtypisch' ist keine positive Selbstbeschreibung einer (nationalsprachlichen) Gesellschaft gemeint, sondern beinhaltet auch die kritische Darstellung von Ereignissen, Handlungen, Zuständen usw. in Schulbüchern durchaus ein. Denn noch in der Kritik liegt die positive Selbstzuschreibung darin, kritisch zu sein.

Generationen in eine bestimmte soziale und kulturelle Ordnung zu integrieren. Die Erwachsenengeneration bringt sich qua Schulbuchwissen in die Position, der Jugendgeneration ein als lehrens- und lernenswert erachtetes Wissen zu vermitteln. Bei Bamberger wurde dies mit dem Ausdruck „im Dienste der Jugend" angedeutet (s. o.). Damit rückt die Funktion des Schulbuchs als ‚Politicum' in den Mittelpunkt des Interesses, weil die Akteure in der Diskursarena ins Blickfeld geraten, die bei der (normativen) Bestimmung des Schulbuchs und seiner Funktionen im Hintergrund und oft unsichtbar bleiben. So könnte etwa untersucht werden, ob, und wenn ja, in welcher Weise verschiedene Akteurskonstellationen sich in der Struktur des Schulbuchwissens widerspiegeln.

Im anschließenden zweiten Teil werden einige wichtige Linien der Schulbuchforschung bzw. Schulbuchdiskussion der letzten zwanzig Jahre nachgezeichnet (2.1. - 2.1.1). Nach der Thematisierung des Status des Schulbuchs als Forschungsgegenstand – exemplarisch an der Auseinandersetzung zwischen Klaus Lange und Günther Behrmann Anfang der 80er Jahre dargestellt – soll weiterführend am Beispiel des Vorurteilsbegriffs deutlich gemacht werden, welche Problematik sich aus zentralen Annahmen etablierter Schulbuchforschung ergeben (2.1.2). Zugleich sollen durch einen Blick auf die Ergebnisse internationaler Schulbuchforschung Möglichkeiten eines Perspektivenwechsels angedeutet werden (2.1.3). Schließlich wird anhand der Darstellung von Migranten in Schulbüchern zum einen der Forschungsstand der Schulbuchforschung zu diesem Themenbereich referiert und dadurch zum anderen exemplarisch die theoretisch-methodische Engführung des Gegenstandes von Seiten der Schulbuchforschung aufgezeigt (2.2).

Das dritte Kapitel „Schulbücher zwischen Kontrolle und Konstruktion" ist in drei weitere Abschnitte unterteilt. Im ersten Abschnitt (3.1 – 3.5) wird das Schulbuch unter medientheoretischen Gesichtspunkten betrachtet, wozu ein geeigneter Medienbegriff entwickelt wird (3.2). Danach wird ein Kodebegriff skizziert, der eine erste Bestimmung von Schulbuchwissen als didaktisch kodiertes Wissen ermöglichen soll (3.3). Im Anschluß werden einige theoretische Überlegungen zum Zusammenhang von Subjektkonstitution und Schulbuchwissen angestellt (3.4).

Im vierten Kapitel wird der Wissensbegriff beleuchtet. Dabei wird zunächst allgemein der Stellenwert des Wissensbegriffs innerhalb der Erziehungswissenschaften anhand von fünf Theoriesträngen aufgezeigt (4.1), dem die theoretische Entfaltung des Konzepts ‚soziokulturellen Wissens' (4.2) folgt.

Im zusammenfassenden 5. Teil wird unter Rückgriff auf die in 4.2 entwickelten Kriterien eine Bestimmung von Schulbuchwissen vorgenommen. Ziel ist es, Schulbuchwissen als eine spezifische Form von Wissen von anderen Wissensformen abzugrenzen.

2. Das Schulbuch als Gegenstand der Forschung

Anfang der achtziger Jahre gab es in der Zeitschrift „Internationale Schulbuchforschung" eine Auseinandersetzung um das Schulbuch als Leitmedium des Unterrichts sowie um dessen Funktion bei der Wissensvermittlung (Lange 1981, Behrmann 1982)[1]. Im Kern ging es um die Frage, welchen Status das Schulbuch als Lehr- und Lernmittel auf der einen Seite und als Forschungsgegenstand auf der anderen Seite hätte. Thematisiert wurde daher auch das über Familie und Massenmedien von Schülerinnen erworbene Vorwissen, das diese als stets schon teilsozialisierte Individuen in die Schule eintreten läßt. In dem Zusammenhang stand auch die aufklärerische Funktion von Schulbüchern zur Diskussion, in der zahlreiche Prämissen herkömmlicher Schulbuchforschung problematisiert wurden.

2.1 Schulbuch und Schulbuchforschung

Karl-Ernst Jeismann hob bereits 1979 hervor, daß das Schulbuch seinen zentralen Stellenwert im Unterricht eingebüßt habe, da es lediglich ein Medium unter anderen darstelle (Jeismann 1979). Darüber hinaus lasse die Abkehr vom lernzielorientierten zum problem- und themenorientierten Unterricht keinen direkten Schluß mehr von Lehrbuchinhalten auf das Lernergebnis zu (ebd.: 9). Die schulbuchwissenschaftlichen Aufgaben der Zukunft bestimmte Jeismann jenseits der bisherigen „quellenkritischen Auswertung der Schulbücher" und der rein „methodischen Verbesserung der Schulbücher an sich" dahingehend, als im internationalen Kontext „die angemessene Kenntnis und das Verständnis der anderen Nationen zu fördern, zu Vorurteilsfreiheit und zur Bereitschaft für friedliche Zusammenarbeit zu erziehen" im Vordergrund stehen müsse, und er fügte hinzu, daß aus den verschiedenen Zielsetzungen der internationalen Schulbuchforschung das „normativ gesetzte Ziel internationaler Schulbuchrevision" eindeutig herausrage (ebd.: 11-12). Diese programmatischen Ausführungen im ersten Band der Internationalen Schulbuchforschung[2] zeigen die Widersprüchlichkeit der Schulbuchforschung, denn trotz der Einsicht in die Relativität des Schulbuchs als Leitmedium wird ihm

---

[1] Die Positionen in dieser Diskussion sind heute nach wie vor aktuell, da das Schulbuch als Gegenstand etablierter Schulbuchforschung grundlegend und auf allen Ebenen problematisiert wird.
[2] So lautet der Titel der Zeitschrift des Georg-Eckert-Instituts für Internationale Schulbuchforschung in Braunschweig.

dennoch die zentrale Funktion internationaler Aufklärung zugeschrieben (vgl. dazu Lange 1981: 17), und Schulbuchforschung wird darüber hinaus als normative Wissenschaft ausgewiesen, indem sie finalistisch von ihrem Zweck her definiert wird.

In einem Vortrag zum zehnjährigen Bestehen des Georg-Eckert-Instituts für Internationale Schulbuchforschung begründete Jeismann die „angewandte Wissenschaft" folgendermaßen:

„Wissenschaftlich begründete Kenntnisse und Urteile sollen mit pädagogischen und didaktischen Mitteln ins öffentliche Bewußtsein gebracht werden, und zwar zu dem Zweck, das politische Ziel einer besseren Verständigung zwischen den Nationen durch die Verbreitung der Ergebnisse historischer, politischer und geographischer Forschung im Unterricht zu fördern" (Jeismann, 1990: 5).

Der Autor betonte das „Wechselverhältnis" von Wissenschaft, Erziehung und Politik (ebd.: 11) und verwies am Ende seines Vortrags auf den Begriff „Konsensobjektivität" (ebd.: 14). Diese Geburt der normativen Schulbuchforschung aus dem Geist der Politik und den „universalen Postulaten der Aufklärung" (ebd.: 11) stellt ein wichtiges Movens vergangener und aktueller Schulbuchforschung[3] dar.

Ein ähnliches Bekenntnis zum Normativismus läßt sich auch Jörn Rüsens Überlegungen „Das ideale Schulbuch – Überlegungen zum Leitmedium des Geschichtsunterrichts" (1992) entnehmen. Trotz seiner Erwähnung des empirischen Blindflecks der Schulbuchforschung wird die normative Orientierung weiterhin auf die Fahnen der Schulbuchforschung geschrieben: „Insofern ist eine Schulbuchanalyse ohne normative Gesichtspunkte des historischen Lernens unmöglich" (1992: 239).

Demgegenüber wäre aber zu fragen, wie ein „ideales Schulbuch" überhaupt theoretisch begründbar werden kann, wenn die Wirkungen nicht empirisch untersucht werden. Normative Aussagen stellen innerhalb von Wissenschaft keine Zielsetzungen an sich dar, sondern müssen auf analytische Modelle oder empirische Untersuchungen bezogen werden. Ähnlich wie Rüsen gehen auch Fritzsche/Hartung spekulativ davon aus, „daß Schulbuchtexte durchaus Spuren im Lernprozeß hinterlassen und daß diese Spuren qualitativ nachweisbar, wenn auch nicht im naturwissenschaftlichen Sinne meßbar sind" (1997: 7). Der Konsens zwischen Schulbuchautoren, Zulassungskommissionen, Elternvertretern und großen Teilen der Schulbuchforscherinnen besteht in dem *gemeinsamen Glauben* an eine entsprechende Wirkung von Schulbuchinhalten, die als Axiom deutschsprachiger Schulbuchforschung fungiert (z. B. Fries 1998: 180).

---

[3] Es gilt allerdings zu bedenken, daß zum einen nicht nur im Georg-Eckert-Institut Schulbuchforschung betrieben wird, daß es zum anderen als Anstalt des öffentlichen Rechts, außer von Niedersachsen, von sechs weiteren Bundesländern getragen wurde. Die Revision von unsachlichen Darstellungen in Schulbüchern war dabei explizites Ziel.

Rüsen, dessen Aufsatz im ersten Teil den Untertitel „Defizite der Schulbuchforschung" trägt, überrascht daher nicht mit der apodiktischen Aussage: „Alle Sachverständigen sind sich darüber einig, daß das Schulbuch das wichtigste Medium des Geschichtsunterrichts ist" (1992: 237). Zwei Seiten später liest man hingegen:

„Es gibt so gut wie keine empirischen Untersuchungen über den praktischen Gebrauch von Schulbüchern, also über die Rolle, die sie im unterrichtlichen Lernprozeß wirklich spielen. Dieses Defizit ist deshalb so gravierend, weil ohne ein Wissen über die Praxis des Schulbuchgebrauchs die gesamte Schulbuchanalyse schlicht in der Luft hängt. Noch nicht einmal das in der Unterrichtspraxis der Lehrerinnen und Lehrer erzeugte und akkumulierte Wissen über Möglichkeiten und Grenzen der unterrichtlichen Verwendung des Schulbuchs wird kontinuierlich und systematisch gesammelt und ausgewertet (...) Die folgenden Überlegungen sind durch dieses Manko gekennzeichnet. Gegenüber der eigentlich *sachlich notwendigen empirischen Sättigung von Vorstellungen darüber, was ein gutes Geschichtsbuch ist, verhalten sie sich rein heuristisch, also in der Attitüde einer fragenden Vermutung*" (1992: 238-239, Hervorhebung, T.H.).

Es verwundert, daß ausgerechnet auf dem Gebiet der Schulbuchforschung keine systematische empirische Forschung stattfindet[4], wo das Medium so transparent und seine Inhalte so eindeutig zu sein scheinen (z. B. Behrmann 1982).

In der Diskussion[5] Anfang der achtziger Jahre wurden neben forschungspraktischen Fragen auch Fragen nach dem methodischen Design, nach dem Status des Schulbuchs als Leitmedium und nicht zuletzt auch gegenstandskonstitutive erkenntnistheoretische Fragen aufgeworfen. Aufgrund der Deutlichkeit, mit der die Probleme zur Sprache kamen, sollen die beiden protagonistischen Positionen einer „sozialwissenschaftlichen Unterrichtsmedienforschung" (Lange 1981) und der „traditionellen Schulbuchforschung" (Behrmann 1982) ausführlicher vorgestellt werden.

Klaus Lange führte 1981 zur Begründung einer „sozialwissenschaftlichen Unterrichtsmedienforschung" Ergebnisse der amerikanischen Massenkommunikationsforschung (Lasswell, Berelson, Lazarsfeld) an, die zeigten, daß eine direkte Wirkung von Medieninhalten auf der Rezipientenseite nicht nachzuweisen war und vielmehr das Vorwissen auf der Seite der Rezipienten bei der aktiven Verarbeitung von Information eine Rolle spielte: „Der aktive, selektierende Rezipient in einer von personaler Kommunikation vorstruktu-

---

[4] Im Zusammenhang mit empirischer Wirkungsforschung wird später auf die Untersuchung von Rauch/Wurster (1997) eingegangen.
[5] Den Take-off dieser Diskussion um den Status des Schulbuchs angesichts einer veränderten Medienlandschaft und aufgrund des Einflusses der Kommunikationsforschung bestritt Jeismann (1979) mit dem erwähnten Aufsatz, in dem er auch die Probleme für die Schulbuchforschung durch den medialen Wandel aufzeigte.

rierten, begleiteten und reflektierten Rezeptionssituation minimiert die möglichen Wirkungen von Massenmedieninhalten" (Lange 1981: 18)[6].

So muß berücksichtigt werden, daß Schüler schon immer über ein Vorwissen verfügen, das jede Rezeption mitstrukturiert und daher eine notwendig zu berücksichtigende Variable bildet, wenn Wirkungen untersucht werden sollen. Der Befund der Kontingenz von Wirkungen bei massenmedialer Kommunikation sollte nach Meinung von Lange gerade für die Schulbuchforschung von höchstem Belang sein, zumal sie wesentlich zwei Zielsetzungen verfolge, nämlich einmal auf internationaler Ebene „die Aufhebung und Aufdeckung von nationalistischen Verzerrungen, Feindbildern und Vorurteilen" und zum anderen, eher national orientiert, „die fachwissenschaftliche und fachdidaktische Überprüfung von Schulbüchern hinsichtlich deren Tauglichkeit zur Erreichung übergeordneter Lernziele, z. B. zur Erziehung zu demokratischem, politischem Engagement" (1981: 17). Der Autor kritisierte die mangelnde Reflexion unhinterfragter Prämissen (direkte Wirkungen von Inhalten, Abbau von Vorurteilen), auf denen die Annahmen etablierter Schulbuchforschung häufig beruhten, und schlug statt dessen eine „Unterrichtsmedienforschung" als „interdisziplinäre Sozialwissenschaft" (ebd., S. 20) vor, die aufgrund der erwähnten Forschungen zur Wirkung von Massenmedien davon auszugehen habe, daß das Schulbuch seine Funktion als „Leitmedium" (ebd.: 17) eingebüßt habe[7].

Das Schulbuch habe nicht zuletzt aufgrund der erwähnten Ergebnisse der Massenkommunikationsforschung seine „Funktion als Leitmedium" in zweifacher Hinsicht verloren: „Es wird ergänzt durch eine Vielzahl von gedruckten und audiovisuellen Unterrichtsmedien" und „die Entwicklung vom stoffbezogenen zum lernzielorientierten Unterricht (hat) die Position des Schulbuchs und seiner konkreten Inhalte weiter relativiert" (ebd.). Zu diesen schul- und unterrichtsendogenen Faktoren (Unterrichtsmedien, Didaktik) kommen die Massenmedien in ihrer Einflußnahme als exogene Faktoren, die zur Relativierung von Schulbuchinhalten beitragen, hinzu[8].

---

6   Dabei spielt der Begriff der ‚Aneignung' nicht zuletzt auch in dem Konzept der englischen ‚Cultural Studies' des „Encoding/Decoding" schon zu Beginn der 1980er Jahre eine entscheidende Rolle, in dem das Bild des passiven Rezipienten völlig aufgegeben wurde (vgl. Hepp/Winter 1997, Hall 1999).

7   Vgl. auch die Ergebnisse im Bereich der Lesewirkungsforschung (Christmann/Groeben 1999: 175). Aufgezählt werden eine Reihe von Faktoren wie Motivation des Rezipienten, situativer Kontext oder Textstrukturiertheit, die Effekte haben können.

8   Interessanterweise kam es etwa zum gleichen Zeitpunkt wie in Deutschland auch in den USA zu hitzigen Auseinandersetzungen um den Einfluß von Lehrplänen, Schulbüchern und dem ‚heimlichen Lehrplan' auf die Ausbildung demokratischen Bewußtseins, in der die Frage der Erreichbarkeit von Bewußtsein im Vordergrund stand. Die Debatte wurde in der American Political Science Review 1980/1981 vor allem zwischen den Protagonisten R. Merelman und M. K. Jennings geführt. Während Jennings von eindeutigen bewußtseinsbildenden Effekten ausging, wurden diese von Merelman bestritten (Vgl. dazu: Farnen 1994: 375-376).

Zwei implizite, ungeprüfte Annahmen, so Lange, unterlägen der herkömmlichen Schulbuchforschung, die wesentlich inhaltsanalytisch orientiert sei. Sie schließe von den durch Schulbuchforschung „konstatierten Inhalten auf die *Wirkungen auf die Rezipienten* dieser Inhalte" und darüber hinaus zöge sie den „Schluß von konstatierten Inhalten auf die *Einstellungen der Produzenten* dieser Inhalte" (ebd.: 17). Aus der Relativierung der Inhalts-Wirkungs-Hypothese (s. u.) leitete Lange für die Schulbuchforschung die Notwendigkeit ab, „verstärkt audiovisuelle Medien in ihr Analysekonzept einzubeziehen" (1981: 18). Zu rechnen sei stets mit dem „aktiven Rezipienten" und der „Einbindung der Rezeption von Unterrichtsmedien in Formen personaler Kommunikation" (ebd.).

Somit bilden die Faktoren Schüler(vor)wissen und Unterrichtskommunikation bereits wesentliche Elemente, die auf eine Kontingenz von Wirkungen bestimmter Inhalte des Schulbuchs schließen lassen. Diese Feststellung ginge einher mit der Forderung nach einem methodischen Wechsel in der Schulbuchforschung – weg vom „inhaltsanalytischen Methodenmonismus" hin zu einem interdisziplinären Ansatz (ebd.: 20), wobei von Lange selbst die sogenannte Aussageanalyse vorgeschlagen wurde. Die inhaltsanalytische Forschung sei unter anderem kritisiert worden, weil die Unterscheidung von ‚latenter' und ‚manifester' Bedeutung forschungspraktisch kaum durchzuhalten sei und weil Text- und Bildebene gleichgesetzt würden (ebd.: 24).

Die strukturellen Veränderungen des Schulbuchs wie etwa seine Statusrelativierung als Leitmedium sind, also auf das Zusammenwirken endogener und exogener Faktoren zurückzuführen, wie Lange explizit hervorhob (1981: 17-19). In der weiteren Argumentation stützte er sich wesentlich auf die exogenen Faktoren (Massenmedien). Erziehungswissenschaftlich genauso relevant ist hingegen auch die Frage, in welchem Maße sich die in Schulbüchern auftauchenden Diskurse durch veränderte didaktische Ansätze (Stichwort: Zielorientierung, handlungsorientierter, offener Unterricht) transformiert haben (vgl. Kap. 3.3).

Der Wirkungsbegriff wurde von Lange daher einer grundlegenden Kritik unterzogen. Über die ungeprüften Annahmen von a) Rezipientenwirkungen und b) Produzenteneinstellungen, auf die man aufgrund der Annahme fixer Inhalten zu schließen können glaubte, würde der Wirkungsbegriff „pauschal" verwendet und sich zumeist nur auf den „kurzfristigen Informationsgewinn" der Schülerinnen beziehen (1981: 19). „Mittel- und langfristige Einflüsse auf grundlegende Einstellungen und Verhaltensweisen", könnten, wenn überhaupt, nur im Zusammenhang mit den mit Schule „konkurrierenden Sozialisationsagenturen Familie und altershomogene Gruppe" wie zunehmend mit den „massenmedialen Sozialisationsinhalten" erfaßt werden (ebd.: 19). Schließlich rückte Lange einen Aspekt in den Vordergrund, der zentral für eine diskurs- und wissensanalytische Perspektive ist. Es geht dabei um den Stellenwert des in Schulbüchern diskursförmig auftauchenden Wissens, wodurch die analytische Ebene deutlich wird, auf der dieses Schulbuchwissen zu untersuchen wäre: „Wissenssoziologisch stellt jeder nicht fiktionale Medieninhalt eine kollektive Situationsdefinition dar, an welcher unterschiedliche Akteure in unterschiedlicher Intensität beteiligt sind" (ebd.: 19).

Gerd Stein schlußfolgerte bereits Ende der 1970er Jahre aus der sogenannten „Schulbuchschelte": „Schulbuch-Ärger entzündet sich nicht zuletzt an der vermuteten (befürchteten oder erhofften) politischen Sozialisationswirkung des ‚Massenmediums' Schulbuch" (1979: 2). Er hob hervor, daß dabei stets vom Schulbuch als einem „vermeintlich entscheidend erziehungsrelevanten Unterrichtsfaktor" (ebd.) ausgegangen würde, fügte aber im gleichen Atemzug hinzu, daß die Effizienz- und Wirkungsforschung „noch ein Desiderat" (ebd.: 3) in der Schulbuchforschung darstelle. Doch dies sind keine vereinzelten Beschreibungen eines grundlegenden Desiderats etablierter Schulbuchforschung.

1993 wiederholte Fritzsche im Rahmen eines Forschungsberichts den erwähnten Befund fast wortgleich, als er vermerkte, daß „die Wirkungsforschung immer noch kaum mehr als ein Desiderat sei" (1993: 202, vgl. Jeismann 1979: 9, Stein, 1979: 53-54,1991: 752, Lange 1981: 17, Fritzsche 1992, 1993, Fritzsche/Hartung 1997: 7, Thonhauser 1992: 58, Rauch/Wurster 1998: 8, 29, 60, 93). Damit ist jedoch nicht gesagt, daß sich nicht irgendwelche Effekte einstellten, wie sie etwa von Rauch/Wurster untersucht wurden.

Die Untersuchung (Rauch/Wurster 1997) füllt aber kaum die angezeigte empirische Lücke. Das Grundproblem besteht darin, daß zum einen theoretisch kein Wirkungsbegriff expliziert wird, mit dem lerntheoretisch relevante, längerfristige Wirkungen untersucht werden könnten. Kurzzeitige Effekte, die sich bei der Rezeption eines Bildes oder eines Textes als Transformation eines bestimmten Wissensbestandes, der vorher abgefragt werden kann, immer einstellen, können kaum als „Lernzuwachs" (ebd.: 213) gedeutet werden. Zum anderen greifen die Autoren in ihrer nicht-repräsentativen Untersuchung auf quantitative Meßverfahren der Evaluationsforschung zurück, wodurch bestimmte, für Rezeption und Wirkung konstitutive Strukturbeziehungen unberücksichtigt bleiben. So ist eine Trennung nach externen und internen Kategorien bezüglich der didaktischen Strukturierung des Materials nicht besonders hilfreich (1997: 62), wenn man die Zusammenhänge etwa zwischen „Adressaten" als externer Kategorie und „Gestaltung" als interner Kategorie theoretisch nicht klärt. Dies hängt mit dem grundlegenden Problem zusammen, daß das Schulbuchwissen selbst nicht auf seine semantisch-semiotischen Strukturen hin untersucht wird, sondern Kategorien lediglich auf Inhalte angewendet werden (Expertinnenbefragung, Schreibtischevaluation, Schülerbefragung), die als transparent und gleichbedeutend für alle Teilnehmerinnen und Forscher vorausgesetzt werden. Unterschiede in Interpretation und Verstehen, die erst durch die Analyse sprachlich-semiotischer Strukturen auf der Mikroebene deutlich werden, fallen dadurch raus. Daher beschränken sich die rezeptionstheoretischen Überlegungen der Untersuchung auch auf die quantitative Ermittlung von Leseverständlichkeit mithilfe der sogenannten „Leseverständlichkeitsformel" (ebd.: 70). Der Begriff ist deshalb irreführend, weil nicht Leseverständlichkeit ermittelt wird, die – wie die Autoren selbst feststellen – von Textrezeption und damit vom subjektiven Vorwissen abhängt (ebd.: 71), sondern Satzkomplexität untersucht wird. Aber schon textlinguistisch ist es höchst fragwürdig, Satz- und Textkomplexität gleichzusetzen, weil Text als eigene Sinnstrukturebene grundsätzlich von der Satzeinheit unterschieden werden muß (de Beaugraunde/Dressler 1981: 15 ff.). Dies zeigt exemplarisch, daß eine qualitative Forschung, welche die Strukturen von Schulbuchwissen auf der einen Seite und Strukturen sowie die Veränderungen von Strukturen von Schülerwissen über einen längeren Zeitraum auf der anderen Seite untersuchte, noch fehlt. Dies hängt mit dem von den Autoren selbst vermerkten „Fehlen einer ausgearbeiteten Schulbuchtheorie" (ebd.: 93) zusammen, was sie dazu führt, für eine „molare Theorie des Unterrichts" im Unterschied zu einer „molekularen Theorie des Schulbuchs" (ebd.: 94) zu plädieren. Diese pragmatische Beschränkung auf einen institutionellen Wirkungskontext knüpft unmittelbar an die Vorstellungen vom Schulbuch als Leitmedium bzw. als singuläres Medium an, was durch die Untersuchung von Schulbuchwissen und dessen Struktur überwunden werden kann.

Auch die von Fritzsche/Hartung unternommene Schülerbefragung (1997) füllt die beschriebene empirische Lücke nicht. Für die Analyse der Auswirkung von Schulbuchinhalten wurde kein theoretisches Konzept erarbeitet. Gefragt wurde lediglich nach der Meinung bzw. den Erwartungen von Lehrerinnen und Schülern zu Schulbüchern bzw. Unterrichtsstilen (Fritzsche/Hartung 1997: 9). Was die befragten Schülerinnen beispielsweise zum Thema Rassismus als Vorwissen schon mitbrachten oder durch Schulbücher erfahren hatten, wurde nicht systematisch getrennt. Dies hätte zur Voraussetzung gehabt, den Einsatz der Schulbücher im Unterricht zu beobachten und zu untersuchen, in welcher Weise ein Thema ‚ankommt' und rezipiert wird. Darüber hinaus wurden die Interviewpassagen lediglich in Ausschnitten präsentiert, wobei an einigen Stellen nicht klar ist, wann eine Schülermeinung referiert wird und wann es sich um eine Interpretation von Seiten der Forscher handelt. Die These Fritzsches, daß „Schulbuchtexte durchaus Spuren im Lernprozeß hinterlassen und daß diese Spuren in qualitativer Forschung nachweisbar" (1997: 7) seien, kann sich aufgrund des Untersuchungsdesigns kaum bestätigt finden, denn dazu wäre ein höherer Grad an Differenzierung und Systematik vonnöten gewesen. In dieser Hinsicht füllt sie in keiner Weise die seit langem beklagte empirische Lücke der Schulbuchforschung. Dennoch liefert die Untersuchung eine Reihe von Hinweisen, was Schülerinnen und Lehrerinnen *über* den Einsatz, den Wert und die Funktion von Schulbüchern denken.

So läßt sich resümieren, daß die wenigen Bemühungen, die Wirkungen von Schulbüchern empirisch zu erfassen, nicht ausreichend sind. Zum einen zeigt der komplexe Ansatz von Rauch/Wurster die Schwierigkeiten auf, die mit der empirischen Ermittlung von Wirkungen verbunden sind. Zum anderen wird auch deutlich, daß eine Schulbuchtheorie die Voraussetzung für weitergehende empirische Forschung darstellt. Die Struktur des Gegenstandes Schulbuch muß jedoch theoretisch herausgearbeitet werden und bietet sich Schulbuchforscherinnen nicht per se dar. Eine wichtige Dimension einer Schulbuchtheorie bildet die Interdisziplinarität, wodurch von vornherein einer pädagogisch verengten Sicht auf Schulbücher vorgebeugt würde. So ist es auch nicht überraschend, daß im Rahmen einer interdisziplinären Ausweitung des Blicks auf Schulbücher von Lange die Form einer „Verbundforschung" (1981: 20) vorgeschlagen wird, bei der „Pädagogen, Psychologen,, Soziologen und Historiker" (ebd.) zusammengeführt werden sollen. Dabei ginge es um die „Etablierung und Anerkennung eines Forschungsfeldes" (ebd.).

Dieser letztgenannten interdisziplinären Ausrichtung widerspricht Behrmann in seiner Entgegnung entschieden (Behrmann 1982). Neben dem zum Teil polemischen Ton der Replik fällt besonders das strategische Vermeidungsverhalten Behrmanns ins Auge, der kaum auf einen der konkreten Einwürfe bzw. Kritikpunkte Langes eingeht, sondern auf einer Ebene abstrakter Behauptungen verbleibt. Beispiele dafür sind Vorwürfe wie „Soziologismus und Empirismus" (Behrmann 1982: 55), mit denen er den interdisziplinären Ansatz Langes lapidar zurückweist. Sein klares Bekenntnis zu inhaltsanalytisch-normativer Schulbuchforschung (ebd.) reiht sich in den mainstream traditioneller Schulbuchforschung ein. Schulbücher seien als „Medien im Prozeß intentionaler Erziehung" (ebd.) zu betrachten. Dabei wird allerdings weder der Medienbegriff erläutert noch die mit Lange vorgenommene Problematisierung von Wirkungsannahmen zur Kenntnis genommen. Das Rückzugsgefecht Behrmanns wird in der Eingrenzung der Schulbuchforschung deutlich:

„Beispielsweise wird man die Untersuchung von Geographiebüchern (...) sinnvollerweise Geographen mit diesen Kompetenzen und nicht einem ‚Team von Pädagogen, Psychologen, Soziologen, Politologen und Historikern' überlassen" (ebd.: 54).

Diese Favorisierung einer „little science" gegenüber einer „big science" (ebd.: 58) ist einer Position geschuldet, die durch empirische Wirkungs- und Rezeptionsforschung nicht weiter tangiert wird, um das normative Apriori nicht zu gefährden, das Behrmann in der Überprüfung der „sachlichen, didaktischen und methodischen Qualität von Schulbüchern" (ebd.) konstatiert.

Ein Grundirrtum auf Seiten Behrmanns besteht darin, von *der* Schulbuchforschung als einer homogenen und einheitlichen Disziplin auszugehen bzw. den Eindruck eines fest umgrenzten Forschungsfeldes zu vermitteln. Demgegenüber ist festzustellen, daß es in dem Sinn keine genuine Schulbuchforschung existiert, die sich historisch als eigene Disziplin mit spezifischem Gegenstand ausdifferenziert hätte. Sie besitzt notwendig die Form einer Querschnittsdisziplin mit zahlreichen disziplinären Referenzen, was schon ihren interdisziplinären Charakter deutlich macht. Doch lassen die einzelwissenschaftlichen Forschungen bezüglich des Schulbuchs nicht darauf schließen, daß ein Verständnis für interdisziplinäre Bezüge vorhanden wäre, das in irgendeiner Weise in die Erforschung von Schulbüchern einfließen würde.

Was die Qualitätsprüfung von Schulbüchern betrifft, so sieht Behrmann den Schulbuchforscher in der Position eines „Sicherheitsexperten" (ebd.: 55), der auf der fachdidaktischen Höhe seiner Zeit die ins Schulbuch einfließenden Inhalte kontrolliert[9]. Demgegenüber werden Rezeptions- und Wirkungsforschung zwar als „wichtige", aber schlußendlich nur „ergänzende Themen" (ebd.) eingestuft. Kurzum: Das reale Schulbuch interessiert nach Behrmanns Auffassung nur insoweit, als es verbessert, überarbeitet und auf dem Laufenden gehalten werden muß. Nach welchen Maßstäben dies zu geschehen hat, wird nicht thematisiert. Als Prämisse wird lediglich vorausgesetzt, daß „Schulbuchforschung (...) in ihren Grenzen einer rekonstruierbaren und legitimierbaren wissenschaftlichen Ratio folgt" (ebd.: 55). Wer wie was legitimiert, wird nicht gesagt wie auch nicht erörtert wird, was man sich unter „wissenschaftlicher Ratio" vorzustellen hat. Analog zu dieser Rationalitätsunterstellung wird eine entsprechende Objektivitätsprämisse geäußert, die sich an eindeutig bestimmbaren Inhalten von Schulbüchern festmachen ließe:

„Betrachtet man sie (Schulbücher, T. H.) als Dokumente der ‚offiziellen (politischen) Kultur', so zählt vor allem – vor Produktionsprozessen wie den Rezeptionsprozessen – ihr Inhalt. Hinzu kommt, daß der Inhalt völlig zugänglich ist. Dagegen sind der Rezeptionsprozeß und die Genese ‚kollektiver Wirklichkeitskonstruktionen' allenfalls über einzelne Anhaltspunkte erschließbar" (ebd.: 56).

Bemerkenswert ist, daß Behrmann sich bei der Einstufung der Schulbücher als Teil der offiziellen politischen Kultur explizit auf ein politikwissenschaftliches Modell (von Brown/Gray) beruft – und hierbei die Grenzen überschreitet, die er vorher in Richtung Interdisziplinarität gezogen hat. Weiterhin verbaut er sich selbst die Chance, das Schulbuch im Rahmen dieses theoretischen Ansatzes als Teil der politischen Kultur zu konzeptualisieren (und als Teil eines hegemonialen und selektiven Wissens), indem er auf den ‚objektiven Inhalten' von Schulbüchern beharrt, die an ‚der Objektivität' des Wissens der Schulbuchforscherinnen, die an Verbesserung interessiert sind, lediglich abgeglichen wird. Nicht nur die zuletzt angeführte Stelle vermittelt den Eindruck, daß die vermeintliche Objektivität von Schulbuchinhalten als Voraussetzung und Legitimation der eigenen Forschung herhalten muß. Mit der Formulierung, daß Rezeption und kollektive Wirklichkeitskonstruktionen

---

[9] Während Stein (1991) die ‚gate-keeper-Funktion' von Schulbuchautorinnen und Zulassungskommissionen kritisch faßt, wendet sie Behrmann positiv-affirmativ.

„allenfalls über einzelne Anhaltspunkte erschließbar" seien, wird zwar auf die Schwierigkeit entsprechender Forschungen, aber nicht auf deren Unmöglichkeit hingewiesen.

Der methodischen Kritik Langes begegnet Behrmann schließlich nur mit dem Gegenvorwurf des „Methodenfetischismus" (ebd.: 57). Ein genauerer Blick auf die Methodenlage in der Schulbuchforschung kann den Hintergrund dieser offensichtlichen Abwehrhaltung gegenüber einem Methodenpluralismus aufhellen.

2.1.1 Zur Kritik methodischer Eindimensionalität in der Schulbuchforschung

Trotz des Mangels an empirischer Wirkungsforschung wird in der Schulbuchforschung an dem Hauptziel der Verbesserung von Schulbüchern festgehalten. Dieses grundlegende Paradox der Schulbuchforschung wird durch ein ideologiekritisches Vorgehen verdeckt. ‚Wissenschaftliche Objektivität' wird, worauf bereits hingewiesen wurde, als „Konsensobjektivität" (Jeismann 1990: 14) gerechtfertigt, so daß die Objektivität des Expertenblicks für die ‚Sachobjektivität' steht. Dabei bezieht sich Jeismann wissenssoziologisch auf die „‚symbolischen Sinnwelten', die sich jede Gesellschaft notwendig baut" und die „unaufhebbar" (ebd.) seien. Stoßen diese Sinnwelten und die Wissenschaft im Ringen um Wahrheit aufeinander, so „ist der Sieg keine Frage der Wissenschaft, sondern der Macht" (ebd.). Dieser Verortung von Wissenschaft außerhalb jeder Machtsphäre entspricht ein positivistisches Verständnis von Wissenschaft. Unterstellt wird dabei die eine Objektivität von Erkenntnis und auch Sprache, die eine immanente Logik wissenschaftlicher Rationalität beinhaltet. Somit greifen objektivistisch-positivistische und universalistisch-vernunfttheoretische Bestimmungen wissenschaftlichen Wissens ineinander, die der Wissenschaft einen privilegierten Beobachterstatus in der Gesellschaft sichern sollen. Diese theoretischen Prämissen bilden die Grundlage für die ideologiekritische Perspektive, die ein Proprium deutschsprachiger Schulbuchforschung darstellt. Das methodische Pendant dazu stellt die Inhaltsanalyse dar, auf die regelmäßig bei Schulbuchuntersuchungen zurückgegriffen wird[10], wenn sie auch teilweise kritisch reflektiert wird.

So hat sich etwa Weinbrenner von einer Definition der Inhaltsanalyse als eines objektiv, systematisch und quantitativen Verfahrens zur Beschreibung latenter Inhalte folgendermaßen abgegrenzt:

„Nach dieser Definition wäre es völlig ausgeschlossen, Fragen nach der paradigmatischen Struktur von Schulbüchern oder dem Ideologiegehalt von Schulbuchaussagen zu beantwor-

---

[10] Eine Ausnahme bildet Pilgrim (2000), der ähnlich wie Höhne/Kunz/Radtke (1999) diskursanalytisch vorgeht.

ten. Überall stößt man auf hermeneutische Zirkel: Der Schulbuchforscher schafft sich nach seinem wissenschaftlichen und didaktischen Vorverständnis entsprechende Dimensionen und Kategorien, die er dann seiner Analyse zugrundelegt und wiederum auf der Folie dieses Hintergrundverständnisses interpretiert und bewertet" (1995: 39).

Unter dem Punkt „Ausgewählte Methoden der Schulbuchforschung" geht Weinbrenner in seinen Ausführungen auf die Kontroverse „Bestandsanalysen versus Defizitanalysen" (ebd.: 39) ein und vermerkt, daß es sich „um eine *Gratwanderung zwischen Empirie und Normativität*" (ebd.) handle. Neben dem Bestreben von Seiten der Schulbuchforschung, die „repräsentierten Inhalte möglichst vollständig zu erfassen und abzubilden" bestehe auch ein „*kritisch-innovatorisches Erkenntnisinteresse*", „Defizite und Mängel" (ebd.) des Materials aufzudecken. Die Frage, ob die jeweiligen Bezugswissenschaften überhaupt die Grundlagen für „solche normativen Suchkategorien" (ebd.: 39-40) liefern könnten, wird zwar gestellt, aber grundsätzlich offengelassen. Eine indirekte Antwort findet sich im Anschlußsatz: „Aus diesem Dilemma führt nur eine konsequente *Offenlegung der normativen Prämissen und erkenntnisleitenden Interessen* des Schulbuchanalytikers heraus" (ebd.: 40). Dieser Appell an Selbstreflexion führt jedoch lediglich zu einer Position des ‚aufgeklärten Normativismus', bei dem die Festschreibung der Verbesserung von Schulbüchern als oberstes Ziel von Schulbuchforschung bestehen bleibt. Diese normativ-selbstreflexive Perspektive, die sich aus grundlegend theoretisch-methodischen Problemen ergibt, verbleibt in der Immanenz bestehender Forschungslogik. Hieran wird deutlich, daß eine neue Perspektive auf Schulbücher *jenseits* von Ideologiekritik und der Fixierung auf Inhaltsanalyse eine Verschiebung des gesamten Rasters der Schulbuchforschung in theoretischer, methodologischer und methodischer Hinsicht zur Folge hätte.

Nach Mayring, auf den Weinbrenner sich stützt, handelt es sich bei der Inhaltsanalyse auch um eine „schlußfolgernde Methode" (Mayring 1997: 12), die „durch Aussagen über das zu analysierende Material Rückschlüsse auf bestimmte Aspekte der Kommunikation ziehen" möchte (ebd.). Will sie also nicht bloße Textanalyse sein, von der Mayring die Inhaltsanalyse abgrenzt, dann müßten aus ihrem Theoriedesign ableitbare Aussagen über die Kommunikationszusammenhänge, in denen das Untersuchungsobjekt (Texte, Interviews usw.) steht, möglich sein. Dies kann aber erst aufgrund einer entsprechenden Gegenstandstheorie geleistet werden, was eine Theorie des Schulbuchs zu leisten hätte. Neben der theoretischen Beschreibung des Forschungsgegenstandes würde sie die Grundlage für empirische Forschung liefern. *Doch eine ausgearbeitete Theorie des Schulbuchs, die eine empirisch angeleitete Schulbuchforschung anleiten könnte, liegt nicht vor.*

So geht Weinbrenner in dem Aufsatz „Grundlagen und Methodenprobleme sozialwissenschaftlicher Schulbuchforschung" auf die drei wesentlichen Defizite etablierter Schulbuchforschung ein: An erster Stelle wird das „theoretische Defizit" genannt, da eine „anerkannte ‚Theorie des Schulbuchs'" fehle, zweitens das „empirische Defizit", da der Umgang mit Schulbüchern im Unterricht nicht erforscht sei sowie schließlich das „methodische Defizit", da noch kein „Satz bewährter Verfahren und Instrumente für die Dimensionierung, Kategorienbildung und Evaluation von Untersuchungen zur Schulbuchforschung" (1995: 21) vorliege.

Auch andernorts wurde schon früh auf das theoretisch und methodische dünne Eis hingewiesen, auf dem Schulbuchforschung wandle (Stein 1979). Einmal verweist Stein in bezug auf die aufklärerischen Ambitionen von Schulbuchforscherinnen darauf, daß die „Ausgangsbasis für entsprechende Mutmaßungen (...) eher ungesichert" wäre (1979: 53) und schlußfolgert:

„Schulbuch-Kritiker sollten sich bezüglich des derzeitigen Stellenwerts des Schulbuchs als Informationsmedium im schulischen sowie im außerschulischen Bereich keine Illusionen machen. Sie werden sich vielmehr sagen lassen müssen, daß das Kommunikationsmedium Schulbuch – sowohl was seine informatorische Dimension als auch was seine Sozialisationswirkung angeht – heutzutage nur *ein* (Massen-) Kommunikationsmedium unter anderen ist, und zwar vielfach in Konkurrenz zu diesen. Dieser Tatbestand macht die Diskrepanz unübersehbar, die in der heutigen ‚Lerngesellschaft' zwischen pädagogisch-politischem Wunschdenken und empirischen Befunden zur Sozialisation und Enkulturation klafft" (1979: 53-54).

In diesem Sinne wird auch hierbei eine „inhaltsfixierte-monoperspektivische Beschäftigung mit Schulbüchern" (Stein 1991: 755) kritisiert. Dem Schulbuch wird der Status eines „pädagogischen Hilfsmittels" bei Betonung dessen „medialer Funktion" (ebd.) zuerkannt. G. Michel, der die Rolle des Schulbuchs in der Mediendidaktik untersucht hat, stellt allgemein für Unterrichtsmedien einschließlich des Schulbuchs fest, „daß dem im Unterricht eingesetzten Medium grundsätzlich nicht die Funktion der Steuerung des Unterrichts zukommt" (1995: 106). In mehrfacher Hinsicht (medientheoretisch, sozialisationstheoretisch, wirkungsanalytisch) werden also seit geraumer Zeit Bedenken und Einsprüche gegen die ausschließlich inhaltsanalytische Erforschung des Schulbuchs als Einzelmedium artikuliert, ohne daß dies eine entscheidende Auswirkung auf die Praxis der Schulbuchforschung gehabt hätte.

Das konstatierte Theoriedefizit der Schulbuchforschung in bezug auf ihren eigenen Untersuchungsgegenstand korreliert mit einer mangelnden Methodenreflexion, was Lange im zweiten Teil seiner Kritik der Schulbuchforschung hervorhebt: „Methodologische Reflexionen über Wahl und Begründung von anzuwendenden Methoden werden in der Schulbuchforschung tendenziell ausgeblendet, da die Entscheidung, nur inhaltsanalytisch zu arbeiten, kaum problematisiert wird" (Lange 1981: 21). Daran hat sich bis heute kaum etwas geändert. So wäre die Annahme direkter Wirkungen von Schulbuchinhalten, bei der von einem einfachen Kommunikationsmodell ausgegangen würde, beispielsweise durch Prognosevalidität zu prüfen, wodurch das methodisch eingesetzte Instrumentarium bezüglich der erzielten Ergebnisse mit Resultaten anderer Medien zu vergleichen wäre:

„Die Beobachtung von ausländerfeindlichen Verhaltensweisen von Schülern, die mit Unterrichtsmedien konfrontiert wurden, in denen inhaltsanalytische negative Darstellungen von Ausländern festgestellt wurden, ist ein typisches Beispiel für Prognosevalidität (...) Methodenkritische Unterrichtsmedienforschung sollte diese Überlegungen verstärkt in das Forschungskonzept einbeziehen; die Konstatierung spezifischer Inhalte in Schulbüchern sagt wenig über die möglichen Wirkungen derselben aus, wenn nicht gleichzeitig die Funktion dieser Schulbücher in der Unterrichtskommunikation bestimmt wird" (ebd.: 21).

Darüber hinaus widerspricht Lange der gängigen Trennung von quantitativen, qualitativen und hermeneutischen Methoden (ebd.: 22). Nach Weinbrenners Einschätzung von 1995[11] lassen sich die gravierendsten Defizite in der „wirkungsorientierten Schulbuchforschung" ausmachen, wozu er die notwendigen Fragen, denen Schulbuchforschung nachgehen sollte, folgendermaßen formuliert:

„Welche Informationen, Einstellungen und Verhaltensweisen werden durch das Schulbuch vermittelt? Wie wirkt das Schulbuch im Kontext anderer Medien (korrigierend, verstärkend, kompensierend)? Welche Weltbilder und Wertmuster, aber auch Vorurteile, Feindbilder und Ideologien werden durch das Schulbuch vermittelt oder korrigiert" (ebd.: 25)?

Hier wird aber nur eine scheinbare Öffnung des Feldes angedeutet, denn trotz der festgestellten Defizite bleibt der Autor *innerhalb* der Logik bisheriger Schulbuchforschung. Wenn jemals ideologiekritisch über Inhalte nachgedacht wurde, so Weinbrenner, dann sei diese von ‚außerhalb' durch „außerpädagogische Interessen und Fragestellungen" induziert gewesen: „Wenn Unternehmer etwas über das ‚Unternehmerbild', Gewerkschaften etwas über das ‚Gewerkschaftsverständnis', Frauenforscher etwas über das „Bild der Frau" und die Kirche etwas über ‚Einstellungen zu Ehe und Familie'" wissen wollten, so sei dies in der sogenannten „produktorientierten Schulbuchforschung" abgedeckt worden, aber dieses Interesse an Schulbuchforschung wäre nicht genuin pädagogisch, sondern unterliege „gesellschaftlichen und ideologischen Bildungsansprüchen" (ebd.: 25).

An dieser Einschätzung sind folgende Punkte bemerkenswert. ‚Ideologie' scheint eindeutig identifizierbaren gesellschaftlichen Akteuren zuordenbar. „Vorurteile, Feindbilder und Ideologien" werden dabei von „Weltbildern und Weltmustern" unterschieden. ‚Ideologie' wird ‚von außen' in die Schulbücher hineingetragen, während die ‚pädagogischen Interessen' die sind, „Lehrern und Schülern die alltägliche Unterrichts- und Lernarbeit zu erleichtern" (ebd.: 25). Die Interessen der außerhalb von Schule, Didaktik und Pädagogik stehenden Akteure („Unternehmer", „Gewerkschaften", „Frauenforscher" (sic!) und „die Kirche") sind alle ‚gleich ideologisch', so daß sie alle in einem Atemzug erwähnt werden können[12].

---

[11] Der Aufsatz von Weinbrenner erschien fast textgleich auch in Fritzsche 1992: 33-54 und zuvor 1986 in der Zeitschrift ‚Internationale Schulbuchforschung'.

[12] Diese Reihenfolge der Nennungen der Akteure sagt einiges über „Weltbilder" aus: Den Unternehmern folgen die Gewerkschaften, den Frauenforschern (bei weitem nicht den

Bemerkenswert ist, daß der Autor keinen Text zitiert, der jünger als 1986 ist – und die drei erwähnten Texte von 1986 sind von ihm selbst (und teilweise Koautoren) verfaßt worden. Der überwiegende Teil stammt aus dem Zeitraum *vor* 1980, was die Vermutung zuläßt, daß die soziale, politische und schulische Funktion von Schulbüchern in der Schulbuchforschung in den achtziger Jahren kaum noch thematisiert worden ist. Darüber hinaus erwähnt Weinbrenner mit keinem Wort die Debatte zwischen Lange und Behrmann, was verwundert, denn seine für die Schulbuchforschung grundlegenden theoretisch-methodischen Ausführungen wurden 1986 zuerst in der Zeitschrift ‚Internationale Schulbuchforschung', also fünf Jahre *nach* den Überlegungen von Lange veröffentlicht.

Die Erwähnung bzw. das Beklagen der grundlegenden theoretischen und empirischen Defizite gehört zum deklarativen Grundbestand der Schulbuchuntersuchungen, jedoch kommen im Gestus des „ja aber..." die eingefahrenen Praktiken und das Geschäft des *more of the same* regelmäßig wieder zum Zug. Die Ignoranz gegenüber grundlegender Kritik am *business as usual* etablierter Schulbuchforschung gilt unter anderem auch gegenüber der feministischen Schulbuchkritik, die bei Weinbrenner unerwähnt bleibt. So war etwa Ulrike Fichera bei ihrer Durchsicht der Untersuchungen zur feministischen Schulbuchkritik zu dem Ergebnis gekommen: „Es sind überwiegend Frauen oder Frauengruppen, die den Sexismus in Schulbüchern kritisieren" (1994: 115). Daß die feministische Schulbuchkritik sich bis in die offizielle Politik hinein Gehör verschafft hat, zeigt etwa die Tatsache, daß laut Beschluß der Kultusministerkonferenz vom 21. 11. 1986 die Darstellung von Mädchen und Frauen dem Verfassungsgebot der Gleichberechtigung entsprechen sollte (Fichera 1994: 115). Inwieweit formale Gleichstellungsgebote schließlich auch inhaltlich umgesetzt werden, steht sicherlich auf einem anderen Blatt und bleibt weiterhin zu analysieren. Die benannten Desiderate der Schulbuchforschung machen nachdrücklich die Notwendigkeit von Alternativen zu inhaltsanalytischen und ideologiekritischen Orientierungen deutlich. Neben der von Lange erwähnten Aussageanalyse stellt unter anderem die Diskursanalyse[13] eine Möglichkeit dar, theoretisch und methodisch eine neue Perspektive auf Schulbücher zu eröffnen (Höhne/Kunz/Radtke 1999, 2003).

Mit einer diskursanalytischen Orientierung im Bereich der Schulbuchforschung können gegenüber einem inhaltsanalytischen Vorgehen Strukturen und Transformationen von Wissen, das diskurs- bzw. zeichenförmig vorliegt, von einzelnen semantischen Elementen bis hin zu größeren Verkettungen untersucht werden. Dies eröffnet eine Perspektive für empirische Forschung, da das Schulbuch eine Art Filter für verschiedene Diskurse bzw. Wissensfor-

---

Frauen bzw. Frauenforscherinnen!) folgt die Kirche mit ihrem ‚natürlichen' Interesse für „Ehe und Familie".

[13] Für eine eingehende Darstellung diskursanalytischer Verfahren und ihre mögliche Anwendung auf Schulbücher vgl. Höhne 2000: 210-319, Höhne 2002.

men darstellt. In herkömmlichen Untersuchungen wird der gesellschaftliche und diskursive Kontext, in den ein Schulbuch stets eingebettet ist, als Gegenstand systematischer Analyse ausgespart.

Doch auch der von Weinbrenner skizzierte theoretische Bezugsrahmen von Schulbuchforschung – Fachwissenschaft, Fachdidaktik, Erziehungswissenschaft, Design als Bezugspunkte – ist unbefriedigend, da sie neben der erwähnten fortgesetzten ideologiekritischen Perspektive soziale Formierungen von Schulbuchwissen wie Macht unberücksichtigt lassen. Gesellschaftliche Kräfte und „Bildungsmächte" (Weniger) bleiben so grundsätzlich bei der Erforschung von Schulbüchern außen vor. Fragen nach der Art des sozialen Wissens oder der Repräsentationsformen verengen sich so ideologiekritisch auf das Problem einer „falschen Darstellung" und Macht wird theoretisch auf die Durchsetzung von Interessen verdünnt (Weinbrenner 1995: 32-33). Aus solchen Befunden lassen sich folglich nur eine entsprechende „Richtigstellung" und die Forderungen nach „mehr Objektivität" ableiten[14].

Hingegen ist ein diskursanalytischer bzw. wissenssoziologischer Ansatz nicht primär an den Zielen von Ausgewogenheit und Objektivität der Darstellung orientiert. Vielmehr soll das allgemein geteilte und dominante soziokulturelle Wissen an den sozialen und medialen Orten, wo es auftaucht, auf seine Formen und Strukturen hin untersucht werden. In der Diskursanalyse geht es darum, zu erforschen, wie Bedeutungsverknüpfungen, Transformationen und selektive Prozesse der Bedeutungskonstitution realisiert werden. Dazu gilt es, semantische Verknüpfungen zwischen bestimmten Diskursen in verschiedenen sozialen Bereichen deutlich zu machen und zu untersuchen, welche spezifischen Sinn- und Bedeutungseffekte produziert werden. Auf diese Art werden die Resonanzen, die öffentliche Diskurse in Schulbüchern hervorrufen und die stets einen Gradmesser für den gesellschaftlichen *common sense* als hegemoniales Wissen darstellen, erfaßt. Schulbuchinhalte sind in dieser Perspektive ein Indikator für allgemein anerkanntes, sozial approbiertes Wissen, das durch eine Vielzahl von Filtern (Verlage, Schulbuchkommissionen, Kultusministerien) hindurch gegangen, als lehrreich erachtet wurde.

Anhand der Problematisierung des Vorurteilsbegriffs läßt sich der angedeutete paradigmatische Wechsel von Ideologie/Vorurteil zum Wissensbegriff noch klarer herausstellen. Die Brisanz liegt darin, daß die Aufklärungsfunktion von Schulbüchern nur mit Rückgriff auf die Kategorie des Vorurteils begründet werden kann und somit zentrale legitimatorische Funktion für die Annahmen innerhalb der etablierten Schulbuchforschung besitzt. Doch schon aufgrund des beschriebenen Fehlens einer empirischen Wirkungsforschung

---

[14] Die Aussage „Ideologiekritik gehört inzwischen zum Standardrepertoire sozialwissenschaftlicher Forschung und Analyse" (Weinbrenner 1995: 33) beweist nichts und sagt nichts über den theoretischen *Status* aus. Demgegenüber ist grundsätzliche Kritik an den erkenntnistheoretischen Prämissen ideologiekritischer Perspektive geäußert worden (jüngst z. B. Hirseland/Schneider 2001).

kann ein vorurteils- und aufklärungsorientierter Ansatz nur spekulativ vertreten werden, da geprüft werden müßte, ob das „richtige Wissen" (nach der Überarbeitung eines Schulbuchs) nun auch entsprechende Effekte im Schülerbewußtsein zeitigt.

Vorurteile haben grundsätzlich eine doppelte Seite: Zum einen sind damit die in bestimmten Bildern und Texten zum Vorschein kommenden *Vor*urteile gemeint, und zum anderen die Haltungen, die auf Seiten der Subjekte damit bezeichnet werden. Untersucht werden innerhalb der Schulbuchforschung jedoch lediglich die in den Schulbuchtexten und -bildern auftauchenden Urteilsstrukturen, wobei Urteil als wahres/falsches Wissen aufzufassen ist. Hierbei erweist sich das Schulbuch konzeptuell als *intentionales Medium*, da es genuin mit der Absicht der Aufklärung als Mittel im Prozeß der Erziehung eingesetzt wird. Aus der Zwecksetzung wird auf die Art des Mediums und seiner Thematisierungs- und Darstellungsformen rückgeschlossen. Die Relevanz von Schulbüchern leitet sich in dieser Perspektive ursprünglich vom Aufklärungsziel ab. Einer solchen normativen Ableitung und Festschreibung von Schulbüchern soll hier die Sicht auf das Schulbuch als *strukturelles Medium* gegenübergestellt werden, dessen Funktion sich *nicht* aus intentionalen Prozessen herleitet, sondern aus einem diese Prozesse übersteigendem strukturellen Ganzen. Diese *relational-strukturelle* Ausrichtung liegt dem vorgeschlagenen wissens- und medientheoretischem Ansatz zugrunde, wie er im dritten und vierten Teil entwickelt werden soll.

2.1.2 Vom Vorurteil zum Wissen

Im September 1990 fand im Georg-Eckert-Institut in Braunschweig ein Workshop zu theoretisch-methodischen Grundfragen der Schulbuchforschung statt, in dessen Beiträgen (1992 veröffentlicht) Ansätze und Konzepte aus der internationalen Schulbuchforschung vorgestellt wurden. Dabei wurde nicht nur die Vielfältigkeit der Betrachtung von Schulbüchern deutlich, sondern auch Forschungsalternativen zu den etablierten Ansätzen aufgezeigt. Dabei ging es zum einen um die Problematik des Vorurteilsbegriffs und zum anderen um den Wandel der Präsentationsformen des Schulbuchwissens wie auch um den Status des Schulbuchs als Forschungsgegenstand allgemein. Die Beiträge gruppierten sich wesentlich um drei thematische Schwerpunkte: Um die Struktur von Schulbuchwissen an sich, die medialen Veränderungen in den Präsentationsformen von Wissen im Schulbuch und methodische Fragen zur Schulbuchanalyse. An den ersten beiden Schwerpunkten des Schulbuchwissens und den medialen Transformationen läßt sich ein gewisser Perspektivenwechsel ablesen, der hier genauer dargestellt werden soll. Anhand des Vorurteilsbegriffs soll daher noch einmal die damit verbundenen Annahmen problematisiert werden. Zu dem Zweck wird exemplarisch auf eine Arbeit von Mechthild Hauff (1993) zurückgegriffen, die Darstellungsformen von Migrantinnen in Schulbüchern untersucht hat (Hauff 1988, 1990, 1992). Schließlich soll unter Rückgriff auf die Texte von Alain Choppin (1992) und Theo van Leuuwen/Gunther Kress (1995) sowie Ergebnisse der Leseforschung einige zentrale Punkte der Diskussion zu den medialen Aspekten des Schulbuchs vorgetragen und diskutiert werden, an die Überlegungen zum Medienbegriff in Kap. 3.2 anschließen werden.

Normalerweise wird der Vorurteilsbegriff mit Ausdrücken wie „Fehlern, Verzerrungen, Feindbildern" (vgl. Poenicke 1995: 17) assoziiert, und es wird davon ausgegangen, daß es unterschiedliche Träger von Vorurteilen gibt (Individuen, Gruppen). Ferner wird angenommen, daß sich Vorurteile in Texten als falsche Aussagen oder inadäquates Wissen niederschlagen und ihrerseits entsprechende Wirkungen im Rezipientenbewußtsein entfalten (können).

So definiert Hauff Vorurteile folgendermaßen: „Es handelt sich nicht um eine pathologische Disposition einer kleinen Gruppe, sondern um eine Disposition in Gesellschaft lebender Menschen" (1993: 66)[15].

Diese Vorurteilsdefinition reicht jedoch nicht aus, da sie kein Kriterium für die Unterscheidung von Urteil und *Vor*urteil enthält. Zumeist wird der Vorurteilsbegriff mit „negativer Einschätzung von Personen, Personengruppen oder Gegenständen" (Ostermann/Nicklas nach Markefka 1993: 15) assoziiert. Mit der Präzisierung, daß Vorurteile auf der individuellen Ebene eine Orientierungsfunktion hätten und auf der kollektiven die Funktion der „Gruppenkonstituierung" durch „Ausgrenzung des Anderen" (ebd.) schließt Hauff ihrerseits an die Auffassung der sozialen und individuellen Doppelfunktion von Vorurteilen an[16]. Schließlich werden Vorurteile von Wissen unterschieden:

„Wissen über andere Gruppen der Gesellschaft, speziell über Minderheiten, ist aufgrund mangelnder Kontakte nur selten vorhanden, dennoch haben große Bevölkerungsgruppen Vorurteile gegenüber diesen ihnen unbekannten Gruppen. Vorurteile erfüllen somit die Funktion des ‚Wissens-Ersatzes' (Bergler) und werden gesellschaftlich definiert" (1993: 67).

Wie bereits angedeutet, wird von der Autorin nicht erwähnt, *wie* denn Wissen und Vorurteil zu unterscheiden wären, aber aus der von ihr angedeuteten Kontakthypothese läßt sich schließen, daß es sich um eine für Individuen

---

[15] Dispositionen sind nicht direkt beobachtbar, sondern nur in sprachlicher Form, d. h. als Kommunikation empirisch zu analysieren. Im Diskurs kommen Sprache und Wissen zusammen und beides ist für die Analyse von Vorurteilen, wie Quasthoff dargelegt hat, unerläßlich: „(...) nicht die Namen in dem beschriebenen Test (haben) zu vorurteilsbedingten Reaktionen geführt, sondern das Wissen darum, daß bestimmte Namen auf bestimmte Gruppenzugehörigkeiten schließen lassen sowie die Überzeugung über die Wesensart dieser Gruppe" (1973: 153).

[16] Für einen guten und gerafften Überblick zum Vorurteilsbegriff vgl. Markefka 1993: 23-31.

direkt erfahrbare Realität handelt, die von Forscherinnen objektiv beschrieben werden kann. So wird zumeist geschlußfolgert, daß aus dem direkten Kontakt von Vorurteilsträgern und den Opfern bzw. den „Objekten" von Vorurteilen eine eigene, positive und authentische Erfahrung vermittelt und das „falsche Wissen" aufgelöst werden könnte. Als weitere Funktionen von Vorurteilen werden noch „Aggressionsverschiebung" und Erhaltung der „Machtdifferenz" (ebd.) zwischen Mehrheit und Minderheit genannt.

Gegen dieses Vorurteilskonzept lassen sich einige Einsprüche geltend machen. Die von Hauff angeführte Dialektik von Aus- und Eingrenzung (= Eigengruppenidentität) wird in keiner Weise begründet, sondern als logischer Mechanismus vorausgesetzt. Diese ‚Logik' von Einschluß/Ausschluß, wie präziser zu formulieren wäre, kommt aber erst zum Tragen, wenn man bedenkt, daß Ausgrenzung sich oft in Praktiken vollzieht, in denen *Wissen* (z. B. in Form bürokratischer Rationalität) und nicht (!) Vorurteile eine Rolle spielen. Einen wichtigen Einwand gegenüber vorurteilstheoretischen Ansätzen hat Terkessidis formuliert:

„ (...) die Bezeichnung Vorurteil (...) setzt voraus, daß ein richtiges Urteil über ein bereits existierendes ‚Objekt' möglich ist und daß irgend jemandem – gewöhnlich dem vernünftigen Forscher – dieses Urteil bekannt ist. Tatsächlich wird dieses ‚Objekt' jedoch durch eine bestimmte Praxis und einen bestimmten Diskurs überhaupt erst hervorgebracht. So kann die Untersuchung des Rassismus keine einfache wissenschaftliche Untersuchung eines ‚Objekts' sein. Sie muß den Prozeß dieser Herstellung dieses ‚Objekts', also seiner Objektivierung analysieren, einen Prozeß, an dem die Wissenschaft selbst maßgeblich beteiligt ist" (1998: 59).

Der Zirkel, in den jede Forscherin qua (Vor-) Wissen an der Konstruktion des Gegenstandes beteiligt ist, wird nicht durch die Fremdzuschreibung „Vorurteil" durchbrochen. Jede Form von Wissen bzw. Diskurs ist mit Ein- und Ausschlußmechanismen verbunden, was es notwendig macht, sich über den strukturellen Zusammenhang von Ein- und Ausschließungen theoretisch klar zu werden, um schließlich die spezifische Struktur der diskursiven Konstruktionen zu analysieren. Darüber hinaus wird die Frage, warum nur *bestimmte* Minoritäten stereotyp thematisiert werden, von Hauff nicht angerissen, was aber für die genealogisch-historische Analyse von Vorurteilen entscheidend wäre.

Der allgemeine Hinweis auf Machterhaltung besagt noch nichts, solange nicht geklärt ist, was darunter zu verstehen ist und welche Ausschließungen mit welchen Machtformen verbunden sind. Schließlich wirft auch die Begründung der „Aggressionsverschiebung auf eine Fremdgruppe" (Hauff 1993: 67) als einem psychodynamischen Mechanismus mehr Fragen auf, als sie Klärung verspricht. Woher kommen die Aggressionen? Von wo wird wohin verschoben? Wie kommt es zu einer Verschiebung? Warum wird ausgerechnet auf ‚Fremde' verschoben? Warum kommt es nur bei einigen und nicht bei anderen zu diesen „Aggressionsverschiebungen"? Das zentrale Problem ist, daß verschiedene Ebenen hierbei ineinandergeschoben werden: individuelle und kollektive Bewußtseinsformen bzw. Dispositionen, Wissen, sprachliche Aussagen usw. bilden ein Konglomerat aus unterschiedlichen Argumentationssträngen und Ebenen der Beschreibung.

Ein wesentliches Defizit der Vorurteilsforschung besteht darin, daß noch nicht geklärt ist, wie Vorurteile erworben werden. Die vorgelegten Phasenmodelle des Vorurteilserwerbs wurde grundsätzlich von Heckmann kritisiert, der u. a. darauf hinwies, daß die jeweiligen Entwicklungsstände altersgleicher Kinder trotz erheblicher Unterschiede in den Gruppen als gleich angenommen und die Übergänge zwischen den Phasen fälschlicherweise als Einschnitte gefaßt wurden (Heckmann nach Hauff 1993: 66). Darüber hinaus legen solche, die natürliche Entwicklung idealisierende Phasenmodelle stets eine individualisierende Interpretation vermeintlicher Abweichung nahe. Dies führt dazu, daß Vorurteile trotz ihres grundlegend sozialen Charakters stets Individuen zugerechnet werden, jedoch werden die Gründe dafür der ideologischen Verfaßtheit oder dem sozialökonomischen Status *bestimmter* sozialer Gruppen zugerechnet (z. B. ‚bildungsferne Schichten' oder 'Arbeitslose' und ‚Fremdenfeindlichkeit'), wodurch der einzelne in seiner individuellen Disposition bzw. seinen Vorurteilen auch gleichzeitig ein typischer Repräsentant ‚seiner Klasse' ist.

Auch K. Peter Fritzsche räumt Vorurteilen eine hohe Bedeutung im Zusammenhang mit Schulbuchkritik ein. Dabei geht er von dem Konstrukt der „kollektiven Psyche" aus, in der Vorurteile „tief verwurzelt" seien (1992a: 19), weswegen das Ziel der „Vorurteilsfreiheit mit der Aufgabe der Vorurteilskritik" (ebd.) notwendig verbunden sei. Im Anschluß an Jeismann stützt er sich auf das Konzept der „verborgenen Vorannahmen" (1992b: 117 ff.), die „im historischen und politischen Bewußtsein wirksame Grundmuster" (ebd.: 118) darstellten und unterschiedlichen „Trägerschaften" wie „Eliten und Experten" oder auch „der Bevölkerung" (ebd.: 119) zugerechnet werden könnten. Dazu gehörten die „Schlüsselerlebnisse einer Nation", aus denen sich leicht „Mythen" entwickeln könnten (ebd.). Es wird deutlich, daß der Vorurteilsansatz hier lediglich auf die Ebene kollektiver Bewußtseinsformen übertragen wird, ohne diese neue Strukturebene und die mit ihr verbundene Veränderung der Dynamik durch Kommunikation auch nur ansatzweise zu reflektieren. Bezüglich der Emergenz sozialer Einheiten (Individuum, Gruppe, Organisationen, Kommunikation usw.) werden dadurch Systemgrenzen ignoriert, was zu analytisch unklaren Beschreibungen führt, und seinerzeit im Streit um den methodischen Individualismus grundsätzlich kritisiert wurde. Dabei wurden die „Versuche, die Pathologie von Gesellschaften nach dem Muster individueller Neurosen oder Psychosen abzubilden (...) von der Wissenschaft ad acta gelegt", da „derlei Annahmen an ihren unbeweisbaren und unüberprüfbaren Annahmen über kollektive Subjekte und deren Befindlichkeiten" gescheitert seien (Brumlik 1998: 71). Demgegenüber stellt sich die

Frage, in welcher Weise Wissenschaft durch die Zuschreibung von Vorurteilen zu bestimmten sozialen Gruppen und Klassen selbst Vor-Urteile reproduziert.

Fritzsche stellt im weiteren die Genealogie des Vorurteilsansatzes dar und unterscheidet verschiedene Phasen der Vorurteilskritik, die es nach 1945 mit immer subtiler werdenden Formen von Vorurteilen zu tun gehabt hätte. Nach dem Ost-West-Konflikt als einer Phase der Vorurteilskritik folgte die nächste Phase mit dem Schwerpunkt auf dem Nord-Süd-Konflikt, gefolgt von der letzten Phase, die etwa ab Mitte der 1980er Jahre angesetzt werden könne, die durch die Beschäftigung mit „ethnischen Minderheiten" (1992b: 110)[17] gekennzeichnet sei. Im weiteren setzt sich der Autor kritisch mit dem „Anti-Rassismus-Paradigma" (ebd.: 111 ff.) auseinander, dessen Rassismusdefinition mit folgenden Merkmalen verknüpft sei:

- „aus der Differenz wird eine Minderwertigkeit
- aus der Minderwertigkeit wird eine soziale und politische Ungleichheit
- die Minderwertigkeit wird als unveränderlich angesehen
- Die Rassismuskritik richtet sich nicht nur gegen persönlich ausgeübte Diskriminierung, sondern gegen institutionell angelegt ungleiche Behandlung
- Rassismus meint nicht mehr nur die biologistischen Begründungen von Diskriminierung, sondern der Begriff Rassismus soll nun auch Positionen einschließen, die kulturelle und ethnische Unterschiede als unveränderbar, als quasi-natürlich ansehen.
- Die Ursache des Rassismus wird in der MACHT gesehen, der Macht der Mitglieder der Mehrheitsgesellschaft über die Minderheiten" (1992: 111-112).

Fritzsche kritisiert die antirassistische Schulbuchkritik, welche besonders die „visuelle Darstellung der Minderheiten und die Problematik semantisch besonders aufgeladener Sprache" (ebd.: 112-113) berücksichtige. Mit der antirassistischen Kritik, daß Minderheiten zumeist in „sozial unterlegenen Rollen" (ebd.: 113) dargestellt würden, kann sich Fritzsche nicht anfreunden. Dem damit einhergehenden und so durch den Antirassismus kritisierten „Helfersyndrom" bzw. die „Mitleidspädagogik" (ebd.) hält er die Fragen entgegen:

„Wird in diesen Kategorien und Kriterien der Rassismus aber nicht zu einem Artefakt des Wissenschaftlers? Ist denn die Betonung von Minderheiten als Opfer von Diskriminierung ein rassistisches Element? Ist es nicht vielmehr ein Element des Antirassismus? Was wüßten denn die neuen Rassismuskritiker zu sagen, wenn man die Erfolgsgeschichten von Angehörigen der Minderheiten in den Schulbüchern betonen würde. Würde dies nicht

---

17   Auch hier fällt auf, daß ähnlich wie im Text von Weinbrenner die feministische Schulbuchkritik mit keinem Wort erwähnt wird, obwohl sie seit den 1970er Jahren sichtbar existiert. Offensichtlich bezieht sich Fritzsche auf den internationalen Kontext – in dem es allerdings keine feministische Schulbuchkritik zu geben scheint, denn sie kommt auch in Texten der anderen Autoren und Autorinnen nicht vor.

schnell die Kritik auf sich ziehen, daß damit Alibigeschichten präsentiert werden, die die Diskriminierungen der anderen Angehörigen der Minderheiten vergessen lassen sollen" (ebd.: 113).

Bemerkenswert an dieser Einschätzung ist, daß das „Artefakt" lediglich als Konstruktion ‚der anderen Wissenschaftlerinnen' erscheint, während die eigenen Konstruktionen als ‚realistisch' eingestuft bzw. vorausgesetzt werden, wie an den weiteren Ausführungen des Autors zu erkennen ist[18]. Er stellt dem „Anti-Rassismus-Paradigma" als Alternative das „Xenophobie-Paradigma" (ebd.: 113 ff.) gegenüber, das im Unterschied nun die auf „Furcht vor dem Fremden (...) die Bedrohungsgefühle" (114) fokussiere. Dabei wird der Fremdenfurcht unhinterfragt eine Natürlichkeit zugesprochen, wobei (individual-)psychologische Kategorien unreflektiert aufs Kollektiv übertragen werden („Ohnmachtsgefühl der Mehrheit", ebd.: 114). Neben der Psychologisierung von Kollektiven durch individualisierende Zuschreibung und der Verschiebung von Rassismus in den Bereich der Disposition als unbeobachtbarem Inneren (Angst) stellt sich der Effekt ein, daß die Diskurs- und Wissensebene aus dem Blick gerät. Damit werden die sozialen Konstitutionsbedingungen für jede Art von Einstellung ausgeblendet und die ‚irrationale Natur' der Individuen von ihrer ‚Rationalität' und somit auch von diskursiven und sozialen Prozessen[19] abgekoppelt.

Rommelspacher hat grundsätzlich an der wissenschaftlichen Verwendung von Begriffen wie ‚Fremdenangst' und ‚Fremdenfurcht' Kritik geübt:

„Beim Begriff ‚Fremdenhaß' liegt das Problem darin, daß er unterstellt, die Ausgrenzung würde sich auf alle Fremden gleichermaßen beziehen einer mehr oder weniger urtümlichen Fremdenangst. Das ist aber keineswegs der Fall, denn die Diskriminierungen richten sich vor allem gegen bestimmte Fremde" (1993: 66-67).

---

[18] Genau dies unterstrichen seinerzeit Nicklas/Ostermann kritisch gegenüber dem Vorurteilsbegriff: „Wenn jemand von Vorurteilen spricht, dann meint er in der Regel die Vorurteile der anderen. Der Glaube an die eigene Vorurteilslosigkeit ist das hartnäckigste Vorurteil" (1975: 189).

[19] Auf welchen Differenzsetzungen diese diskursiven Abkopplungsprozesse beruhen, läßt sich beispielhaft an einem Text von U. Schönberg zeigen, die in einem Buch mit dem bezeichnenden Titel „Das Ende der Gemütlichkeit – Theoretische und praktische Ansätze zum Umgang mit Fremdheit, Vorurteilen und Feindbildern" zu finden ist. Dort wird dichotom die zivilisatorische Sozialordnung als „Oberwelt" der „Unterwelt" als einer „zweiten Ebene des Gesellschaftlichen" (1993: 37) gegenübergestellt, woraus die „Überfremdungsangst und Feindlichkeit gegenüber Asylanten und den aus Osteuropa eingereisten Aussiedlern" (ebd.) abgeleitet wird. Abgesehen davon, daß das ‚Unwort' „Asylanten", wie Jürgen Link (1993) gezeigt hat, eine spezifisch ausgrenzende Funktion gegenüber Begriffen wie ‚politische Flüchtlinge' oder auch ‚Asylbewerber' hat, werden die rassistischen Ausschreitungen in Hoyerswerda, auf die sich die Autorin bezieht, jenseits des Diskursiven und des Politischen in einer untergründigen ‚kollektiven Seelenlandschaft', eben der „Unterwelt", lokalisiert. Das „Ende der Gemütlichkeit" wird dabei mit dem Ende ‚zivilisatorischer Sicherheit' als sozialer „Oberwelt" assoziiert, gegen die der ‚brodelnde Orkus nationaler Gefühle' eruptiv aufbricht.

Darüber hinaus soll auf einen Unterschied in der Verwendung des Begriffs „Artefakt" im Sinne von Konstruktion durch Fritzsche im Gegensatz zum Konstruktionsbegriff hingewiesen werden, wie er im diskursanalytischen Sinne gebraucht wird. Diskursive Konstruktion bedeutet keineswegs Fiktion! Der Begriff beschreibt den Modus der sozialen Konstitution von ‚Realität' (nämlich nicht als fertiges ‚Faktum' apriorisch-ontologisch gegeben zu sein, sondern im buchstäblichen Sinne von ‚Faktum' sozial gemacht [lat. facere = machen] worden zu sein) und sagt somit nichts über den ‚Realitätsgehalt'[20] an sich aus.

Mit dem Konstruktionsbegriff hingegen wird die Beobachterposition und somit die Selbstimplikation des Subjekts in den Konstruktions- bzw. Erkenntnisprozeß berücksichtigt. Daß hierbei Sprache eine zentrale Rolle spielt, hat etwa Luhmann deutlich ausgeführt:

„Es fällt ja auf, daß Sprache nur funktioniert, wenn durchschaut wird, daß die Worte *nicht* die Gegenstände der Sachwelt *sind*, sondern sie nur *bezeichnen*. Dadurch entsteht eine neue, eine emergente Differenz, nämlich die von realer und semiotischer Realität. Erst dann kann es überhaupt eine Realität geben, weil es erst dann eine Position geben kann, von der aus die Realität als Realität bezeichnet, das heißt unterschieden werden kann. Das bedeutet keineswegs, daß die Realität eine bloße Fiktion ist und daß sie, wie man gemeint hatte, ‚in Wirklichkeit gar nicht existiert'. Aber es bedeutet, daß man diese Unterscheidung von realer Realität und semiotischer Realität in die Welt einführen muß, damit überhaupt etwas – und sei es die semiotische Realität – als real bezeichnet werden kann" (1997: 218-219).

Der Fiktionsbegriff, der lediglich nach wahr/falsch- Unterscheidungen entsprechend die ‚wahre' (= tatsächliche) von der ‚falschen' Realität (= Fiktion) unterscheidet, kann weder die Spezifik bestimmter Konstruktionen noch ihre Wirkmächtigkeit erklären. Die erst durch die Sprache selbst ermöglichte Unterscheidung von Realität/Fiktion ist daher schon immer in Anspruch genommen, wenn etwa die ‚Realität' eines Objekts festgestellt worden ist. So kann jede begriffliche Setzung wie etwa der Bezug auf Wahrheit nur in Differenz zum jeweiligen Gegenbegriff erfolgen (also ‚Falschheit'):

„Wo die Religion auf die Steuerungsmöglichkeiten durch Moral vertraut, greift die Sozialwissenschaft auf die Steuerungsmöglichkeiten des Mediums Wahrheit zurück und kann von hier aus zu der Einsicht der Unwahrheit kommen, daß die Welt nur als Einheit der Differenz von Wahrheit und Unwahrheit dargestellt werden kann, daß dies ihre eigene Wahrheit ist, und daß jeder Weltbeobachter, der die Welt als Wahrheit zu erfassen versucht, sich damit selbst in die Position des Unwahren rückt" (Bardmann 1994: 16).

---

20 Butler weist darauf hin, daß es die Kritikerinnen konstruktivistischer Ansätze (in einer Art Wiederholungszwang) Konstruktion mit „Fiktion" gleichsetzen, um dann die metaphysische Opposition von real/nicht-real aufzumachen. Kritisch fragt sie mit Blick auf die Geschlechterdifferenz zurück: „Oder müssen gerade diese Gegensätze anders gedacht werden, so daß es sich, wenn das ‚biologische Geschlecht' eine Fiktion ist, um eine Fiktion handelt, in deren Notwendigkeit wir leben und ohne die das Leben selbst undenkbar wäre?" (1997: 27).

Bei der Beschreibung mit Rekurs auf die wahr/falsch- Unterscheidung kommt nur die eine bezeichnete Seite (Wahrheit) zum Ausdruck. Worin aber, so wäre zu fragen, liegt ‚das Falsche' oder ‚das Unwahre' des Nationalstaates, wie es der von Hauff (1993) für den Nationalstaat verwendete Ausdruck „Fiktion" nahelegt? Hierbei findet eine Verschiebung auf die Ebene des Bewußtseins statt: ‚Das Falsche' des Nationalstaates wird im ‚falschen Bewußtsein' über ihn lokalisiert.

Es geht bei der unterstellten ‚direkten' Bezugnahme zur Welt als ‚wahr' auf der Aussageebene oder ‚Realität' auf der Objektebene darum, sich „das Ganze als einheitliche Ordnung" vorzustellen:

„Das sind Manöver, die von der jeder Beobachtung zugrundliegenden Ordnung abzulenken (Ordnung/Unordnung; Rationalität/(Irrationalität; Funktionalität/Dysfunktionalität; Sauberkeit/Schmutz; System/Umwelt; Oben/Unten (...) Harmonie/Disharmonie, Geschlossenheit/Offenheit; Gemeinschaft/Konkurrenz) und jeweils eine, und zwar die positiv bewertete Seite als Einheit auszugeben. Die negativen Gegenseiten werden dagegen abgedunkelt, ausgespart, verdrängt" (ebd.: 18).

Diese differenzlogischen Überlegungen machen deutlich, daß die Referenz auf Begriffe wie ‚Vorurteil', ‚Stereotyp' oder ‚Klischee' die wahr/falsch Unterscheidung bereits als Beobachterkategorien voraussetzt.

In einzelnen Beiträgen des von Fritzsche (1992) herausgegebenen Bandes wird deutlich, daß eine ideologiekritische Position, insofern sie lediglich auf Differenzen wie wahr/falsch, Realität/Fiktion oder objektiv/subjektiv referiert, auch in Teilen der Schulbuchforschung als problematisch angesehen wird. Bedenken in dieser Hinsicht wurden in der deutschen Schulbuchforschung auch schon 1976 von W. Marienfeld artikuliert, als er zu ideologiekritischen Schulbuchuntersuchungen anmerkte,

„(...) wie vielfältig Geschichtsbuchdarstellungen vorurteilsverhaftet sind, sachliche Fehler enthalten, mit wechselnden Normen werten, Sachverhalte ungebührlich vereinfachen, alternative Möglichkeiten nicht erwähnen, Gruppenfremde ins Unrecht setzen usw. Aber da die Wertungsmaßstäbe selbst wissenschaftlich nicht eindeutig bestimmbar sind, sind derartige Analysen selbst der Gefahr der Ideologisierung ausgesetzt, und manche der vorliegenden Untersuchungen kann man darauf reduzieren, daß die von ihnen aufgedeckte (...) Ideologie durch eine andere ersetzt sehen wollen" (1976: 49).

2.1.3 Internationale und interdisziplinäre Perspektiven für die Schulbuchforschung

Egil Borre Johnsen weist darauf hin, daß die überwiegende Zahl der Schulbuchuntersuchungen ideologiekritisch orientiert sei. Rob Gilbert wird dabei mit der Bemerkung zitiert, daß Ideologie stets mit einer spezifischen Perspektive verknüpft sei, was bezüglich Ideologiekritik als „Überlagerung eines Diskurses durch einen anderen" (Gilbert nach Johnsen 1992: 82) aufgefaßt werden könne. Diese Problematisierung des ideologiekritischen Vorgehens führt konsequent zu der Frage, wie mit den in den Schulbüchern auftauchenden Inhalten umgegangen werden soll. Auf der einen Seite, so Johnsen, tendierten jüngere Schulbuchuntersuchungen dazu, die „expliziten und impliziten Elemente der Einflußnahme" (ebd.: 82) herauszuarbeiten. Auf der anderen Seite würde, was das „Konzept der Objektivität in Schulbüchern" betrifft, auf die Vorstellung von „unterschiedlichen Wertesystemen" (ebd.: 83) zurückgegriffen, die in Bild und Text repräsentiert seien, was sich aber in der Praxis der Schulbuchforschung kaum ausgewirkt habe. Als ein grundsätzliches Problem von Schulbuchforschung, die auf eine Objektivität der Darstellung respektive „Tatsachen" abhebt, erwähnt auch Fritzsche den Mangel an „einheitlicher Interpretation oder Erklärung dieser Tatsachen" (1992a: 18).

Wesentlich, so Johnsen, sei es jedoch, daß jegliche Kriterien für Objektivität, wie sie in der Schulbuchforschung nach wie vor den Hauptteil der Bemühungen ausmachen, überprüft werden müßten. Sei es, was die Gestaltung der Inhalte betrifft oder den Status bzw. die Einschätzung des Schulbuchs selbst – als Objekt von Forschung als Leitmedium von Unterricht und in seinem schulischen Einsatz. Johnsen weist auf die Schwierigkeit des Objektivitätsbezugs hin, wenn es um Fragen der „Altersangemessenheit" bzw. der „Lehrfreiheit" geht und fragt: „Über welche Art von Objektivität reden wir überhaupt" (ebd.: 83)? Anhand widerstreitender Ansprüche, wie sie explizit in Lehrplänen und nationalen Curricula zum Ausdruck kommen, wird vor Augen geführt, daß mit der Kategorie der Objektivität nichts zu gewinnen ist, weil sie in Diskursen verschiedene Positionen beschreibt. Auch ein wie immer gearteter „theoretischer Pluralismus", der in Form unterschiedlicher Perspektiven im Schulbuch von verschiedenen Seiten zum Ziel erhoben würde, scheitere schon an der „Auswahl der Themen und Ansätze wie auch an der Wahl der Ausdrücke und Begriffe" (Leonardsen nach Johnsen ebd.: 84).

Dies bleibt nicht ohne methodische Konsequenzen. Dabei seien zunächst hermeneutische oder deskriptiv-analytische Methoden und die quantitativen sowie qualitativen Ansätze, die in der Schulbuchforschung verwendet würden, zu unterscheiden (ebd.: 86-88). Erstere werden als nur wenig geeignet eingestuft, da unterschiedliche Interpreten zu unterschiedlichen Ergebnissen kämen, quantitativen Methoden wird eine gewisse Trivialität ihrer Erkenntnisse bescheinigt und der Nachteil qualitativer Methoden bestehe darin, daß Sprache und Präsentation außerhalb der Analyse blieben wie auch Aspekte wie „Weltbild", „Wissenschaftsverständnis", „Problemverständnis" (ebd.: 89) unbeachtet blieben.

Johnsen weist darauf hin, daß man aus der Gegenüberstellung von quantitativen und qualitativen Verfahren in der Sozialforschung noch nie Gewinn gezogen hätte und fügt hinzu, daß in den achtziger Jahren verstärkt eine Kritik an den Objektivitätsannahmen sozialwissenschaftlicher Forschungsmethoden eingesetzt habe (ebd.). Darum gingen einige Schulbuchforscher, wie etwa

Rob Gilbert, dazu über, „die Elemente des Curriculums ausfindig zu machen, die dem Ideal einer objektiven Beschreibung, Analyse und Erklärung der ‚Welt und wie sie ist'" (Gilbert nach Johnsen 1992: 90) entsprechen wollten, zu untersuchen.

Der nächste Schritt auf der Suche nach methodischen Verfahren sei die „Strukturalistische Analyse" gewesen. Durch sie seien die Strukturen des Textmaterials durch eine „semiologische Analyse der Ideologie, der Postulate und der zugrundeliegenden Logik, aus dem die Bedeutungsrelationen sich ableiteten" (ebd.: 91) zum analytischen Ziel gemacht worden[21]. Aber es wird die strukturalistische Tendenz zur „mechanischen Interpretation" (ebd.) kritisiert, was schließlich zur Alternative führte, das Schulbuch als einen „Komplex aus diskursiven Praktiken und Bedeutungen" (ebd.) aufzufassen. Gilbert koppelt diese Position direkt an die Entwicklungen des Post-Strukturalismus als einem „Set von Methoden, welche die konventionellen Konzepte von Sprache, Denken und Wissen dadurch erweitern wollen, daß sie deren Grenzen untersuchen und ihre Gültigkeit in Frage stellen" (ebd.).

Mit der skizzierten Entwicklung des Schulbuchs vom intentionalen, auf pädagogische Zwecke beschränkten Medium zum strukturalen Medium sind mehrere Grenzüberschreitungen verbunden. *Das Schulbuch verschiebt sich in der wissenschaftlichen Betrachtung von der primären Funktion der Aufklärung auf die Ebene eines spezifischen Mediums soziokulturellen Wissens, das ein spezifisches, soziales und dominantes Wissen enthält und das für Vermittlungszwecke strukturiert wird.* Gegenstand der Untersuchung bilden dabei Formen sowie Strukturen von Diskursen und Wissen, die diskursanalytisch zu rekonstruieren wären[22]. Hierbei gilt,

„daß Diskursstrukturen nicht einfach ‚gelesen' oder ‚verstanden' werden können. Pecheux hat darauf verwiesen, daß der Diskursanalytiker genauso wenig ein starkes epistemologisches Subjekt ist, ein solches also, dem die Diskursstruktur verstehend, introspektiv oder auf andere Weise intuitiv zugänglich sein wird. Der angenommene ‚kompetente Sprecher' ist eine methodologische Fiktion (...) Diskurse können nicht unmittelbar verstanden werden, sie müssen also durch ein methodisches Instrument(arium) zugänglich und ‚sichtbar' gemacht werden. Die Methodologie der Diskursanalyse könnte als Hermeneutik zweiter Ordnung charakterisiert werden. Aufgabe der Diskursanalyse ist, eine den Individuen nicht einsichtige Regelmäßigkeit (die der Formationsregeln) innerhalb einer diskursiven Praxis für eine analysierende Praxis intelligibel zu machen, d. h. rekonstruierend zu verstehen" (Diaz-Bone, 1999: 126).

Hieraus wird für das Schulbuch als Forschungsgegenstand folgendes deutlich: Wenn Schulbuchwissen in seiner Struktur, Spezifität und Funktionalität analysiert werden soll, dann muß auf ein text- und diskursnahes Verfahren rekur-

---

[21] Ein von Peter Zima für den deutschsprachigen Raum herausgegebener repräsentativer Band stellte seinerzeit „Textsemiotik als Ideologiekritik" (1977) dar.
[22] Inhaltsanalyse hilft bei dieser Rekonstruktion wenig, da jede Art von Kategoriensystem die semantischen Diskursstrukturen unberücksichtigt läßt.

riert werden, mit dem die Rekonstruktion der konstitutiven semantischen Elemente und Verknüpfungen geleistet werden kann. Die oft unterstellte Objektivität und Sachlichkeit der Darstellungen in Schulbüchern wäre dabei als Effekt des Schulbuchwissens bzw. des Mediums selbst zu verstehen, der sich wesentlich aus der Diskursform ‚Schulbuch' herleitet, das für objektives Lehr- und Lernwissen steht. Ein solcher Zugang eröffnet schließlich die Möglichkeit die soziale Funktion von Schulbüchern zu untersuchen.

Somit verändert sich auch der Status des Schulbuchs als wissenschaftlicher Gegenstand insgesamt gegenüber der herkömmlichen Schulbuchforschung. Wenn es nicht mehr als Träger eines ‚objektiven Wissens' angesehen wird, dann stellt es eine spezifische Artikulationsform soziokulturellen Wissens und in dem Sinne ein „Konstruktorium" dar. Darin gehen unterschiedliche Deutungen, Wissen und Interpretationen ein, die von verschiedenen gesellschaftlichen Akteuren ausgehandelt worden sind und sich im Schulbuchwissen verdichten. Die jeweiligen Kräfteverhältnisse hinterlassen in den effektiv im Schulbuch vorfindbaren Diskursen quasi ihre Spuren in Form der Bedeutungsselektion (thematische Strukturen), welche bis in die einzelne Formulierung hinein rekonstruierbar sind, ohne unmittelbar als falsche Meinung oder eine verzerrende Darstellung interpretiert zu werden. Das Anliegen einer Analyse des im Schulbuch auftretenden Diskurswissens ist zunächst nicht dessen inhaltliche Verbesserung oder das Ausräumen verzerrter Darstellungen. *Vielmehr wird das Schulbuch (ähnlich wie beispielsweise Fernsehnachrichten, Artikel aus überregionalen Tageszeitungen) als primärer Indikator sozialen Konsenswissens gesehen, in dem eine (nationale) Gesellschaft in Gestalt unterschiedlicher Akteure und sozialer Gruppen ein Lehr- und Lernwissen mit entsprechenden Subjekteffekten konstruiert, zu dessen Strukturelementen Dominanz, Selektivität und Normativität gehört.*

Somit stellt das Schulbuch ein zentrales Medium repräsentativen dominanten Wissens dar. Ihm komme eine hohe soziale Akzeptanz zu, da es eine lange Tradition innerhalb der Printmedien habe und als Erziehungsmittel hoch geschätzt werde (Verduin-Muller 1992: 152). Verduin-Muller schlägt daher vor, das Schulbuch als „Wissensprodukt" (ebd.: 151) zu analysieren, also beispielsweise ein Geographiebuch als „Produkt geographischen Wissens" (ebd.) zu untersuchen. Wesentlich für die Analyse eines Wissensprodukts sei es, einen „Einblick in den Prozeß der Konstruktion" (ebd.: 152) zu erhalten.

Bezüglich der historischen Entwicklung des Geographiebuches in den Niederlanden unterscheidet die Autorin drei Phasen: Die der Revision als der ersten Phase in den 1960er Jahren, in der es darum ging, Stereotype in Schulbüchern abzubauen (ebd. 152-153). Die zweite Phase der 1970er und 80er Jahre sei durch eine Expansion der Kommunikationsmedien gekennzeichnet, welche nachhaltig die Notwendigkeit der Verbesserung von Kommunikation aufgrund des technologischen Drucks mit sich gebracht hätte. Dies schlug sich sogar in der Universitätsausbildung nieder, in der auf studentischen Wunsch Fragen der Klarheit in Wort und visuellen Darstellungen besprochen wurden (ebd.: 154). Betont wird die Bedeutung visueller Bildsymbolik, aber schließlich wird das Defizit beklagt: „Leider jedoch wird der Zusammenhang bezüglich Inhalt und medialer Form (media expression) so gut wie nie bezüglich Wissensprodukten explizit gemacht oder als zentrale Frage angesehen" (ebd.: 155). Verduin-Muller verweist im weiteren auf den Zusammenhang von Form und Funktion von Schulbuchinhalten, der gerade für das Schulbuch und für die Analyse der in ihm unterschiedlich auftretenden Gestaltungsformen wichtig sei.

In der dritten Phase schließlich sei das Schulbuch in der Vielfalt seiner Konstruktion bzw. der Konstruktion des in ihm enthaltenen Wissens ‚entdeckt' worden, wobei der Konstruktionsbegriff die „Komplexität des Prozesses" (ebd.) erfassen müsse, der ein Schulbuch bis zu seinem Erscheinen ausgesetzt sei. Der Wissensbegriff wird von Verduin-Muller allerdings nicht spezifiziert, so daß recht unklar bleibt, worin das spezifische Moment von Schulbuchwissen besteht, und wie es sich von anderem Wissen unterscheidet. Den von der Autorin neu in die Diskussion eingebrachte Aspekt stellt die Betonung der medialen Seite des Schulbuchs und seiner notwendigen ‚Anpassung' an die massenmedialen Vorgaben und den technischen Stand etwa bei gestalterischen Mitteln (Multimedia) dar. Sie hebt dabei die Relevanz des „physischen Erscheinungsbildes von Schulbüchern" (ebd.: 157) hervor wie beispielsweise Format, lay-out usw..

Dieses innovative Element des Medien- oder Formaspekts in der Schulbuchforschung wird in einem anderen Beitrag des von Fritzsche (1992) herausgegebenen Bandes spezifisch methodologisch-methodisch gewendet. Alain Choppin unterstreicht die Bedeutung von Text/Kotext, Illustration/Bild und Paratext. Sein Zugang zum Schulbuch ist zunächst historischer Art, und er zeichnet die mediale Entwicklung und Veränderung des Schulbuchs in Frankreich seit dem 19. Jahrhundert nach:

„Bis vor kurzem noch bevorzugter Träger pädagogischer Inhalte, muß das Lehrbuch heute mit anderen Trägern (Zeitschriften, Fernsehen, Kino, Comics) konkurrieren, die alle dieses gemeinsam haben, daß sie Bilder zeigen und durch Farbe verführen" (Choppin 1992: 137).

Ein Indiz für die medialen Veränderungen liefern dabei die Ergebnisse einer quantitativen Untersuchung Choppins zur Zunahme von Illustrationen in französischen Schulbüchern zwischen 1877 bis heute:

„Im Jahr 1877 nahmen Illustrationen 4% des Platzes in den Schulbüchern ein, die im höheren Schulwesen in Frankreich eingesetzt wurden; 1905 waren es immer noch lediglich 6%; 1938 jedoch machten sie 25% und 1964 43% aus; heute haben sie 50% überschritten" (ebd.: 139).

Angesichts einer solchen Entwicklung des Schulbuchs hin zum Bildmedium ist es erstaunlich, daß die deutschsprachige Schulbuchforschung Bilder, Graphiken usw. als eigenständige analytische Ebene systematisch kaum berücksichtigt und Ansätze wie etwa Semiotik, Ikonologie bzw. Ikonographie (Vgl. Müller-Doohm 1997) nicht systematisch in ihr methodisches Instrumentarium integriert hat. Bilder, Graphiken und Texte werden in der Regel mit den gleichen inhaltsanalytischen Kategorien untersucht, obwohl sie zeichentheoretisch gesehen von grundlegend unterschiedlicher Art sind (Nöth 2000)[23].

Verallgemeinert läßt sich also sagen, daß viele Schulbuchuntersuchungen keinen Begriff vom Medien- und Zeichencharakter des Schulbuchs bzw. des Schulbuchwissens besitzen und daher seinen Status als multimodales Medium analytisch nicht berücksichtigen. Dies zeigt sich als Effekt einer mangelnden Schulbuchtheorie im allgemeinen und einer fehlenden Medientheorie des Schulbuchs im speziellen. Dabei wäre es notwendig, medientheoretische Erkenntnisse in die Schulbuchforschung mit einzubeziehen und das Medium Schulbuch ins Verhältnis zu anderen Medien zu setzen, um Gemeinsamkeiten, Unterschiede und gegenseitige Einflußnahmen auf der inhaltlichen wie formalen Ebene zu untersuchen. Einige Anhaltspunkte zu medialen Veränderungen seit den 1970er Jahren liefert Choppin:

„Nach dem Zweiten Weltkrieg vermindert die allgemeine Verbreitung neuer Techniken (Offset, Tiefdruck) die Produktionskosten. Die Konkurrenz des Werbeplakats, der Zeitschriften usw. wird heftiger. Der Anteil des Bildes wird noch größer – und zwar auf Kosten des Textes. Die Abbildungen machen heute durchschnittlich 50 % des Inhalts eines Lehrbuchs aus, so daß dieses immer mehr einer Dokumentensammlung oder Enzyklopädie ähnelt" (ebd.: 130).

Die Entwicklung zur „Intermedialität" (Paech 1998) ist unter diskurs- und wissensanalytischen Gesichtspunkten von eminenter Bedeutung, denn die rasante Veränderung medialer, technischer und ästhetischer Mittel hat entscheidende Auswirkungen auf die Formbildung des Wissens (vgl. 3.2). Zu den Unterscheidungen, mit denen Choppin den medialen Wandel und damit die Struktur der Schulbücher beschreibt, gehörten unter anderem die von „Text, Kotext, und Paratext" (1992: 140-143), wodurch sowohl die Textteile, die nicht direkt zum Haupttext gehören (Anmerkungen, Verweise) als auch die Gliederungen, Typographien, Druckanordnungen usw. analytischmethodisch miteinbezogen werden. Die strukturierende Leistung dieser medialen Formelemente wird dabei unterstrichen: „Diese Verfahren strukturieren den Text, weisen den unterschiedlichen Teilen einen festgesetzten Status zu, wollen eine Differenzierung des Leseverhaltens bewirken, ordnen Begriffe, steuern letztlich das Lesen" (ebd. 141).

---

23 Dieses methodische Defizit bei der Erforschung von Schulbüchern muß zuerst als Problem identifiziert werden, das dann beispielsweise durch die Ansätze und die Vorschläge von Choppin (1992), van Leeuwen (1992), van Leeuwen/Kress (1995) theoretisch angegangen werden könnte.

Wie sich Lese- und Rezeptionsverhalten bei Kindern und Jugendlichen wandelt, wird unter anderem in der Leseforschung untersucht (Hurrelmann/Hammer/Nieß 1993: 63). Ein Seitenblick darauf läßt die Dimensionen deutlich werden, die sich mit medialen Veränderungen der letzten Jahrzehnte bezüglich veränderter Rezeptionsformen eingestellt haben. Die Autorinnen weisen darauf hin, daß die Frage nach dem bisherigen Verhältnis zwischen Buch und Fernsehen einen Teil von Theorien „im Rahmen genereller Mediennutzungsgewohnheiten" darstellt (ebd.: 68). Dieser „kontextbezogene Ansatz" berücksichtigt eine Vielzahl unterschiedlicher Variablen (Elternhaus, Mediensozialisation, individuelle Verarbeitungskapazität usw.). Dabei sei wichtig, daß der Sozialisationstyp „Medienkinder" nicht mit „Buchabstinenz" (ebd.) gleichgesetzt wurde, so daß etwa die These vom „Verlust der Sprachkultur" (Sanders 1995) als problematisch einzustufen wäre (Rosebrock 1995b: 10). In Teilen werden die Ergebnisse der Leseforschung innerhalb der Schulbuchforschung dann mitberücksichtigt, wenn es um die Optimierung der Lernleistung geht (z. B. bei Bamberger 1995, Thonhauser 1992: 66), was der theoretischen Engführung des Schulbuchs als Aufklärungsmedium entspricht. Demgegenüber wäre eine soziokulturelle und historische Erweiterung des Lesebegriffs vonnöten, um qualitativ die sozialen und technischen Veränderungen von Rezeptionsbedingungen zu erfassen. Darüber hinaus würde erst eine subjektorientierte Rezeptionsforschung als integraler Bestandteil einer empirischen Schulbuchforschung eine Alternative zum kognitivistischen Konstrukt des abstrakten Lesers darstellen, dessen Leseleistung sich lediglich aus Input/Output-Variablen jenseits jeder sozialen oder geschlechtsspezifischen Bestimmung ergibt (demgegenüber Hurrelmann/Hammer/Nieß 1993: 300).

Einen weiteren damit zusammenhängenden und für die Rezeption von Schulbuchinhalten wichtigen Bereich stellen Theorien des Wissenserwerbs dar. Hier liegen, was die Arten des Text- und Bildverstehens betreffen, wichtige Erkenntnisse vor, die beispielsweise die Möglichkeiten und Grenzen der Darstellung durch komplexe Text-Bild-Graphik-Kompositionen aufgezeigt haben, die mittlerweile kennzeichnend für die meisten Schulbücher sind. So haben etwa Einsiedler/Martschinke (1998) unterschiedliche Illustrationstypen im Grundschulunterricht auf ihre Wirksamkeit für Lernprozesse hin untersucht. Sie unterscheiden dabei die beiden Kategorien „Strukturiertheit", welche die „logischen Relationen (...) Einrahmungen von Teilinformationen, Pfeile und Linien für Oberbegriffs-Beziehungen, für Ursache-Wirkungs-Relationen oder Steuerungscodes wie Fettdruck und farbige Hervorhebung" beinhaltet von der „Elaboriertheit", mit der die mehr oder minder genaue, detailgetreue „Form von Photographien oder Zeichnungen" (1998: 173) erfaßt wurden. Im Vordergrund stand dabei die Untersuchung, der Rezeption mehr oder weniger komplexen Illustrationen und welche Effekte sie auf die „Prozesse des Elaborierens beim Wissenserwerb" (ebd. 171) hatten. Hierbei wird unterstrichen, daß die „behaltensfördernde Wirkung des Elaborierens" wesentlich auf „eigenständige Elaborationen" der Schülerinnen zurückzuführen sei, weil dabei aktiv an das Vorwissen angeknüpft würde (ebd.: 171-172). Dennoch hängt viel von der Art der Strukturiertheit und der semantischen Dichte des Wissens ab, das in den Schulbüchern repräsentiert sei. Dabei kamen die Forscherinnen zu einem interessanten Ergebnis. Von 8912 untersuchten Illustrationen waren über 80 % hochelaboriert und niedrigstrukturiert:

„Das heißt: Autoren von Sachunterrichtsbüchern der Grundschule präferieren in hohem Maße realistische und detailreiche Fotos und Zeichnungen; positiv formuliert könnte man sagen, sie versuchen überwiegend mit realistischen Bildern der Repräsentationsfunktion gerecht zu werden; negativ formuliert (...): viele Bilder haben eher nur Dekorationsfunktion oder Unterhaltungswert" (ebd. 175).

Die Folgen daraus werden in folgender Kritik zugespitzt:

„Die Autoren berücksichtigen nicht, daß viele Schüler der 4. Jahrgangsstufe logische Strukturdarstellungen verstehen und dadurch besser Zusammenhangswissen aufbauen können (...) Entweder sind die Schulbuchautoren nicht darüber informiert, daß die Realismusthese hinsichtlich medialer Darstellungen (je realistischer, desto lerneffektiver) nicht mehr haltbar ist, oder sie sind der Auffassung, daß Grundschulkinder überwiegend Bilder mit Repräsentationsfunktion brauchen, um Vorstellungen und Begriffe zu bilden. In beiden Fällen werden Erkenntnisse zu den Möglichkeiten des Lernens mit logischen Bildern und damit zum Verstehen von Strukturzusammenhängen vernachlässigt. Schulbuchautoren sollten auch schon für das Grundschulalter in Zusammenarbeit mit der Illustrationsforschung das Lernen mit Bildern erproben, die mehr als nur Dekorations- oder Repräsentationsfunktion haben" (ebd.: 175-176).

Die Konsequenzen aus dieser Einsicht für die Schulbuchproduktion müßte lauten, Kriterien für die unterschiedliche Strukturiertheit von Bildern, Graphiken zu entwickeln und darüber hinaus empirische Rezeptionsanalyse durchzuführen. Gegenüber der „mangelnden medialen Sensibilität", die aus vielen Schulbüchern spricht, wäre eine theoretische Grundlegung in dieser Hinsicht ganz besonders wichtig, um der unreflektierten Übernahme von Vorgaben aus dem massenmedialen Bereich vorzubeugen[24]. Bilddominanz des Materials als didaktisches Leitprinzip etwa im Grundschulbereich stößt spätestens dann an seine Grenzen, wenn das Vorwissen und die Rolle des aktiv konstruierenden Schülers mitberücksichtigt werden. Demgegenüber lassen die bildlichen Darstellungsformen bzw. die Frageanweisungen zu den

---

[24] So hat die Untersuchung „Bilder von Fremden" unter anderem zu dem Ergebnis geführt, daß ein hoher ‚Durchsatz' gerade von Bildern aus Massenmedien in höchst problematischer Weise dominierende Diskurse verstärken (Höhne/Kunz/Radtke 2003). Dies kann viele Ursachen haben und ist natürlich nicht einseitig etwa auf mangelnde Kreativität von Schulbuchautorinnen zurückzuführen. Hoher ökonomischer Druck bzw. Zeitdruck bei der Produktion bedingen beispielsweise einen ‚zwanghaften' Rückgriff auf altes Material, das lediglich „recycled" wird. Vgl. dazu exemplarisch die „Karriere einer Metapher" am Beispiel der Migrantendarstellung von Kunz 2000.

Bildern/Graphiken auf ein eigentümliches Abbildungsverständnis auf Autorenseite schließen, dessen Grundlage die Annahme einer möglichst realistischen Widerspiegelung der Welt bildet. So werden durch Schulbuchwissen nicht nur spezifische Ordnungssysteme des Wissens wie das ‚naturwissenschaftliche Weltbild', sondern auch erkenntnistheoretische Weltzugänge wie das ‚Realismusparadigma' verstärkt bzw. vermittelt. Sowohl die Vielzahl von Visualisierungstechniken[25] als auch die Vielförmigkeit von Rezeptionsweisen und Lesarten werden durch die Konvergenzvorstellung von „Welt" und „Bild" ausgeblendet. Weidenmann weist in diesem Zusammenhang auf die „piktorale Literalität", die man erlernen müsse und die im Bildungssystem weithin unterschätzt werde:

„Man lernt zwar Lesen, Schreiben und Rechnen, aber nicht auch systematisch den Umgang mit den verschiedenen bildlichen Codes. Bilder gelten in der Regel als Lernhilfen, die man einsetzt, um Sprache und Zahlen verständlicher zu machen. Daß aber Bilder selbst erst einmal verstanden werden müssen, wird meistens nicht einkalkuliert" (1991: 18).

Theoretisch wird zumeist auf die doppelte Enkodierung nach Paivio (1986) bezug genommen, bei der eine getrennte Verarbeitung von sprachlich-sequentieller und bildlich-analoger Information angenommen wird, die erst in mentalen Modellen zusammenlaufen.

Für den Bereich des Wissenserwerbs mit Bildern liegen mittlerweile zahlreiche Untersuchungen vor (u. a. Weidenmann 1993, Fritz/Fehr 1997, Steiner 1996). Anschließend an die Bemerkungen zum Vorwissen von Kindern kann mit Peeck die Relevanz dieses Faktors noch genauer gezeigt werden. Der Autor weist darauf hin, daß „nützliche kognitive Wirkungen von Bildern nur dann eintreten, wenn der Leser die relevanten Informationen extrahieren und integrieren kann" (1993: 77). Dabei spiele das Vorwissen genauso wie die Lesefähigkeit eine entscheidende Rolle, da beide Faktoren zusammen eine spontane Bildung „mentaler Modelle" ermöglichten, welche von Lernenden aufgrund ihres „Repertoires an Techniken zur strategischen Nutzung bereichsspezifischen Wissens und aufgrund ihrer Strategien zur visuellen Repräsentation von Textinformationen" aktiv konstruiert werden würden (ebd.: 77). Beim Einsatz des Lernmaterials, so Peeck, sei auf die entwicklungsspezifische Strukturierung des Materials zu achten (ebd.: 78), da beispielsweise Kinder bis zum zwölften oder dreizehnten Lebensjahr Schwierigkeiten hätten, die irrelevanten Informationen eines komplexen Bildes zu ignorieren, was Erwachsene sehr viel leichter zu leisten imstande seien (ebd.: 76). Auch scheinbar rein formale Elemente wie „Größe" und „Plazierung" spielten beim Lernen eine Rolle (ebd.: 81) wie auch das Text-Bild-Verhältnis im allgemeinen. Wenn z. B. die „Illustrationen textredundante Informationen liefern, wird

---

[25] So weisen auch Christmann/Groeben auf die „Theorielosigkeit der Forschung" im Bereich der „typographischen Markierungen" hin, die wesentlich für Behaltensleistungen seien (1999: 159).

das Erlernen der Textinformation, die zusätzlich im Bild dargestellt wird erleichtert" (ebd.: 69). Die ‚Schnittmenge' gemeinsamer semantischer Elemente zwischen Bild und Text kann größer oder kleiner sein, so daß in unterschiedlichem Maße eine Verstärkerfunktion vorliegt.

Am Beispiel der Migrantendarstellung in Schulbüchern und anhand der exemplarischen Auseinandersetzung mit einer Schulbuchanalyse soll im abschließenden Unterkapitel verdeutlicht werden, in welcher Weise sich in theoretischer sowie methodischer Hinsicht Probleme etablierter Schulbuchforschung und Alternativen zu ihr identifizieren lassen.

2.2 Schulbuchforschung am Beispiel „Migration"

In welcher Weise sich die erwähnten Annahmen etablierter Schulbuchforschung[26] im konkreten Forschungsprozeß widerspiegeln und ihn strukturieren, kann exemplarisch an der jüngsten und zugleich eingehendsten Schulbuchuntersuchung zur Migrantendarstellung von Geiger[27] (1997) dargestellt werden. Geiger hat 17 hessische Sozialkundebücher untersucht, wobei der Fokus auf der „Unterstützung interkultureller Erziehung durch schulische Lehrwerke" (1997: 7) im Kontext der Lehrplanvorgaben lag. So ging es um die Darstellung der „Einwanderungsrealität in der Bundesrepublik" und darum, in „welchen Zusammenhängen ‚Ausländer' dargestellt werden" (ebd.: 10), wobei das „Wie der Darstellung" (ebd.: 16) im Vordergrund stand. Quantitative wie auch qualitative Dimensionen (Feinanalyse, Frageraster) wurden bei der inhaltsanalytischen Untersuchung berücksichtigt. Geiger stellt unter anderem fest, daß mittlerweile „im Gegensatz zu früheren Zeiten und Lehrwerken die Einwanderungsrealität der Bundesrepublik und die Situation der Einwanderungsminderheiten Gegenstand der Sozialkundebücher" (ebd.: 47) geworden sei. Dies sei nicht nur im „Ghetto eines eigenen Kapitels", sondern auch in entsprechenden „Unterkapiteln, Absätzen und Sätzen" (ebd.) der Fall. Oftmals würden „Eingewanderte primär als Opfer und als Träger schwerer sozialer Probleme" (ebd.: 48) vorgeführt oder im Zusammenhang mit „Kulturdifferenz" erwähnt. Daraus könnten, so schlußfolgert Geiger,

---

[26] Es handelt sich im wesentlichen um die Unterstellungen der Objektivität von Wissen, dem Bezug zu einer für alle gleichermaßen erkennbaren (sozialen) Realität, die Eindeutigkeit sprachlicher Bedeutungen und die Annahme direkter Wirkungen von Schulbuchinhalten.

[27] Die Untersuchung im Rahmen eines Lehrforschungsprojekts wurde von Geiger und den Seminarteilnehmern zusammen durchgeführt. Der Kürze halber wird jedoch stellvertretend im folgenden nur auf „Geiger" Bezug genommen. Migrantendarstellungen in Schulbüchern werden seit den achtziger Jahren untersucht. Die einzelnen Untersuchungen spielen für die Argumentation aber nur eine untergeordnete Rolle, weswegen hier kein Überblick über den Forschungsstand gegeben wird. Dazu vgl. Höhne/Kunz/Radtke 1999: 13-27.

„unbeabsichtigte Effekte (...), die im Widerspruch zu den angestrebten Zielen politischen Lernens stehen", erwachsen:

„Schüler und Schülerinnen aus eingewanderten Familien lehnen es ab, sich mit den dargestellten ‚gesellschaftlichen Opfern' zu identifizieren oder von Mitschüler(inne)n mit diesen identifiziert zu werden. Einheimische Schüler(inne)n empfinden eine hohe Distanz zu der dargestellten Minderheit, sehen diese bestenfalls als Objekt ihres Mitleids." (ebd.: 48)

Die „unbeabsichtigten Effekte" der Identifikationsverweigerung als Folge der Opferpositionierung entsprächen der „Verfestigung von Fremdheitsgefühlen und -vermutungen zwischen den Gruppen" bei der Betonung von „Kulturdifferenz" (ebd.). Dennoch wird einschränkend hinzugefügt, daß dies „von der Art und Weise" abhinge, „wie diese Textangebote im Unterricht übersetzt würden" (ebd.). Dieser kurze Hinweis, der eine Relativierung direkter Inhalts-Wirkungs-Annahmen und des Schulbuchs als mögliches Leitmedium von Unterricht implizieren würde, wird in der Untersuchung nicht systematisch genutzt. Dies stellt ein Problem dar, weil als wesentliches Untersuchungsziel der Frage nachgegangen werden sollte, ob die „Unterstützung interkulturellen Lernens durch schulische Lehrwerke" (ebd.: 7) notwendig Lernstrategien, Unterrichtsformen, Interaktion, didaktische Modelle usw. mit einschlösse. Aber weder „interkulturelles Lernen" noch „interkulturelle Erziehung" (ebd.: 7) oder „Interkulturalität" (ebd.: 11) werden genauer expliziert, und daher kann auch nicht theoretisch begründet werden, welche Rolle Schulbücher dabei spielen sollen.

Dies hat zur Folge, daß die Darstellungsformen von Migrantinnen (Bilder, Texte, Graphiken) in den Schulbüchern bei den Interpretationen mit der Unterrichtspraxis selbst (mangelnde Identifikation bzw. Vergrößerung von Fremdheitsgefühlen) gleichgesetzt werden. Unterricht ist aber wesentlich komplexer und in hohem Maße kontingent, so daß direkte Kausalannahmen bezüglich Schulbuchinhalten nicht möglich sind. Entsprechende Aussagen über Praxisformen lassen sich nur hypothetisch-spekulativ vertreten und sind nur empirisch, etwa durch Unterrichtsbeobachtung verifizierbar. Eine Vermischung dieser beiden Ebenen findet aber regelmäßig in inhaltsanalytischen Untersuchungen statt, wenn die in den Schulbüchern vorgefundenen „Inhalte" direkt in Wirkungen und entsprechendes Verstehen auf Seiten der Schülerinnen in die Unterrichtspraxis übersetzt werden[28].

Analytisch eindeutig auf der Ebene des diskursiv artikulierten Schulbuchwissens bleiben die Autorinnen an den Stellen der Untersuchung, an

---

[28] Dies soll nicht heißen, daß keine Aussagen über zu vermutende Effekte von Diskursen gemacht werden könnten – und Geiger tut dies, wie aus der Kulturalismuskritik ersichtlich wird, zu Recht. Doch diese möglichen Effekte können nicht mit *der* ‚Praxis' gleichgesetzt werden.

denen das *Wie*²⁹ der sprachlichen Darstellung untersucht wird. Dies wird deutlich durch die Kritik an den Hessischen Rahmenrichtlinien zur „interkulturellen Orientierung" (ebd.: 53), in denen als Ziel ein „Zusammenleben von Menschen unterschiedlicher Herkunft und kultureller Prägung" (ebd.: 54) angegeben wird. Geiger kritisiert, daß „Begriffe wie Kulturkreis, andere/r Ausländer, Fremde sehr undifferenziert verwendet werden" sowie die Trennung von „‚Deutsche und Ausländer', wir und andere". Die Kritik Geigers lautet, daß schon die „Formulierung des Themas eurozentrisch und distanzierend" (ebd.) sei. Angesichts des Verständnisses von Ethnozentrismus, das am Anfang der Untersuchung geäußert wird, gerät die Diskurskritik erneut zu einer Bewußtseinskritik, denn Ethnozentrismus verweise auf die

„selbstverständliche Durchsetzung der eigenen Lebensvorstellungen (...) und die Tendenz, die eigene Kultur als Mittelpunkt von allem zu sehen (...) Ethnozentrismus bedeutet, sich nur mit seiner eigenen Gruppe identifizieren zu können und zu wollen. Die Vorwürfe gegen Fremdgruppen sind dabei durchweg stereotyp" (ebd.: 6).

In gleicher Art wird aus dem Umfang und den Darstellungsformen auf die Intentionen der Schulbuchautorinnen geschlossen bzw. es werden Vermutungen angestellt, inwieweit sie sich etwa der Frage nach der „Einwanderungsrealität" oder der „globalen Verknüpfung politischer, ökonomischer, sozialer und kultureller Fragen (...) bewußt" (ebd.: 20) seien. Es wird ihnen auch vorgehalten, „daß die multikulturelle Realität im deutschen Schulsystem noch nicht verinnerlicht wurde" (ebd.: 150). Obwohl von Geiger nicht explizit formuliert, wird deutlich, daß eine ‚adäquate' Darstellungsform der „Einwanderungsrealität" als notwendig für Interkulturelles Lernen erachtet wird. Lobend wird ein Schulbuch erwähnt, das die „interkulturelle Pädagogik so praktiziert, wie es der multikulturellen Gesellschaft der Bundesrepublik Deutschland angemessen ist" (ebd.: 148). Auch eine Aussage wie die folgende wäre als Zielbeschreibung ohne realistische Annahmen nicht denkbar:

„Durch die Erfassung von Kurzthematisierungen, Bildern und Namen sollte transparent werden, ob sich die Autor(inn)en des jeweiligen Lehrwerks der Tatsache der Einwanderung in die Bundesrepublik so bewußt sind, daß Eingewanderte, ihre Lebensweise, und ihre Interessen in die Darstellung aller Dimensionen bundesrepublikanischer Wirklichkeit (z. B. Schule, Wohnen, Bürgerrechte) integriert sind." (ebd.: 10)

Diese Art des Begriffsrealismus, bei dem von einer objektiv erfahr- und benennbaren Realität ausgegangen wird, führt konsequent zu der von der Forschergruppe um Geiger selbst formulierten Erkenntnis: Es gibt nur diskriminierende Begriffe, die den Status von „Migrantinnen"³⁰ unangemessen be-

---

29 Luhmann markiert die Relevanz des „linguistic turn" anhand des „Übergangs von Was-Fragen zu Wie-Fragen" (1997: 48) und hebt die damit verbundene Entsubstantialisierung der Begriffe hervor.
30 Natürlich ist auch der hier verwendete Begriff ‚Migrantinnen' mehr als ungenau, weil die Kinder der zweiten und dritten Generation zum größten Teil in Deutschland geboren wur-

schreiben, vereinfachen, vereinseitigen usw. (ebd.: 14). Diese erste Schwierigkeit von dreien, die Geiger methodologisch als „Dilemma" (ebd.: 14) beschreibt, kann, was die Position des Forschersubjekts angeht, verallgemeinert werden.

Für die Position eines solchen Begriffsrealismus kann dieses erste Dilemma als *Sprachdilemma* (der ‚richtige' Begriff) bezeichnet werden, in das man durch die sprachpositivistische Annahme von eindeutigen und transparenten Begriffen gerät. Dabei bleibt unbeachtet, daß Begriffe unterschiedlich verwendet werden, normativ aufgeladen und verschieden konnotiert sind. Das Dilemma deutet sich bei Geiger im Suchen nach dem richtigen Begriff an, welcher dem Status der Migrantinnen gerecht werden soll. Einen richtigen Begriff scheint es aber nicht zu geben, da die Forscherinnen stets nur auf ihre eigenen unterschiedlichen Beschreibungen, Wertungen und Interpretationen stoßen, ohne den ‚richtigen' Begriff zu finden. Die Zirkularität der Beobachtung führt hier zu einem Dilemma.

Ein zweites Dilemma ergibt sich aus der Annahme einer an-sich-existierenden Welt oder ‚Realität', deren ‚objektive Gegebenheit' ("bundesrepublikanische Wirklichkeit") vorausgesetzt ist. Dieses *Realitätsdilemma* (die Realität) hängt direkt mit dem Sprachdilemma zusammen und drückt sich in der Schwierigkeit aus, welcher die Forscherinnen bei ihrem Versuch der „Operationalisierung einer Forschungsfrage" (ebd.: 14) begegnen. Ein Junge mit „schwarzen Haaren und einer dunklen Gesichtsfarbe (und) Oberlippenbärtchen" trägt den Namen „Martin", woraus für die Forschergruppe die Notwendigkeit erwächst, zu fragen: „Ist Martin ein ‚Ausländer'?". Nachdem die „unsicheren Gewässer" (ebd.) eigener interpretatorischer Anstrengungen gemeinsam ausgelotet worden sind, wird die Frage durch Konsensherstellung beantwortet: „Die Mehrheit des Seminars freilich entschied, dieser Martin kann sehr wohl ein ‚deutscher' Junge sein" (ebd.: 14). Auch in diesem Fall beggegneten in der Logik des hermeneutischen Zirkels die Forscher erneut ihren eigenen Beobachtungs- und Interpretationskategorien. Doch anstatt diesen Prozess der Bedeutungskonstruktion zu reflektieren, wird „die Realität" konsensuell über Mehrheitsentscheid festgelegt.

Wie stark die Realitätsvorstellungen von Erwartungsstrukturen und damit normativ geprägt sind, verdeutlicht das *Beobachterdilemma*. Die Annahme einer Realität verdeckt die Pluralität von Beobachtern, was dazu führt, daß unterschiedliche Begriffsverwendungen (von verschiedenen Beobachtern) zu widerstreitenden Positionen führen. Nachdem in der Gruppe um Geiger fest-

---

den. Die einzige Möglichkeit mit diesem Dilemma umzugehen ist, die Begriffe zu dekonstruieren, indem ihre diskursive Funktion offengelegt wird, die in ihrer semantischen Struktur besteht – nämlich etwa zu suggerieren, daß auch die dritte Generation eingewandert sei, dieselben Konflikte wie ihre Eltern bzw. Großeltern durchlebten, ‚zwischen zwei Stühlen' säßen usw. kurzum: „daß die Gemeinten nun ‚in' diesem Land leben" (Geiger 1998: 12).

gestellt worden ist, daß es neben dem „Leiden der Unsichtbarkeit" auch das „Leiden der Sichtbarkeit" (Geiger: 15) gebe, wird festgehalten: „Kennen wir nicht die Klagen der Schülerin, die sich nicht als Individuum angesprochen fühlt, sondern als ‚Türkin'? ‚Warum trägst du ein Kopftuch?', ‚Warum trägst du kein Kopftuch'?" (ebd.) Diese Erkenntnis wird aber nicht etwa als Effekt eines bestimmten Diskurses begriffen, der von Geiger auch später kritisiert wird (Kulturalismus), sondern in die Frage nach der eigenen Norm bei der Beurteilung von ‚Realität' übersetzt: „Wieder die Frage nach der richtigen Balance" (ebd.) – d. h. die Forscher konfrontieren sich in diesem Untersuchungsstadium (Operationalisierung der Fragen) mit der Frage nach dem „Realitätsgehalt" des Kopftuchs bei der Beschreibung der „multikulturellen Realität" in Deutschland und stoßen erneut auf ihre eigenen unterschiedlichen Erwartungen hinsichtlich der Realitätsbeschreibung. Das Beobachterdilemma wird auch in diesem Fall konsensuell aufgelöst: „In der Gruppe verständigten wir uns dahingehend, daß wir unsere Suche nach ‚nicht-deutschen' Schüler(inne)n in den Texten aufrechterhalten" (ebd.: 16).

Die Spannung zwischen Thematisierung und Dethematisierung eines Gegenstandes bildet ein strukturelles Merkmal von Diskursen und kann nur aufgezeigt werden, indem die Verknüpfungen und die heterogenen Elemente des Diskurses selbst herausstellt werden. Normative Vorentscheidungen, was nun die „größere Gefahr" (ebd.) darstellen könnte, helfen dabei wenig. Zu dieser normativen Übereinkunft, die qua Konsensus in der Gruppe bezüglich der Verwendung von Begriffen hergestellt wurde, gehören auch Ausdrücke wie „Interkulturalität" (ebd.: 11), „Multikulturalität" (ebd.: 14) oder „bundesrepublikanische Wirklichkeit" (ebd.: 10). Normen und Normativität, die in theoretischen Modellen als subjektive Vorentscheidung enthalten sind, würden kein Problem darstellen, wenn sie in entsprechenden Definitionen deutlich wären. Auf diese Weise kann der Übergang vom „Modell der Realität zur Realität des Modells" (Bourdieu 1976: 162) markiert werden, wenn es beispielsweise um die Zuschreibung kollektiver Bewußtseinszustände (die Schulbuchautorinnen reagieren demnach nicht angemessen auf die „multikulturelle Realität") geht – ein Umstand, den Bourdieu als „Personifizierung von Kollektiven" (ebd.: 163) bezeichnet, der selbst das Ergebnis einer diskursiven Konstruktion darstellt. In systemtheoretischer Perspektive kann auch von einem permanenten Changieren zwischen der ersten und zweiten Beobachterposition gesprochen werden, ohne daß die Beobachtungsdifferenzen und verschiedenen Ebenen auseinandergehalten werden.

Die aufgezeigten Dilemmata, in die man aufgrund von Realitäts- und Objektivitätsannahmen und die Zirkularität der Beobachtung gerät, beschreiben allgemeine Strukturprobleme qualitativer Sozialforschung (Flick 1995a). Darum ist sowohl ein pragmatischer Umgang mit den Problemen als auch ein Aufzeigen der Grenzen des gewählten Verfahrens und eine Plausibilisierung der gewählten Kategorien (Kriterien) ein Weg, um dennoch zu einigermaßen verläßlichen Ergebnissen zu kommen.

Eine ähnliche Problemlage wie bei Geiger findet sich in Fritzsches Untersuchung – etwa in der folgenden Formulierung: „Multikulturalität ist durchaus nicht nur eine Frage der faktischen Gegebenheiten, sondern auch der Wahrnehmung (...) die multikulturelle Wirklichkeit wird nicht in die eigenen Wahrnehmungs- und Interpretationsmuster integriert" (1993: 235). Auch hier wird von einer „multikulturellen Wirklichkeit" als einem ‚Tatbestand an sich' ausgegangen, der jedoch noch nicht zu einem entsprechenden Bewußtsein geführt habe. Als normative Zielvorgabe existiert im Diskurs um den Multikulturalimus der dominante Topos des noch zu erwerbenden kollektiven Multikulturalismus-Bewußtseins. Autoren wie Geiger und Fritzsche setzen einen positiven Begriff von Multikulturalismus voraus. Demgegenüber ist festzustellen, daß Aussagen, ob auf der deskriptiv-denotativen oder konnotativen Ebene, keine Eindeutigkeiten beinhalten, sondern stets eingebettet sind in Auseinandersetzungen um Bedeutungen und Interpretationen. Verweise auf quantitative Größen wie etwa Bevölkerungsstatistiken oder Steuereinnahmen helfen wenig, wo es darum geht, das Spektrum an Differenzen und Konnotationen im Diskurs zu analysieren. Mit Recht stellt Nassehi in diesem Zusammenhang die Frage nach dem Status des Begriffs „multikulturelle Gesellschaft": „Wir leben in einer multikulturellen Gesellschaft. Ist dies ein normativer oder ein konstativer Satz? Bezeichnet er eine selbstverständliche Realität, oder ein Ziel (oder eine Gefahr) moderner Vergesellschaftung?" (1997: 177).

Die unterschiedlichen Positionen im Diskurs um den Multikulturalismus (Radtke 1990) verdeutlichen, daß es offensichtlich um verschiedene Wahrnehmungen und Beobachtungsweisen geht, von denen jeder einzelne den Anspruch auf die Realität, Wahrheit und Objektivität erhebt. Daraus ergibt sich beispielsweise die Frage, wer bestimmen kann, welches die adäquate Darstellungsweise der „Lebensweisen" und „Interessen" von Migranten sind? Schulbuchautorinnen, Lehrerinnen oder vielleicht die weiter zu differenzierende Gruppe der Migrantinnen selbst? So wird etwa den Lehrplanern von Geiger begriffliche Unklarheit bzw. Widersprüchlichkeit vorgeworfen:

„Die Erwähnung der ‚multikulturellen Gesellschaft' in der (...) Kategorie ‚Kriterien und Möglichkeiten politischen Handelns' steht im Widerspruch zur einseitigen Perspektive des gesamten Textes. Es ist unklar, wovon die Autoren ausgehen, was hier Wunsch und was Wirklichkeit ist. Warum muß man im Unterricht ‚ins Gespräch kommen', wenn man in einer multikulturellen Gesellschaft lebt und wahrscheinlich in einer multinationalen Klasse lernt?" (1997: 57)

Die festgestellten Unklarheiten und Widersprüche lösen sich aber auf, wenn man die kulturalistische Variante einer multikulturellen Gesellschaft berücksichtigt. Dabei wird von der kulturellen Differenz als gesellschaftlichem

Grundtatbestand ausgegangen, was unmißverständlich in den Lehrplänen auftaucht:

„Insbesondere in städtischen Ballungsgebieten gibt es häufig Lerngruppen, bei denen die Alltagserfahrungen der Mehrzahl der Schülerinnen und Schüler nur vor dem Hintergrund ihrer besonderen kulturellen oder religiösen – nicht-europäischen oder nicht-christlichen – Traditionen verständlich sind" (ebd.: 53).

Diese Stelle ist in den hessischen Lehrplänen für die 7./8. Klasse unter dem Pflichtthema „Mit Menschen aus anderen Kulturkreisen leben" (ebd.: 53) zu finden. Zurecht kritisiert Geiger die undifferenziert, abstrakte und ethnozentrische Verwendung dieser Kategorien (ebd.). Die Ebene der Kritik kann aber nicht die des ‚falschen Bewußtseins' von Schulbuchautoren und Lehrplanern sein, sondern sollte in einem ersten Schritt die mit dem entsprechenden Wissen einhergehenden Prämissen, Grundannahmen und Voraussetzungen herausarbeiten, die oft unthematisiert im Hintergrund stehen – wie etwa, daß es sich bei Konstruktionen wie ‚europäisch' und ‚christlich' um essentialistische Unterstellungen handelt, mit denen ein ganzes Feld semantischer Merkmale konnotiert ist (Homogenität, Kontinuität, Identität usw.), und diese deshalb als (hegemoniale) Konstruktionen analysiert werden können, weil sie Ein- und Ausschlüsse produzieren. Nach differentialistischer Logik ergibt sich bei den Lehrplänen auf der Ebene der verwendeten Kategorien (mit den angedeuteten Implikationen und Prämissen) genau kein Widerspruch, weil beispielsweise daraus das Toleranzgebot erwächst: Toleranz gegenüber Fremden, was sich wesentlich aus der ‚anderen Kultur', d. h. ihrer Konstruktion als tolerables Objekt[31] herleitet: Nur was einem nicht unmittelbar ‚verständlich' bzw. ‚fremd' ist, kann zum Zielpunkt für ein Programm der Toleranzerziehung gemacht werden. Dies setzt aber die Fremdheit der ‚anderen Kulturen' und somit den symbolischen Ausschluß aus dem Eigenen als Strukturmerkmal von Toleranz bereits voraus: Erst die konträre Relationierung zweier ‚Systeme', ‚Entitäten' (Individuen, Gruppen) ermöglicht logisch als normative Figur das Gebot der Toleranz und somit die Anerkennung des Anderen als unterschiedlich.

Der Blick auf Untersuchungen zur Migrantendarstellung in deutschen Schulbüchern hat exemplarisch gezeigt, in welche theoretischen und methodischen Schwierigkeiten Ansätze und Annahmen führen, die aufgrund von Realitäts- und Objektivitätsprämissen weder die Selektivität von Wissen und Diskursen noch die eigene Beobachterposition berücksichtigen. Am Beispiel der drei Dilemmata in der Untersuchung von Geiger wurden die damit verbundenen Schwierigkeiten deutlich gemacht.

---

[31] Vgl. Baumann 1995: 348.

2.3 Zusammenfassung

Die in 2.1 vorgetragenen Positionen zum Status des Schulbuchs als Gegenstand der Forschung haben zu folgender Einschätzung geführt: a) Ein zentraler Mangel deutschsprachiger Schulbuchforschung ist und bleibt das empirische Defizit; b) Ein zweites grundlegendes Problem stellt das Fehlen einer Schulbuchtheorie dar, d. h. Schulbuchforschung besitzt keine Gegenstandstheorie; c) Das Schulbuch ist als Leitmedium umstritten[32], was in der Forschung aufgrund der Betrachtung und Analyse des Schulbuchs als singulärem Medium zumeist ignoriert wird; d) Es herrschen empirisch nicht validierte Wirkungsannahmen vor, die von einer direkten Einwirkung auf Schülerbewußtsein durch Schulbuchinhalte ausgehen (Stichwort: Vorurteile); e) Schulbuchforschung ist wesentlich inhaltsanalytisch orientiert, was als „Methodenmonismus" kritisiert wird; f) Erst ein interdisziplinär ausgerichteter Forschungsansatz ermöglicht es, das Schulbuch als komplexes Medium theoretisch zu erfassen und als entsprechenden Gegenstand zu begründen (Medientheorie, empirische Wirkungsforschung, wissenssoziologisch diskursanalytische Untersuchung des Schulbuchwissens usw.); g) Schulbuchforschung als „little science" (Behrmann) ist bewusst normativ ausgerichtet (Jeismann: „Konsensobjektivität"), der sprachpositivistische, erkenntnisobjektivistische und ideologiekritische Annahmen unterliegen, die selbst nicht thematisiert werden.

Letzteres wurde in seiner Problematik in Zusammenhang mit dem Vorurteilsbegriff (2.1.2) deutlich gemacht. Angedeutet wurde die Schwierigkeit der Unterstellung einer objektiven Realität („die Wirklichkeit"), die mit der Annahme einer „falschen Wirklichkeit" auf Seiten des Vorurteilsträgers einhergeht. Die „richtige Wirklichkeit" bzw. deren adäquate Wahrnehmung wäre demzufolge auch die vernünftige Auffassung (= Urteil) gegenüber der unvernünftigen (= Vorurteil). Aus dieser Denkfigur beziehen Schulbuchautoren und Schulbuchforscherinnen ihre Legitimation von Schulbüchern als Aufklärungsmedium, da in ihnen sachgerechte, unverzerrte Darstellungen aufgezeigt und Informationsdefizite auf Seiten von Vorurteilsträgern kompensiert werden könnten. Demgegenüber stellen aber schon die sehr unterschiedlichen Darstellungsformen und Thematisierungsweisen in verschiedenen Schulbüchern sowie in unterschiedlichen Bundesländern jede Annahme einer objektiven Darstellung eines Themas grundsätzlich in Frage – abgesehen von den viel komplexeren Prozessen bei der Rezeption von Schulbuchinhalten in der

---

[32] Dieser allgemeinen Tendenz steht auch nicht die Erkenntnis entgegen, daß dies von Fach zu Fach jeweils noch einmal unterschiedlich sein kann. Ob es sich um die Einführung neuer Lernmedien oder die zunehmend sozialisierend-erziehende Funktion moderner Massenmedien handelt, in jedem Fall muß von einem entscheidenden Bedeutungsverlust des Schulbuchs als zentrales Lehr- und Lernmedium ausgegangen werden.

Klasse. Urteile als Aussagen über Wirklichkeit sind kontextabhängig und was in einem Kontext ein Urteil ist, kann in einem anderen als Vorurteil gewertet werden. Weder objektiv, was die Inhalte betrifft, noch subjektiv mit Blick auf die Rezeption und das Vorwissen der Individuen kann zunächst einmal Eindeutigkeit (etwa bei Wirkungsannahmen) unterstellt werden. Somit wirft der Vorurteilsbegriff, auf den sich Schulbuchuntersuchungen zentral stützen, mehr Fragen und Probleme als Perspektiven auf.

Demgegenüber zeigte ein Blick auf Ergebnisse internationaler Schulbuchforschung (2.1.3) eine Erweiterung des Feldes in medientheoretischer und wissenssoziologischer Hinsicht und bietet die Möglichkeit, das Schulbuch nicht als intentionales, sondern als komplexes und strukturelles Medium zu erfassen. Mit der Berücksichtigung der Selektivität von Wissen sowie der Relativität der Beobachterposition geht auch eine Verschiebung des Schulbuchs als Gegenstand der Forschung einher. Schulbuchwissen bildet keine objektive Realität ab, sondern in ihm wird ein bestimmtes Wissen und somit eine spezifische Wirklichkeit konstruiert, worauf schon Lange in seinem Plädoyer für eine interdisziplinäre Verbundforschung hinwies. Dieser Umstand wurde mit dem Begriff Konstruktorium beschrieben. Folgt man dieser Sicht auf Schulbücher, so ergibt sich die Notwendigkeit, die spezifische Struktur des Schulbuchwissens genauer herauszuarbeiten und bis in die Analyse der Mikrostrukturen einen theoretisch-methodischen Rahmen zu schaffen, der eine entsprechende Untersuchung von Schulbuchwissen erlaubt. Ein solcher Versuch soll in den beiden folgenden Kapiteln unternommen werden.

3. Das Schulbuch zwischen Kontrolle und Konstruktion

3.1 Schulbücher, Wissen und Staat

Schulbücher geraten zuweilen dann ins Bewußtsein der Öffentlichkeit, wenn es um Auswirkungen bestimmter Inhalte oder um eine Lehrplanrevision geht, die mit der Einführung neuer Inhalte verbunden ist. So ließ beispielsweise der ehemalige Bundesbildungsminister Jürgen Rüttgers am Institut für arbeitsorientierte Allgemeinbildung an der Universität Bremen eine Studie zur Darstellung von Wirtschaft, Unternehmen und neuen Techniken in 18 deutschen Schulbüchern anfertigen, bei der schlechte Noten verteilt wurden. Die Schilderung der Wirtschaft, so Rüttgers bei der Präsentation der Ergebnisse, sei „geschichtslos, uninteressant und altbacken" (Frankfurter Rundschau, 24. 6. 97), und er regte einen „ökonomischen Kanon" an, aufgrund dessen den Schülern das „wirtschaftliche Basiswissen" vermittelt werden sollte. Der damalige Minister monierte, daß Unternehmer in deutschen Schulbüchern überhaupt nicht vorkämen: „Der ideenreiche und kreative Unternehmer bleibt für deutsche Schüler eine unbekannte Größe" (ebd.). Unternehmertypen wie Ärzte, Sparkassenleiter und Kioskbesitzer fänden sich nicht in den Schulbüchern. So ließ Rüttgers wissen, daß Schulbücher ein heimlicher Lehrplan seien, denn was in ihnen nicht stehe, spiele auch im Unterricht keine Rolle. Deshalb müßten die Lehrpläne auf die Vermittlung von ökonomischen Fakten und beruflicher Lebenswirklichkeit ausgerichtet werden (ebd.). Schelte dieser Art gehört aber auch zu den Gemeinplätzen pädagogischer Expertinnen, wenn etwa auf Versäumnisse von Schule und Schulbüchern angesichts rassistischer Gewaltausschreitungen hingewiesen wird. Es sei ein Skandal, so die beiden Jugendforscher E. Seidel-Pielen und K. Farin,

„daß die Lehrpläne und Schulbücher auch nach 35 Jahren der Einwanderung diesen größten gesellschaftlichen Umbruch des Nachkriegsdeutschlands nur am Rande behandeln, daß es an interkulturellen Klassen fehlt, an zweisprachigem Unterricht, an ausreichender finanzieller Ausstattung von Schulen, Bildungseinrichtungen und Sozialarbeit" (Seidel-Pielen/Farin 1991: 9).

Schulbuchkritik und „Schulbuchschelte" (Gerd Stein) haben in Deutschland Tradition. Bereits 1920 notierte Paul Natorp:

„Stets, wenn um Schulbuchfragen gestritten wurde, schien der Streit sich einzig darum zu drehen: *wer* soll gängeln, wer die Vormundschaft üben, und wie wird das am sichersten erreicht? *Daß* gegängelt, daß bevormundet wird, darüber herrschte unter den Streitenden stets das herzlichste Einvernehmen" (Natorp 1920: 165).

1979 veröffentlichte Gerd Stein in der Reihe „Brennpunkte der Bildungspolitik" eine Dokumentation unter dem Titel „Immer Ärger mit den Schulbüchern", deren Untertitel „Ein Beitrag zum Verhältnis zwischen Pädagogik und Politik" lautete. Darin wurde deutlich, daß das Schulbuch nicht nur einfach ein „Lehrwerk" darstellt, sondern daß es sich stets im Schnittpunkt zahlreicher Diskurse, Akteure, Institutionen und sozialer Bereiche (Wissenschaft; Politik) befindet. Daher bildet das Schulbuchwissen das Ergebnis eines *Prozesses*, bei dem verschiedene gesellschaftliche Kräfteverhältnisse hochsensibel austariert werden müssen, so daß die jeweiligen Inhalte einen Konsens[1] repräsentieren. Auf vielen Ebenen (Fachwissenschaften, Didaktik, Politik, Schulbuchverlage, Elternverbände usw.) wird bis in die Wortwahl fein abgestimmt ein Wissen lehr- und lernbar gemacht, das ein Konsenswissen all der an seiner Produktion und Konzeption beteiligten Akteure und Institutionen darstellt.

Die Gesamtheit der Diskurse, Institutionen und an der Herstellung eines Schulbuchs beteiligten Akteure kann man metaphorisch als ‚Diskursarena' bezeichnen – ein Begriff, der die Vielzahl und Heterogenität der an der Schulbuchproduktion Beteiligten und den Charakter der Auseinandersetzung von Schulbuchzulassungen hervorhebt.

3.1.1 *Diskursarena Schulbuch und seine Konstruktion*

Ein historisches Beispiel soll die Sensibilität des sozialen Kraftfeldes verdeutlichen, innerhalb dessen um das Schulbuch seit der Einführung der staatlichen Schulpflicht und des staatlich organisierten Bildungswesens in Deutschland gerungen wurde. Im Zuge der neuhumanistischen Reformbestrebungen in Preußen zu Anfang des 19. Jahrhunderts und der damit verbundenen Überarbeitung der Lehrpläne geriet u. a. das Schulbuch ins Zielfeuer der Kritik, weil es aufgrund seiner Kontroll- und Leitungsfunktion für den Unterricht für eine freie und autonome Aneignung des Lehrstoffs durch die Schüler als ungeeignet erschien. Alles „Mechanische", so Humboldt 1809 in dem „Bericht der Sektion des Kultus und Unterrichts an den König", sollte aus dem Unterricht, was das individuelle Lernen des Kindes betraf, entfernt

---

[1] Unter ‚Konsens' wird hier allerdings nicht schlicht ‚Kompromiß' verstanden, der ein Höchstmaß an Rationalität einschlösse. Vielmehr schließt der Begriff die machtvollen und herrschaftlichen Prozesse ein, die mit der Durchsetzung einer bestimmten Repräsentationsform, eines spezifischen sozialen Wissens oder spezieller gesellschaftlicher Wahrnehmungsformen verknüpft sind. Als temporäre und strategische Übereinkunft hängt seine Tragfähigkeit von der Gesamtheit und der Konstellation der Akteure ab. Sein wesentliches Merkmal ist die Bindung *heterogener* Akteure und Positionen. Bei einem Konsens können die Akteure durchaus *unterschiedlichen* Nutzen ziehen. Dies ist wesentlich der Rationalität der Strategie geschuldet, die notwendig zu einem Konsens etwa in Form gemeinsamer Überzeugungen und Sichtweisen gehört (Vgl. Gramsci 1983).

werden: „Es entwickelt alle Begriffe aus sich selbst und erfindet sie gleichsam unter der Anleitung des Lehrers. Es lernt nichts auswendig und bedarf daher auch fast keiner Bücher und Unterrichtsmittel" (In: Müller 1977: 62).

Dieser quasi konstruktivistisch-subjektorientierte Ansatz richtete sich grundlegend gegen die Heteronomie in schulischen Lernprozessen und implizierte die Forderung nach Abschaffung der Schulbücher, ja nach Verzicht auf Lernmittel überhaupt, was ein „Verzicht auf ein bewährtes und wichtiges Instrument des Staates zur Steuerung und Normierung des schulischen Geschehens" (ebd.: 62) bedeutet hätte. Der Verzicht auf das Schulbuch bzw. die Relativierung seiner Bedeutung wurde zentral mit pädagogischen Argumenten begründet. So finden sich in dem „Entwurf eines Allgemeinen Gesetzes über die Verfassung des Schulwesens" Passagen, in denen es heißt, daß die „vorgeschriebene Gleichförmigkeit der Lehrbücher" verhindert werden sollte und die „sachverständigen Mitglieder der Schul-Kommissionen und Schulvorstände gemeinschaftlich mit den Rektoren" (ebd.: 63) die Schulbücher auswählen sollten, was aber nicht das Ende staatlicher Schulbuchkontrolle bedeutete. Dennoch wurde pädagogisches Expertenwissen zumindest in der Reformphase relativ einflußreich für die Bewertung des Schulbuchs, die seine Funktion für den Unterricht betraf. Nicht umsonst sollten, wie es in der Gesetzesvorlage heißt, die Lehrpläne und die Schulbücher sich nicht in den „wissenschaftlichen Grundsätzen und Lehren einander widersprechen" (ebd.: 64), und zukünftig sollte ein Experte aus der pädagogischen Praxis in Gestalt des „pädagogisch kompetenten Schulvorstehers oder Direktors" (ebd.: 65) bei der Schulbuchzulassung genauso vertreten sein wie die wissenschaftliche Zunft. Die unterschiedlichen gesellschaftlichen Kräfte bestimmten nicht nur die Inhalte und das Wissen, das als lehrenswert schließlich im Schulbuch aufgenommen wurde, sondern definierten auch Status und Bedeutung des Schulbuchs im allgemeinen mit.

Die Reformkräfte hatten zwar im Zuge der neuhumanistisch inspirierten Bildungsvorstellungen einen Diskurs über Autonomisierung der Bildungsinstitutionen und des Individuums im Lernprozeß entfalten können, der allerdings nach 1815 nur noch außerhalb des preußischen Kulturministeriums theoretische Bedeutung besaß. Für die Schul- und Unterrichtspraxis wurde das Schulbuch lediglich in seiner Funktion als Kontroll- und Steuerungsmedium wahrgenommen, wobei implizit von seiner Relevanz für das Unterrichtsgeschehen und die Lernprozesse ausgegangen wurde. Bis heute gleicht die Zulassungsprozedur für Schulbücher eher einer ‚black box' als einem transparenten Verfahren (Rohlfes 1998). Die dabei herrschende Hermetik ist wesentlich einem Regelungswillen von Seiten des Staates geschuldet, der sich historisch bis heute in der Art der Schulbuchzulassung ausdrückt.

In einer Polemik[2] gegen die „politischen und didaktischen Tugendwächter" beklagt Rohlfes deshalb die „ungerührte Selbstgewißheit der amtlichen Prüfungsinstanzen" und kritisiert grundsätzlich, daß „die Entscheidungen über wichtige Unterrichtsmittel zumeist hinter verschlossenen Türen fallen und nur selten die Chance besteht, die Urteile und Urteilsmaßstäbe der Gutachter zur Diskussion zu stellen" (1998: 157). Ministerien seien Gesetzgeber und Richter zugleich – ein Umstand, den man in der Verfassungstheorie als „Gewaltkonzentration" (ebd.: 158) bezeichne und der notwendig dazu führe, daß die „Schulbuchzulassungspraxis ziemlich illiberal und obrigkeitsstaatlich" (ebd.) ausgerichtet sei. Zurückgewiesen würde alles, was vom „Idealbild des vermeintlich perfekten Schulbuchs" abweiche (ebd.). Wenn keine eindeutigen und allgemein verbindlichen Kriterien für die Schulbuchzulassung vorliegen und die Strukturen lediglich auf der formalen Ebene deutlich werden, dann kann nur auf die Erfahrungen von Schulbuchautorinnen zurückgegriffen werden.

So hebt z. B. der Schulbuchautor R. Meier bezüglich des Selbstverständnisses von Gutachtern deren „Sendungsbewußtsein" und die „Anonymität des Vorgangs" der Zulassung hervor, bei dem „Grundlagen demokratischer Ordnungen schleichend außer Kraft gesetzt werden können" (1986: 85). Die Genehmigung eines Schulbuchs stellt teilweise eine Art Dunkelfeld dar, bei dem über Zeugen- und Insiderberichte lediglich rekonstruiert werden kann, was sich ‚in Wirklichkeit abspielt' (vgl. ebd.: 87). Zum anderen wird aus den Erzählungen und Berichten ersichtlich, in welcher Weise Deutungen und Interpretationen, strategische und konformistische Erwägungen bei der gesamten Produktion und Zulassung eines Schulbuchs eine Rolle spielen. An der Position des Gutachters in der Diskursarena wird dies exemplarisch deutlich:

„Jeder Gutachter hat seine persönliche Erfahrungsgeschichte im Umgang mit Schulbüchern. Er bildet sich ein subjektives, nicht selten elitäres Urteil über Standard und Einsatzweise eines Schulbuches (...). Ein wesentlicher Teil der Gutachter vertritt eine ausgeprägte didaktische Position. Zu Büchern, die eine andere Position als Hintergrund haben, ist der sachlich beurteilende Zugang sehr schwierig (...). Der Gutachter kann aus unterschiedlichen Gründen gegen Autoren, gegen den Verlag, gegen Mitarbeiter der Behörde Partei sein (...). Eine nicht voll bewußte Voreingenommenheit (...) dürfte wesentlich häufiger eine Rolle spielen. Der Gutachter ist in der Regel gezwungen, sich selbst eine Deutung des Lehrplans zu erarbeiten (...) Die Aussage ‚entspricht nicht dem Lehrplan' ist daher in sehr vielen Fällen diskussionsbedürftig. Es ist auch nicht erkennbar, warum der Gutachter dem Autor gegenüber beim Deuten des Lehrplanes einen Vorsprung an Sicherheit des Urteils haben sollte. Nur ist seine Position eine andere, da seine Meinung zur Meinung des Amtes

---

[2] Da für den hier entfalteten Zusammenhang in erster Linie die Kritik an der gängigen Zulassungspraxis von Bedeutung ist, kommt die Gegenposition an dieser Stelle nicht zur Darstellung. Für die gesamte Diskussion zur Schulbuchzulassung vgl. die Beiträge in der Zeitschrift „Geschichte in Wissenschaft und Unterricht" 3/98 von C. Stillemunkes, H. Knepper und P. Fries.

und damit zum Urteil werden kann (...) Nicht selten bewegen sich die Anmerkungen und Deutungen im Bereich einer Besserwisserei, die auf Argumente verzichten kann, weil die Urteile nicht öffentlich werden und daher nicht der Diskussion unterliegen (...)" (Meier 1986: 89).

Mannigfache Erfahrungen subjektiver Art, Überlegungen (ökonomisch, didaktisch-wissenschaftlich, politisch usw.), Deutungen und Interpretationen (von Vorgaben, Lehrplänen usw.), aber auch die eindimensionale, restriktive und monologische Struktur der politisch-administrativen Kommunikation (keine Veröffentlichung der Gutachten) verweisen auf die Art der *Konstruktion*[3] des Schulbuchs. Es wird innerhalb eines Feldes aus institutionellen Rahmensetzungen und Vorgaben bzw. eines Ensembles aus unterschiedlichen Akteuren, Interessen und Wissensformen konstruiert. Klemens spricht in diesem Zusammenhang von einem „engen Geflecht zwischen Verlagen und Kultusbürokratien" (1997: 6) mit allen dazugehörenden Formen der Verflechtung, wie beispielsweise Rekrutierungsarten (Schulbuchkommissionsmitglieder als spätere Autorinnen), ökonomischen Erwägungen (mehrmalige Verwendung von altem Material in neuen Schulbüchern aus Gründen der Kosteneinsparung), Institutionen- und ‚Sachzwängen' (Zeit- und Termindruck), autoritären Handlungs- und Kommunikationsformen wie etwa: „'Mehr Seiten gibt es nicht', ‚Dafür haben wir keinen Platz'(...) ‚Ihr Text ist zu lang'" (ebd.). So verwundert es nicht, daß wiederholt auch von Seiten der Schulbuchforschung eine Öffnung der Zulassungsverfahren gefordert wurde (u. a. Thonhauser 1992: 75). So wird insgesamt deutlich, daß in Schulbüchern keine Wirklichkeit abgebildet wird, sondern ein spezifisches Wissen in hochselektiver Weise von zahlreichen sozialen Akteuren konstruiert wird, das von unterschiedlichen Interessen durchdrungen ist. Als *Konstruktorium* steht das Schulbuch am Ende eines langen Aushandlungs- und sozial hoch geregelten Kontrollprozesses.

Schulbüchern wird von Seiten der staatlichen Akteure und Institutionen aufgrund der Annahme ihrer Steuerungs- und Kontrollfunktion für Schule und Unterricht ein hoher Wert beigemessen. Diese Wertzumessung, die also einen wesentlichen Teil der Konstruktion Schulbuch ausmacht, findet ihren Ausdruck in entsprechenden Erlassen, Genehmigungen, Restriktionen, Strategien und Machtverhältnissen, die sich wiederum je nach historischem Kontext und politischen Kräfteverhältnissen ändern können. Durchgängig läßt sich aber bei den gesellschaftlich-politischen Auseinandersetzungen um Schulbücher beobachten, daß die beteiligten Akteure den Schulbüchern in puncto Meinungs-, Willens- und Bewußtseinsbildung allgemein eine hohe Relevanz einräumen (Stein 1979, Olechowski 1995). Wenn man die Vielzahl der Akteure, ihr unterschiedliches soziales und ökonomisches Kapital (Bour-

---

[3] Mit Konstruktion ist gemeint, daß eine Vielzahl von Meinungen, Interpretationen und Deutungen in das Schulbuch bzw. die Struktur des in ihm enthaltenen Wissens eingehen.

dieu) und die damit zusammenhängenden Machtverhältnisse in Betracht zieht, so läßt sich das soziale Feld, auf dem die Auseinandersetzungen um das Schulbuch stattfinden, mit der Metapher der Arena, genauer: der *Diskursarena* umschreiben.

Der Arenabegriff verweist auf die Akteure und die verschiedenen, widerstreitenden Positionen, die in einem Diskurs (z. B. ums Schulbuch) eingenommen werden können. So sieht etwa Michael Apple das gesamte Bildungssystem als eine Arena an, in der grundlegende ideologische Konflikte ausagiert würden (1994: 36). Die Prozesse des symbolischen Ein- und Ausschließens, die mit „diskursiven Arenen" einhergehen, verdeutlicht Fraser etwa anhand der Diskurse um Bedürfnisse im Kontext der Debatte um den Wohlfahrtsstaat (1994: 255 ff.)[4].

Nicht nur Politikerinnen und Bürokraten sind von dem zentralen Stellenwert des Schulbuchs und seiner Einflußnahme auf Schülerbewußtsein überzeugt. Die oben angeführten schulbuchkritischen Bemerkungen von Rüttgers enthalten Annahmen, die auch von den meisten Schulbuchforscherinnen und Fachdidaktikern geteilt werden, wozu grundlegend der *Glaube* an die Wirkung von Schulbuchinhalten gehört. Wie in Kapitel 2 dargelegt wurde, wird zum einen von einem unmittelbaren Inhalts-Wirkungs-Verhältnis ausgegangen und zum anderen von einer Objektivität der Schulbuchinhalte, die aufklärerisch über die Vermittlung besseren Wissens auf das individuelle Schülerbewußtsein einwirken sollen. Nach dieser Vorstellung soll Einfluß auf Dispositionen genommen werden, indem kognitiv ‚Vorurteile, Stereotype, Klischees' verändert werden sollen (z. B. Poenicke 1995, Geiger 1997, Fritzsche 1993, Fritzsche/Hartung 1997).

Sozialisationstheoretisch ist eine solche Annahme aber höchst zweifelhaft. So hat in diesem Zusammenhang beispielsweise Giesecke von den Medien und speziell vom Fernsehen als einflußreichen „Mit-Erziehern" gesprochen (1996: 35-58) und in Anlehnung an Paul Heimann die Ansicht vertreten, daß „das Fernsehen sich neben der Schule zu einer eigenständigen ‚Bildungsinstitution' entwickelt" habe (ebd.: 36). Rohloff ist der Meinung, daß „die Medien mittlerweile zur mächtigsten ‚Sozialisationsagentur' in unserer Gesellschaft" (1988: 26) geworden seien.

Ein weiterer Faktor, der den Status des Schulbuchs als wirkmächtiges Sozialisationsmittel relativiert, stellt das Vorwissen auf Seiten der Akteure in der Schule (Lehrerinnen, Schüler) dar[5]. In der qualitativen Rezeptionsfor-

---

[4] Die Zeichenhaftigkeit machtdurchdrungener sozialer Praktiken und ideologischen Kämpfe hat als einer der ersten Volosinov aufgezeigt und darauf hingewiesen, daß „das Zeichen zur Arena des Klassenkampfes" (1930/1975: 71) wird. Einen zentralen ideologischen Prozeß erblickt er in den Versuchen der Vereindeutigung der „Multiakzentuierung des Zeichens" durch die herrschende Klasse, die dem „ideologischen Zeichen ein über den Klassen stehenden, ewigen Charakter zu verleihen" (ebd.: 71-72) suche.

[5] Weinbrenner spricht vom Schulbuch als „*Sozialisationsfaktor* des Unterrichts" (1995: 23), wobei aber weder etwas über die Art noch die „Wirkungstiefe" von Schulbuchinhalten ver-

schung im Bereich der Massenmedien wird der Schwerpunkt auf die Erforschung der Rezeptionsformen (Stichwort: Aneignung) gelegt (Mikos 1994, Hepp/Winter 1997, Jäckel 1999). Für das Schulbuch würde dies analog bedeuten, empirisch zu überprüfen, inwieweit die intendierte Wissensvermittlung auf Grundlage von Schulbüchern gleichermaßen intendierte Wirkungen zur Folge hat. Im gleichen Zug müßte aber auch untersucht werden, ob andere, nicht intendierte Effekte erzielt werden bzw. welche Effekte auf Schülerseite überhaupt kausal mit dem Schulbuchwissen in Zusammenhang zu bringen sind. Schon dieser Nexus verdeutlicht, daß im Falle des Schulbuchs von einer Relativierung seines Status als Leitmedium für den Unterricht aufgrund der zahlreichen Variablen auszugehen ist (Stein 1991, Rauch/Wurster 1997).

Dies hat die forschungspraktischen Konsequenzen, daß durch zunehmenden Einfluß von sozialen Gruppen, Orten und Medien außerhalb der Schule das Schulbuch als singuläres Medium kaum noch zu betrachten und zu erforschen ist. Um die theoretischen Zusammenhänge theoretisch zu verdeutlichen, ist es daher notwendig, den Medienstatus des Schulbuchs genauer zu beleuchten, um so Anhaltspunkte für eine neue Forschungsperspektive zu erhalten, bei der verschiedene mediale Bereiche und mögliche Wirkungen mitberücksichtigt werden.

3.2 Das Schulbuch als Medium

In der etablierten Schulbuchforschung wird der Medienbegriff im Zusammenhang mit Schulbüchern in zweifacher Bedeutung verwendet: 1) Als Leitmedium von Unterricht, 2) als Vermittlungsmedium. „Medium" meint hierbei begrifflich „Mittel", was den Zweck der instrumentellen Verwendung von Schulbüchern, d. h. ihren Charakter als intentionales Medium deutlich werden läßt[6]. Ein Blick auf medientheoretische Begriffe zeigt jedoch, daß die Reduzierung von Medium auf die Bedeutung von „Mittel" wichtige Charakteristika von Schulbüchern ausblendet.

Wenn hier der Medienbegriff auf Schulbücher angewandt wird, so meint dies zunächst einmal und allgemein ein soziales „Mittel des Beobachtens". Alle Medien, nicht nur Schulbücher, vermitteln durch das in ihnen repräsentierte Wissen einen spezifischen Blick auf Realität bzw. konstruieren diese

---

lautet wird. Auch der Hinweis, daß Schulbuchforschung „im weitesten Sinne (...) Medien-, Kommunikations- und Rezeptionsforschung" (ebd.) sei, wird ohne jede programmatische Konsequenz lediglich erwähnt. So bleibt ein grundlegender Begriff wie der der „Sozialisation" im Grunde ohne die geringste theoretische und forschungspraktische Auswirkung in der Schulbuchforschung, da er inhaltlich-konzeptuell nicht gefüllt wird.

[6] Vgl. zur Unterscheidung des Schulbuchs als intentionales bzw. strukturelles Medium Kap. 2.1.1.

Realität ausschnitthaft. Sie eröffnen im buchstäblichen Sinne eine Perspektive, indem sie Ereignisse sinnhaft einordnen, Subjekte positionieren, eine Kausalordnung schaffen, Unterscheidungen treffen, Bezeichnungen vornehmen usw. In Anschluß an Luhmanns Beobachtungsbegriff können die erwähnten Operationen der Bedeutungskonstruktion als *Beobachtung* begriffen werden (Luhmann 1991: 73 ff.). Die sozialen Medien, welche diese spezifische Leistung der systematischen Beschreibung von Gesellschaft erbringen, stellen dann *Beobachtungsmedien* dar. Die Medien der Gesellschaft bilden einen systemischen Zusammenhang (Luhmann 1996: 117 ff.), was bedeutet, daß Medien nicht nur Gesellschaft, sondern sich auch gegenseitig beobachten, aufeinander Bezug nehmen und in ihren Konstruktionen aneinander anschließen (Iterierbarkeit). Über Themen sind die unterschiedlichen gesellschaftlichen Bereiche wie Politik, Wissenschaft und Sport miteinander strukturell gekoppelt (ebd.: 29), jedoch sind die Diskurse jeweils spezifisch medial gerahmt (s. u.), d. h., daß aufgrund spezifischer Signale Inhalte je nach Medium entweder als Werbung, Information oder Unterhaltung kodiert werden (ebd.: 118). So kann Schulbuchwissen zum einen als „Kondensierung von Beobachtung" (ebd.: 123) aufgefaßt werden, wodurch soziales Wissen aus einem Universum möglicher Beschreibungen, Diskurse und Thematisierungen selektiv und medienspezifisch verdichtet wird. Und zum anderen wird auch deutlich, daß Schulbuchwissen sich schon medientypologisch und strukturell von Unterhaltungs-Wissen in Massenmedien unterscheidet, was unten noch eingehend erläutert wird.

Der Medienbegriff wird innerhalb der soziologischen Medientheorie darüber hinausgehend vielfältig verwendet (Hepp/Winter 1997, Faulstich 1991: 7-17). Gemäß einer Unterscheidung von Posner kann er nach folgenden Arten differenziert werden: 1) ein *biologischer* Medienbegriff, der die verschiedenen „Sinnesmodalitäten" wie visuell, auditiv, taktil usw. umfaßt; 2) ein *physikalischer* Medienbegriff, der die „physische Kontaktmaterie" (z. B. optische, akustische oder haptische Medien) beinhaltet; 3) ein *technologischer* Medienbegriff, der sich auf die „technischen Apparaturen" (Print- und Bildschirmmedien) bezieht; 4) ein *soziologischer* Medienbegriff, welcher auf die „Institutionen zur Organisation von Zeichenvermittlungsprozessen" (Presseverlage, Fernsehanstalten, Agenturen) fokussiert; 5) ein *kultureller* Medienbegriff, der eine „Text- oder Dialogsorte" wie Kommentar, Kritik, Sachbuch, Talkshow, Beratungsgespräch bezeichnet; 6) ein *systemischer* Medienbegriff, der die „Codes und damit die Regeln der Zuordnung von Botschaften und Zeichenträgern (z. B. sprachliche, bildliche, musikalische, architektonische Codes" meint; 7) ein *struktureller* Medienbegriff, der den „semiotischen Modus" eines Zeichens beispielsweise als ikonisch, indexikalisch, symbolisch anzeigt (Hess-Lüttich 1992: 434). Hess-Lüttich macht darauf aufmerksam, daß diese Unterscheidungen analytischer Natur seien und bei realen Zeichen- und Kommunikationsprozessen zusammenwirken (ebd.:

435). So können „spezifizierende Analysen *multimedialer* Semioseprozesse" (ebd.) ermöglicht werden, welche die alltäglichen Diskurspraxen kennzeichnen. Jede Art soziokulturellen Wissens, das in sozialen Praxen aktualisiert wird, ist diskurs- bzw. zeichenförmig. Es besitzt eine spezifische, mediale Form insofern, als es in unterschiedlichen materiellen Formen artikuliert wird (graphisch, phonetisch, als Bild, Text, Graphik usw.). Es ist diese grundsätzliche Medialität des Wissens, die seine Kommunizierbarkeit, verschiedene Repräsentationsformen und Transformationen von Wissen ermöglicht[7].

Medien seien, so Rusch, „von natürlichen Sprachen bis zu E-Mail und Internet nicht nur bevorzugte Vehikel der Wirklichkeitskonstruktion, sondern – je nach Kontext, kognitiven und sozialen Voraussetzungen, technologischen Standards etc. – auch Beschleuniger, Vervielfacher, Veränderer, Entgrenzer, Kanalisierer, Parallelisierer, Nivellierer und Behinderer von Kommunikation" (1999: 10). Der Medienbegriff bezieht sich dabei sowohl auf die materielle Seite von Wissen als auch auf die semantischen Verknüpfungen und Differenzen, die damit eingeführt werden. Sie stellen nach Seel eine

„offene Reihe von Unterscheidungen oder Abstufungen einer bestimmten Art bereit (unterschiedliche Helligkeit, unterschiedliche Laute...), innerhalb derer etwas Bestimmtes aufgefaßt oder angestrebt werden kann" (Seel 1998: 244).

Prozesse von Externalisierung und Internalisierung von Wissen auf Seiten des Subjekts sind von einem „Materialitätskontinuum" (Luhmann 1991: 30) abhängig, durch das die Möglichkeit der Kopplung von individuellem Bewußtsein mit der sozialen Umwelt gesichert wird, wie auch die Übersetzbarkeit verschiedener medialer Repräsentationsformen ineinander, d. h. die Iterierbarkeit von Medien möglich macht. Repräsentation[8] bezieht sich – im Unterschied zu Repräsentation als innerer Vorstellung – auf äußere Repräsentationsweisen, also Zeichen und die Art ihrer Verwendung (Nöth 2001: 162).

Harry Pross hat seinerseits primäre, sekundäre und tertiäre Medien unterschieden. Unter *primären Medien* werden von Pross die „menschlichen Elementarkontakte" wie „non-verbale Sprache der Körperhaltung (...), Mimik und Gestik", aber auch „verbale Sprache in ihren Facetten der Aussage, Auskunft, Wahrheit, des Spiels, des Gesanges usw." (Faßler 1997: 116) verstanden. Im Vordergrund stehe dabei die „Leiblichkeit des Mediums" (ebd.), welche die direkten Kontakte eines Gesprächs genauso einschließt wie das szenische Geschehen bei einer Theateraufführung. Der Bereich der *sekundären Medien* umfaßt „Geräte für die Produktion der Mitteilung", die zur

---

[7] Medien haben nach diesem Verständnis schon immer eine materielle Form, was einen Unterschied zum systemtheoretischen Medienbegriff Luhmanns markiert.

[8] Bruner hat bereits in den 60er Jahren kognitionstheoretisch mit enaktiv-handlungsförmig, ikonisch-bildhaft und symbolisch-sprachlich drei mediale Repräsentationsformen von Wissen unterschieden (1971: 27 ff.).

Übermittlung notwendig seien. Dazu gehörten etwa „Flaggensignale, Grenzsteine, Rauchzeichen oder die Schreib- und Druckkunst" (ebd.). Die *tertiären Medien* bezögen sich auf die „Vermittlungsprozesse, die technische Erstellung, technische Sender und technische Empfänger erfordern" (ebd.: 117). Rundfunk, Telefon, Telegramm, Fernsehen, Schallplatte, Video und Computer werden dazugerechnet. Erweitert wird diese Dreiteilung von Faßler durch die *quartären Medien*, die er bestimmt als „(...) die computerbasierten und -verstärkten Medienbereiche netztechnischer, und elektronisch-räumlicher Konsumtion, Information und Kommunikation. Sie seien durch die Telematik (...), durch das globale System der Fernanwesenheit bestimmt (ebd.: 117). Erst die „mediale Prägung von Information und Bedeutung" ermögliche Prozesse von „Erfahrung, Wissen, Erlebnis" (ebd.) auf der Seite des Subjekts innerhalb einer „sozial anerkannten Mitteilungsordnung" (ebd.).

So betont auch der Medienwissenschaftler Kittler die Materialität von Sinn (Kittler 1995), wobei diese sinnhafte Materialität nicht etwas den sozialen Praxen Vorgängiges darstellt, sondern vielmehr in diesen erzeugt wird. Materie selbst produziere keinerlei Information: „Es gibt keine Stimme der Natur, die zum oder durch den Menschen spricht. Materie als solche ist Rauschen (Chaos) und Information (Ordnung) ist kontingentes Ereignis" (Klook/Spahr 1997: 170). Mit „Materialität" und „Kulturalität" sind zwei grundlegende Momente des Medienbegriffs benannt, die voneinander nicht getrennt werden können. Ordnung als komplexes, soziales, semiotisch-symbolisches und kommunikatives System wird erst aufgrund einer übergreifenden Medienordnung möglich, die schließlich dadurch dispositive Ausmaße annimmt, daß in ihr die Grade an Komplexität festgelegt werden:

„Medium ist eine ausdrückliche, prinzipielle Zeichenordnung von Beziehungs- und Verteilungsmustern für Aufmerksamkeit, Komplexität oder Gebrauch" (Faßler 1998: 342).

Mit Hilfe dieser Differenzierungen lassen sich die Vielfältigkeit von Medien und die Vielförmigkeit ihrer kulturellen und materiellen Erscheinungen unterscheiden. Sprachlich-zeichenförmige Aspekte aller Arten von Kommunikation (graphisch, phonetisch, ikonisch) werden genauso erfaßt wie die verschiedenen materiellen Träger, etwa die notwendigen technischen Geräte (Telefon, Schreibgerät und Papier, Computer)[9] und die damit verbundene Komplexität kultureller Ausdrucksformen. Dabei bedarf des hinsichtlich der Medialität von Kommunikation spezifischer Fähigkeiten und eines bestimmten Wissens auf Seiten der Subjekte. Im buchstäblichen wie im übertragenen Sinn muß man sprachliche wie nicht-sprachliche Zeichen (Körpersprache) auf der Ebene der Primärmedien als Teil eines sozialkulturellen Systems lesen können, da sie spezifischen gesellschaftlichen und historischen Kodie-

---

9   In der Medienpädagogik wird im selben Sinne zwischen Medium (Buch, PC), Codierung (Text, Bild) und Sinnesmodalität (visuell, auditiv) unterschieden (Strittmacher/Niegemann 2000: 3).

rungen unterliegen, die gelernt werden müssen. Um einen Brief verfassen zu können, sind kulturelle Kompetenzen des Schreibens (und Lesens) sowie Gattungswissen notwendig, durch das ein Brief von einer Gebrauchsanweisung unterscheidbar wird.

Historisch betrachtet werden Medien mit der Entwicklung des Buchdrucks relevant. Giesecke spricht bezüglich des Buchdrucks vom „High-Tech des 15. Jahrhunderts" (1998: 67). Der Autor zeichnet auch die medialen Veränderungen im Bereich des Schulbuchs durch den Buchdruck nach. Er bezeichnet die Fixierung von Lehrinhalten auf Papier mittels fester Lettern als „Einbruch des neuen Programms in das Unterrichtssystem" (1998: 219), das bis dahin Geltung hatte. Die schriftliche Fixierung des Stoffes führe für den Magister dazu, nicht mehr „selbst memorierte, sondern fremde Informationen" zu lautieren (ebd.). Dabei müsse er sich nicht mehr auf sein eigenes Gedächtnis verlassen, sondern nur noch auf den Gedächtnisspeicher, nämlich das Buch: „Informationstheoretisch gesehen liefert der typographische Text eine Richtschnur für den Ablauf der schulischen Unterweisung" (ebd.). Dies bleibt nicht ohne Folgen für die Interaktion zwischen Lehrern und Schülern: „Letzte Autorität gewinnen die gedruckten Bücher – nicht zuletzt deshalb, weil die Schüler beginnen, die Aussagen des Lehrers an den Informationen zu messen, die das neue typographische Informationssystem ausgibt" (ebd.). Zwischen die direkte personale (Autoritäts-) Beziehung von Lehrern und Schülern wird ein neues Medium förmlich ‚dazwischengeschaltet' – die ‚objektive Information', die depersonalisiert für sich spricht und im Streitfall zum Referenzpunkt wird, der in unterschiedlichen Interpretationen wieder der Kommunikation unterworfen ist: „Der Donat in der Hand des Schülers erscheint als eine unabhängige Informationsquelle, als ein Informationsspeicher, aus dem der Schüler Wissen abzapfen kann, welches der Lehrer nicht hineingegeben hat" (ebd.: 220). Die technisch-technologische Veränderung bewirkt in diesem Falle also auch eine Transformation traditioneller Macht- und Herrschaftsbeziehungen, ohne sie freilich grundsätzlich zu unterminieren. Dennoch: Das gedruckte Buch als „soziales Medium" muß von beiden Seiten (Schüler/Lehrer) als „Informationsquelle" (ebd.) erst einmal akzeptiert werden und nur so wird es zum Bestandteil der Institution Schule. Der Autor schildert im weiteren, in welcher Weise das „Bildprogramm" sich neben dem Textprogramm im neuen Informationssystem etablierte (ebd.: 223) – angefangen bei der „ars memorativa" (1490) bis hin zu dem ersten wichtigen, auf Schule zugeschnittenen didaktischen Versuch von Comenius mit der Didactica Magna im 17. Jahrhundert. So stellte für Luther beispielsweise der Katechismus ein unabdingbares Steuerungsmittel für die religiös-moralische Unterweisung dar: „Ein guter Katechismus in Lehrer- und Schülerhand erscheint ihm, neben anderen flankierenden Maßnahmen (...) als unverzichtbarer Hebel für eine Hebung und Vereinheitlichung der christlichen Moral" (ebd.: 226). Doch erst im Verlauf des 19. Jahrhunderts wurde das Schulbuch zu dem systematischen Lehr- und Lernmittel gemacht, als das es heute angesehen wird. Dieser kurze historische Rückblick auf die medialen Veränderungen im Schul- bzw. Bildungsbereich verdeutlicht, in welcher Weise damit grundlegende Wandlungen der Reproduktionsformen soziokulturellen Wissens sowie der Rezeptions- und Interaktionspraktiken verbunden waren bzw. sind. Darüber hinausgehend soll für die spezifischen medialen Formen von Inhalten sensibilisiert werden, die in einer medientheoretisch orientierten Ausrichtung der Schulbuchanalyse Berücksichtigung finden.

Norbert Bolz hat beispielsweise die Veränderung des Lesevorgangs unter den Bedingungen von Multimedialität als Wechsel von „linear-sequentiellem Lesen" hin zum „peripatetischen Lesen" (eines Hypertextes etwa) beschrieben, das Text als das „Netzwerk seiner Referenzen" (1993: 222) erfasse. Bezogen auf das Medium Schulbuch bedeutet dies, daß auf der Seite der Rezipienten, d. h. der Schülerinnen und Lehrer von einer Pluralität möglicher Lesarten der im Schulbuch enthaltenen Texte, Bilder und Graphiken auszugehen ist[10]. Inhalte und Wirkungen *entkoppeln* sich weiter unter den Bedingungen gegenwärtiger medialer Transformationen, was mit Blick auf Lernen und Wissenserwerb auch als Individualisierung von Aneignung beschrieben wird (Angilletta 2002).

Was speziell die Struktur des Schulbuchwissens betrifft, so repräsentieren die Zeichenketten in einem Schulbuch, die durch die Diskursform – nämlich die materiellen Grenzen und die buchtypischen Eigenschaften des Schulbuchs – stets schon medial gerahmt sind, ein spezifisches Wissen. Dieses spezifische Wissen ist das Ergebnis einer doppelten Dimension der Medialität des Schulbuchs. Neben den materiellen Grenzen und den typischen Strukturierungselementen wie Inhalts- oder Stichwortverzeichnis, „Paratexte" (Genette 2001)[11] usw. werden Bedeutungen zu Schulbuchwissen dadurch verdichtet, daß ein spezifisches institutionelles Wissen um die Repräsentativität, die soziale Relevanz, die Objektivität strukturell in dieses Wissen stets schon eingeschrieben ist. Diese wichtige immanente bzw. *strukturell institutionelle Dimension* des Mediums Schulbuch, die sich aus den sozialen Wert-

---

10 Hierbei ist noch nicht das Moment der machtvollen Vereindeutigung durch den Lehrer berücksichtigt, worauf im anschließenden Kapitel über didaktische Kodierung eingegangen wird. Es sei nur hier schon erwähnt, daß die Lehrerin genauso wie Schüler die Funktion von Ko-Autoren der in einem Schulbuch vorfindbaren Diskurse besitzen. Damit ist, insofern das Schulbuch zum Einsatz kommt, die thematische Selektion zwar relativ vorstrukturiert, aber dennoch kontingent, was die gemeinsame Generierung von Sinn im Unterricht betrifft (Scheunpflug 2001: 106).

11 Als Paratexte bezeichnet Genette alle nicht zum Haupttext gehörenden Texte eines Buches wie etwa den Titel, Autorennamen, Auflagenangaben, aber auch Vorworte, Zwischentitel, Anmerkungen usw. Die Grundidee dabei lautet, daß der Text stets in einem durchaus expliziten Gewebe bedeutungstragender Elemente steckt, durch die beispielsweise Relevanz zugemessen wird – ein Umstand, den man sich rasch am Beispiel der Bedeutung von Autorennamen vergegenwärtigen kann.

und Funktionszuschreibungen und dem soziokulturellen Wissen *über* den Status des Schulbuchs ergibt, bildet ein wesentliches Moment *von* Schulbuchwissen. In diesem Sinne liegt das Wissen in Schulbüchern nicht blank und ‚an sich' vor, sondern die scheinbar externen Erwartungen, Voraus-Setzungen und das Vorwissen über das Medium Schulbuch stellen ein konstitutives Element des Schulbuchwissens selbst dar, das sich aus dem Wissen um seinen medialen Status, seine soziale und institutionelle Bedeutung speist. In dieses institutionelle Wissen über Schulbücher wird beispielsweise in den alltäglich im Unterricht mehrere Male stattfindenden Ritualen des Schulbuch-Aufschlagens eingeübt, wie auch das Wissen um die Bedeutsamkeit des Schulbuchwissens als zentrale Referenz etwa für den Abgleich wahrer und falscher Aussagen bezüglich Hausaufgaben oder Arbeitsaufgaben über eine geraume Zeit habitualisiert wird. Somit ist das Medienwissen über Status und Bedeutung von Schulbüchern ein Ergebnis schulischer Sozialisation und Praktiken selbst. Aus der Vielzahl der genannten Merkmale des Medienbegriffs lassen sich die folgenden als zentral herausfiltern:

1. Medialität bzw. Medien beziehen sich im weiteren Sinne auf die materiellen und semantisch-semiotischen Formen aller Arten von Kommunikation, Diskursen und soziokulturellem Wissen; diese implizieren auf vielen Ebenen und in zahlreichen Formen ‚bedeutungsvolle Materialitäten'[12], die von Phonemen, Graphemen, körpersprachlichen Zeichen bis hin zu Texten, kulturellen Objektivationen wie Architektur, Bibliothekssystemen, Computer usw. reichen.
2. Der Medienbegriff im engeren Sinne bezieht sich auf moderne Massen- oder Verbreitungsmedien wie Bücher, Fernsehen usw. Die technische Vermitteltheit von Kommunikation ohne direkten personalen Sender-Empfänger- Bezug sichert „hohe Freiheitsgrade" und einen „Überschuß an Kommunikationsmöglichkeiten" und Bezügen (Luhmann 1996: 11), was zu Sinnsteigerung führt (Seel 1998: 266). Medien schließen an Medien an und diese Iterierbarkeit von Medien führt zu immer neuen Relationen von Medien und Zeichenverknüpfungen (Luhmann 1991: 184), so daß die dichte intermediale Vernetzung von Diskursen ein zentrales Signum modernen soziokulturellen Wissens darstellt (vgl. Paech 1998, vgl. Punkt 5).
3. Ferner impliziert der Medienbegriff strukturell ein soziales Wissen bzw. Kompetenz bezüglich Medien – als Wissen um die typischen Strukturmerkmale der medialen Form selbst (Status und Bedeutung von Schulbüchern, die dazugehörenden Auffassungen von Wirklichkeit und Objekti-

---

[12] Giesecke spricht im Zusammenhang mit Medien vom „materialisierten Ausdruck von Sinnbezügen" (1998: 708). Bei Medien handle es sich um „informierte Materie oder materialisierte Information", die mit einer „Umwertung der Sinnesorgane" verbunden sei (ebd.: 38).

vität des Schulbuchwissens, die Diskursform Schulbuch mit einem thematisch selektiven Inhalts- und Stichwortverzeichnis)[13]. Diese medialen Formen einschließlich des Wissens um sie stellen das Ergebnis einer mehr oder minder langen, historischen Entwicklung der Institutionalisierung und Verdichtung von Wissen dar. Soziokulturelles Wissen liegt also schon auf der medialen Ebene nur formspezifisch vor, was analytisch mit zu berücksichtigen ist.

4. Schließlich geht mit dem Medienbegriff eine sozialkonstruktivistische Theorieausrichtung einher, der die Generierung sozialhistorischer Wirklichkeiten und Wissens zunächst einmal als eine medienspezifische Konstruktion unter möglichen anderen begreift und somit als „Korrelat medienspezifischer Operationen" (Schmidt 1998: 120). Medien werden hierbei als gesellschaftliche Beobachtungsmittel betrachtet, in denen sozial relevantes Wissen als spezifisch kodiertes Wissen prozessiert wird.

5. Schließlich wird die intermediale Struktur gesellschaftlichen Wissens hervorgehoben, was bedeutet, daß Medien untereinander mehr oder minder explizit verknüpft sind, aufeinander verweisen und sich gegenseitig beobachten.

Eine vorläufige Beschreibung des Schulbuchs als Medium läßt sich nun folgendermaßen vornehmen: Das Schulbuch stellt ein Wissensmedium dar, in dem soziokulturelles Wissen in einer spezifischen medialen Form artikuliert wird – als pädagogisch kodiertes, buchförmiges, institutionalisiertes sowie historisch und zeitlich verdichtetes soziales Wissen. Als gesellschaftliches Beobachtungsmedium operiert das Schulbuch mit einem spezifischen Wissen. In dem Begriff des Beobachtungs- bzw. Wissensmediums kommen die beiden Momente der medialen Strukturierung bzw. Formierung und der spezifischen Kodierung von Wissen zusammen. Darüber hinaus zeigt der Medienbegriff die Vernetztheit von Schulbüchern und Schulbuchwissen zu anderen Medien bzw. Medienwissen an, so daß eine Betrachtung des Schulbuchs als singuläres Medium eine Reduktion darstellt[14]. Mit Hilfe des Medienbegriffs wird auch die Perspektive auf das Schulbuch als strukturelles Medium konkretisiert.

---

[13] Luhmann etwa bezieht sich dabei auf das Rahmenkonzept (1996: 118) und Schmidt/Weischenberg sprechen von „Medienschemata" (1994: 216), durch die Erwartungen, Ansprüche, Glaubwürdigkeit und Zuverlässigkeit auf Seiten des Rezipienten gegenüber Medien geregelt würden (ebd.: 218). (Meta)Wissen über Medien beinhaltet Erwartungsmuster, Wirklichkeitsmodalitäten (real/fiktional) und Akzeptanzkriterien gleichermaßen. So besteht ein Ziel der Medienkompetenzforschung, das Text- oder Gattungstypen-Wissen, das implizit Rezeptionsformen mitsteuert, explizit und vermittelbar zu machen, um auf diese Weise zu einer spezifischen Medienkompetenz zu führen (Flender/Christmann 2002: 202).

[14] In der Didaktik werden Medien zumeist auf die Seite der Methoden geschlagen, wie etwa bei Blankerts, der von Medien als einem „besonderen Strukturmoment von Methoden spricht" (1974: 105).

Untersuchungen zur Intermedialität des Schulbuchs zeigen, daß die Entwicklung in Bezug auf die Produktion, das Design und damit auch die inhaltliche Strukturierung von Schulbüchern[15] durchaus mit der allgemeinen Medienentwicklung korrespondieren (vgl. Kap. 2.1.3). Dies verwundert auch nicht weiter, weil unter historisch-evolutionären Gesichtspunkten das Schulbuch als traditionelles Medium nur aufgrund seiner Anpassung an die allgemeine Entwicklung und Veränderung neuer medialer Formen Bestand haben konnte.

Wenn hier vom *Medium Schulbuch* die Rede ist, dann wird damit dem Umstand Rechnung getragen, daß es sich beim Schulbuch nicht mehr um ein singuläres Medium handelt und daß es nur intermedial zu erforschen ist. Neben dem Strukturmerkmal Intermedialität und dem zunehmenden sozialisatorischen Einfluß von Massenmedien geschuldet (Giesecke 1998, Schorb/Mohn/Theunert 1998) ist es die Entwicklung der Didaktik hin zu einer Handlungs- und Schülerorientierung, welche dem Schulbuch eine für die unterrichtliche Interaktion, Kommunikation sowie Lern- und Lehrprozesse lediglich unterstützende, aber nicht mehr leitende Funktion unterstellen kann[16].

Innerhalb eines offenen Lernarrangements in der Schule besitzt das Schulbuch als statisches Lehr- und Lernmittel zunächst einmal nur den Status eines „pädagogischen Hilfsmittels" (Stein 1991: 752). Dies ist nicht mit einer Abwertung des Schulbuchs als Forschungsgegenstand gleichzusetzen, sondern zwingt vielmehr zu alternativen Konzeptionen, die eine theoretische Aufwertung des Schulbuchs als Forschungsgegenstand implizieren.

Die Repräsentativität von Schulbuchwissen kommt nach den bisherigen diskurs- und wissenstheoretischen Überlegungen aufgrund hochgradig selektiver und institutionell geregelter Filterprozesse zustande, wodurch sich Schulbücher als Träger eines spezifischen, kontrollierten, dominanten und sozial-institutionell approbierten Wissens einer nationalsprachlich organisierten Gesellschaft erweisen. In dieser Sichtweise verschiebt sich der wissenschaftliche Fokus auf den Gegenstand Schulbuch weg von einem primär pädagogischen Leitmedium für Unterricht hin zu einem Medium bzw. Träger

---

[15] Ein Beispiel, in welcher Weise wissenschaftliche Erkenntnisse und technologische Neuerungen bei inhaltlichen Veränderungen zusammenlaufen, stellen veränderte Formen der Bildgebung und der Visualisierung dar. Sie entspricht auf der einen Seite der massenmedialen Tendenz zur ‚Bebilderung' – aus unterschiedlichen Gründen wie ‚Authentizität', symbolische Verdichtungen komplexer Zusammenhänge usw. – und auf der anderen Seite kommt sie einer offenen, schüler- und handlungszentrierten Didaktik entgegen, die sich im Schulbuch in der Veränderung von der text- zur bildbasierten Wissensrepräsentation auswirkt. Mit welchen neuen Schwierigkeiten dies schließlich verbunden ist (Stichwort: Hyperkomplexität), wird weiter unten thematisiert.

[16] Inwieweit dies für alle Fächer und Schulbücher in gleichem Maße zutrifft, wäre zu untersuchen. Die These bezieht sich im engeren Sinn auf Sozialkunde-, Gemeinschaftskunde-, Gesellschaftslehre oder Politikbücher.

soziokulturellen und hegemonialen Wissens. Diese Perspektive berücksichtigt auch die intermedialen Verknüpfungen (Peach 1998) von Schulbüchern, die sich beispielsweise in der Adaption gestalterischer und allgemein diskursiver Elemente aus anderen Medienbereichen wie Fernsehen, Printmedien usw. zeigen. Die so angezeigte Verschiebung des Schulbuchs als Forschungsgegenstand macht die von Lange bereits Anfang der 80er Jahre herausgestellte interdisziplinäre. Ausrichtung von Schulbuchforschung notwendig (Lange 1981). Erst dadurch wird das Schulbuch in seiner *Komplexität als strukturelles Medium und Träger gesellschaftlichen Wissens* und somit als *Konstruktorium* anerkannt. Dies hat auch Folgen für die empirische Erforschung von Schulbüchern und ihren Wirkungen, da das institutionelle und gesellschaftliche Umfeld miteinbezogen werden muß.

Die mediale Transformation der Schulbücher in den letzten dreißig Jahren findet in der etablierten, deutschen Schulbuchforschung weder inhaltlich noch methodisch größere Beachtung. Dies hat unter anderem damit zu tun, daß das Text- und Bildmaterial zumeist lediglich unter einer verengten didaktischen Fragestellung und in seiner Funktion auf Lernoptimierung hin analysiert wird (z. B. Michel 1995, Vanecek 1995, Rauch/Wurster 1998).

So geht etwa Vanecek davon aus, daß hinsichtlich der „Lehr- und Lernprozesse" in der Schule das Schulbuch das „wichtigste Leitmedium" (1995: 196) sei, was mit Rekurs auf die Unterrichtssituation begründet wird, die aber selbst nicht zum Gegenstand einer Untersuchung gemacht wird. In der weiteren Perspektive wird lediglich untersucht, wie Verstehensleistungen durch effektivere Relationierung von Text und Bild im Schulbuch gesteigert werden könnten. Dieser immanenten Sichtweise bezüglich des Schulbuchs als Leitmedium auf der einen Seite entspricht die Tendenz auf der anderen Seite, Subjekte lediglich als informationsverarbeitende Systeme bzw. kognitive Maschinen wahrzunehmen, um unter Bezug auf Kognitions- und Gedächtnistheorien und die „Psychologie der Informationsverarbeitung" (Vanecek 1995: 197 ff.) eine Effektivierung und Maximierung von Lehr- und Lernleistungen im Unterricht zu begründen. Dabei bleibt – neben einem problematischen Kommunikations- und Informationsbegriff – völlig außen vor, welches Wissen in Schulbüchern auftaucht, an welche Diskurse und soziale Wissensformen damit angeschlossen wird. So werden weder Fragen nach der intermedialen Vernetzung von Schulbuchwissen noch das Verhältnis von Schulbüchern und Massenmedien thematisiert. Es wird nicht reflektiert, in welcher Weise wissenschaftliches Expertenwissen (z. B. Fachdidaktiker) soziokulturelles Wissen didaktisch bricht und welche sozialisatorischen Wirkungen Schulbücher heute in der Mediengesellschaft überhaupt noch entfalten können. Somit hat der verengte, instrumentelle Medienbegriff (Schulbuch als singuläres Leitmedium) eine reduzierte Perspektive auf Schülerinnen (Schüler als Lernmaschinen), auf Wissen (Wissen als Information) und Rezeption (Verstehen als Informationsverarbeitung) zur Folge.

Wenn vom Schulbuch als Wissensmedium in dem hier entfalteten Kontext die Rede ist, dann leitet sich das in ihm auftauchende Wissen aus der Vielzahl von Relationen in Form von Institutionen, Wissensformen, Diskursen, Medien und Praktiken her, in dem sich das Schulbuch stets schon befindet. Zuweilen werden die Zusammenhänge zwischen Schulbuchwissen und anderen Wissensformen von der Schulbuchforschung zu Kenntnis genommen, ohne jedoch systematisch erforscht zu werden:

„Zusammengenommen fanden wir (...) nirgendwo den unumstößlichen Beweis für das Argument, Geschichtslehrbücher hätten autonom die öffentliche Meinung (...) bestimmt (...) Denn hätte das Geschichtsbuch nun einen Einfluß auf die öffentliche Meinung ausgeübt, wäre die Entwicklung dort zuerst auszumachen gewesen und erst später in der öffentlichen Meinung. Doch was hier geschieht, ist eher das Entgegengesetzte: es ist das Meinungsklima in der Gesellschaft, das anscheinend das Lehrbuch beeinflußt" (de Baets nach Thonhauser 1992: 58).

J. Bucher hat anhand der medialen Veränderungen von Tageszeitungen (Visualisierungstechniken, Farbleitsysteme, multimediales Seitenlayout) den Wandel von Lese- und Rezeptionsprozessen untersucht. „Textdesign" wird demnach nicht als ornamentales Beiwerk gesehen, sondern als konstitutives, bedeutungssetzendes und -veränderndes Moment. „Neue Formen der Wissensvermittlung" seien entstanden und es wird hervorgehoben, daß „die textdesignerischen Innovationen das Ergebnis eines Funktionswandels der Printmedien" (1996: 34) seien: „Elektronische Medien und der Computer haben die Seh- und Kommunikationsgewohnheiten stark verändert, d. h. sie sind durch mediale Beschleunigung dynamisiert und auf visuelle Informationsübertragung fixiert" (ebd.).

Betont wird u. a. der Wechsel „von der Einkanaligkeit zur Mehrkanaligkeit", was sich vor allem in der zunehmenden Dominanz von Bildern und Graphiken festmachen lasse und aus dem „Langtext wird ein Cluster" (ebd.: 35), d. h. ein Verbund aus visuell unterschiedlichen Zeichen (ikonographisch, symbolisch). Diese medialen Veränderungen haben auf der Seite des Rezipientensubjekts wiederum zu veränderten Lese- und Schreibgewohnheiten geführt. Flusser hat den Schreibvorgang folgendermaßen beschrieben:

„Tatsächlich geht es beim Schreiben um ein Transcodieren des Denkens, um ein Übersetzen aus den zweidimensionalen Flächencodes der Bilder in die eindimensionalen Zeilencodes, aus den kompakten und verschwommenen Bildercodes in die distinkten und klaren Schriftcodes, aus Vorstellungen in Begriffe, aus Szenen in Prozesse, aus Kontexten in Texte" (1987: 18).

Es sei dahingestellt, ob mit der These des Transcodierens die Komplexität des Übersetzungsprozesses von Bewußtsein in Kommunikation richtig beschrieben ist, aber das Zitat macht deutlich, daß grundsätzlich nach analoger und digitaler Ebene bei allen diskursiven Prozessen (direkte personale Kommunikation, Briefschreiben, Fernsehen, Lesen usw.) differenziert werden muß (Nöth 2000: 218, Luhmann 1991: 39, Paivio 1986).

Nicht irgendeine Natürlichkeit der Zeichenreferenz ist hierbei das Kriterium der Unterscheidung, sondern die Simultanität der Bedeutungskonstruktion im Rezeptions- und Verstehensprozeß, also der Faktor Zeit. So wird numerische Information in jedem modernen Printmedium und mithin im Schulbuch durch Balken-, Kuchen und Kurvengraphiken veranschaulicht: „Numerische Graphiken visualisieren gewissermaßen das Vergleichen. Was der Leser aus der Informationsgraphik simultan herauslesen kann, bietet ihm der Text nur sequentiell" (Bucher 1996: 37). Die Seite eines modernes Schulbuchs, die nach multimedialen Gesichtspunkten komponiert wurde, kann ganz unterschiedliche Präsentationsmodelle oder Clustertypen enthalten, bei denen die Rezeptionsweise, das Leseverhalten und das Verstehen wesentlich davon abhängt, ob sie text-, bild-, oder graphikbasiert sind. Dabei ist von zentraler Bedeutung, auf welche Formen von „Elaborationen" wie etwa Erläuterungen, Beispiele und Analogien zurückgegriffen wird (Christmann/Groeben 1999: 188). Paraphrasierungen, Ergänzungen, Legenden oder Analogiebildungen können Lern- bzw. Verstehensprozesse unterstützen (ebd.) oder auch hemmen, wenn überstrukturiert wird (Bucher 1996).

Daher ist auf den Grad an Komplexität der Text-Bild-Graphik- Ordnung in Schulbüchern zu achten, da sonst ohne „kohärenzstiftende Hilfen" die Gefahr bestehen könnte, daß die „Informationssegmente in ein wildes Informationspuzzle zerfallen" (Bucher 1996: 47). Damit soll angedeutet werden, daß das Designelement „Überschaulichkeit" im Sinne adäquater Strukturiertheit und Abstimmung der Einzelelemente aufeinander einen wesentlichen Teil der didaktischen Konzeption ausmacht, die eine Schulbuchautorin mitberücksichtigen müßte. Es ist die Medialität bzw. die Intermedialität des Materials, welche die Strukturierung und damit die Präsentationsweise des Schulbuchwissens wesentlich strukturiert. Dabei handelt es sich um ein wichtiges Indiz für den Mediensystemcharakter des Schulbuchs.

So wird das Schulbuch und respektive das in ihm enthaltene Wissen in doppelter Weise durch massenmediale Veränderungen formiert. Das massenmedial vorgegebene Wissen findet sich auf der einen Seite didaktisch gebrochen bzw. kodiert in Schulbüchern wieder. Auf der anderen Seite hat sich der formal-gestalterische Rahmen des Schulbuchs sukzessive in den letzten Jahrzehnten den modernen Massenmedien bezüglich der medialen Form angeglichen. Schulbuchwissen und Medienwissen korrespondieren in dem Maße, in dem das Schulbuch intermedial vernetzt ist[17]. Daher handelt es sich beim Schulbuch um eine Art ‚reaktives Medium' insofern, als unidirektional Wissen aus dem Bereich der Massenmedien ins Schulbuch gelangt[18].

---

[17] Für Frankreich hat dies in quantitativer Hinsicht Choppin belegt (1992: 139, vgl. auch Kap. 2.1.3).
[18] Ein primäres Indiz dessen stellen die Abbildungs- und Textnachweise dar, die aufgeführt werden müssen, wenn Material aus anderen Quellen als dem verlagseigenen Archiv verwendet wird.

In jedem Fall steht das im Schulbuch auftauchende Wissen in ‚Konkurrenz' zu dem in den Massenmedien umgesetzten Wissen, dem aufgrund der Omnipräsenz eine dominierende Rolle zukommt. Das Schulbuch kann weder in produktorientierter noch in prozeßorientierter[19] Hinsicht als singuläres Medium analysiert werden, weil sich aufgrund der Diskursvernetzungen, der Intermedialität und der abnehmenden Halbwertzeit wissenschaftlichen Wissens der ‚Verfall' des Schulbuchwissens beschleunigt[20]. Dies geht mit der steigenden sozialisatorischen Bedeutung von Medien außerhalb der Schule einher. Darüber hinaus hinterläßt auch der formal-gestalterische Innovationsdruck der neuen Medien nachhaltig seine Spuren in den Präsentationsformen von Wissen im Schulbuch. Es ist daher das soziokulturelle Wissen selbst, das thematisch und formal-medial einer steten sozialen Transformation unterworfen ist, die das Schulbuchwissen mit einschließt.

Unter diesen diskurs- und wissenstheoretischen Vorzeichen ergibt sich eine Forschungsperspektive auf das Schulbuch, die es als Indikator für die Veränderung sozialen Wissens betrachtet. Wissen gelangt vielfach gefiltert und kontrolliert (Institutionen, Kommissionen, Wissenschaft, Politik, Medien) in das Schulbuch als spezifisches, aber nicht isoliertes Medium. Mit der aufgezeigten Relativierung des Schulbuchs, das nicht mehr als Leitmedium[21] im Unterricht fungiert, und der Hervorhebung seines ‚(Inter-) Medienstatus' steigt sozusagen proportional sein Wert als Indikator für soziokulturelles Wissen. Je weniger es als singuläres Medium zu betrachten und analytisch zu behandeln ist, um so mehr tritt sein intermedialer und reaktiver Charakter hervor, da es stets in massenmediale Diskurse eingebettet und nur in diesem Kontext zu analysieren ist (Stein 1991, Höhne/Kunz/Radtke 2003). Auch Fachdidaktiker greifen in hohem Maße auf Material zurück, das aus Massenmedien stammt.

Diese wissens- und diskurstheoretische Perspektive öffnet den Blick darauf, wie sich ein bestimmtes soziales Wissen im Schulbuch durchgesetzt hat.

---

[19] Weinbrenner unterscheidet produkt-, prozeß- und wirkungsorientierte Schulbuchforschung (1992: 33-38). Zur produktorientierten Schulbuchforschung zählt er u. a. „Wissenschaftstheorie, Design, Fachdidaktik", während bei der Prozeßorientierung die gesamte Entwicklung, Zulassung, Vermarktung usw. untersucht wird.

[20] Sowohl von Schülerinnen als auch von Lehrern wurde bei der Befragung von Fritzsche/Hartung (1997) übereinstimmend das Veralten von Wissen als grundlegendes Manko von Schulbüchern beklagt. Daher wäre grundsätzlich zu überlegen, inwieweit Schulbücher überhaupt noch eine ‚zeitgemäßes' Lehr- und Lernmittel sind, da sie aufgrund der jahrelangen Produktions- und Zulassungsdauer eigentlich schon zum Zeitpunkt ihres Erscheinens ‚veraltet' sind. Dies trifft natürlich für den sozialkundlichen-politischen Bereich besonders zu. Insofern ist damit ein strukturelles Problem der Übersetzung sowie der Ungleichzeitigkeit fixierten Wissens aus den Fachdisziplinen ins Schulbuch berührt.

[21] Winkler lehnt den Begriff des Leitmediums aus medientheoretischen Erwägungen generell ab, da es sich „grundsätzlich Medienkonstellationen" (1997: 188) handeln würde, „ein Konzert verschiedener ineinander verwobener Medien, die eine medienhistorische Situation bestimmen" (ebd.).

‚Durchgesetzt' hier verstanden in der doppelten Bedeutung von Selektion und Dominanz, die zentrale Elemente unterschiedlicher Praxisformen darstellen, wenn man sich die an der Produktion eines Schulbuchs beteiligten und auf das Schulbuchwissen Einfluß nehmenden Instanzen und Akteure betrachtet. Der wissenschaftliche Bereich, das Feld institutioneller Praktiken (Prüfung, Kontrolle), unterschiedliche Akteure und Institutionen (Schulbuchverlage, Lehrplan- und Zulassungskommissionen, Elternverbände) bilden ein komplexes Gefüge, in dem das als lehr- und lernbar erachtetes soziaele Wissen wie an keinem anderen gesellschaftlichen Ort so nachhaltig geprüft, reflektiert, kontrolliert und für die Form der Vermittlung gefiltert wird. Schulbuchwissen repräsentiert daher wesentlich sozial anerkanntes und dominantes Wissen und bildet ein wichtiges Indiz für Formen und Thematisierungsweisen gesellschaftlicher Selbstbeschreibung. Dazu gehören alle Formen von Identität, die eine Gesellschaft als idealtypisches Großsubjekt sich selbst zuschreibt, wie ‚Nation', ‚Heimat', ‚Identität', ‚Kultur' usw. Diese Formen gesellschaftlicher Thematisierung der eigenen Identität leiten sich zum einen aus der normativen Funktion des Schulbuchs her, durch das die heranwachsende Generation in die jeweilige symbolisch-soziale Ordnung eingeführt werden soll, zum anderen aber auch aus dem Umstand, daß das Schulbuchwissen wie kaum bei einem anderen Medium einen gesellschaftlichen common sense repräsentiert, der sich aus der Vielzahl der daran beteiligten, kontrollierenden, mitbestimmenden und Einfluß nehmenden Instanzen und Akteure ergibt. Damit verändert sich der wissenschaftliche Fokus vom Schulbuch als Leitmedium bzw. singulärem Medium hin zum Schulbuch als Träger konsensualen, repräsentativen und hegemonialen Diskurswissens.

3.3 Schulbuchwissen, Didaktik und Lehrpläne

Mit Blick auf das Medium Schulbuch stellt sich die Frage nach der Typik des Schulbuchwissens und seiner Struktur, um in speziellen Vermittlungsprozessen einsetzbar zu sein[1]. Damit ist die These verbunden, daß die Spezifik von Schulbuchwissen gegenüber anderen Medien wesentlich durch didaktische Strukturierung erreicht wird, die mit dem semiotischen Begriff des Kodes bzw. der Kodierung weiter unten theoretisch genauer erläutert werden soll. Im weiteren ist daran auch die Frage geknüpft, in welcher Weise sich die unterschiedlichen normativen Erwartungen der jeweiligen gesellschaftlichen Akteure im Schulbuchwissen niederschlagen und analysieren lassen. Mit Blick auf die Vermittlung von Wissen zwischen den Generationen spricht etwa Derbolav von der

„institutionellen und normativen Struktur der historisch-politischen Situation, die je bestimmte Erziehungsmodelle bereitstellt, sie mit bestimmten Zielsetzungen, Forderungen und Ansprüchen ausstattet, auf bestimmte Aufgaben hin konkretisiert und ihnen damit auch bestimmte Erwartungshaltungen dem Nachwuchs gegenüber imputiert" (In: Blankertz 1974: 40).

Eine konkrete Form dieser Erwartungshaltungen stellt das Schulbuch dar, denn es bietet der Erwachsenengeneration die Möglichkeit, der nachfolgenden Generation ihre Wirklichkeitsauffassungen und -modelle zu vermitteln. Durch Schule und Schulbücher werden Schülerinnen nicht allgemein in eine abstrakte gesellschaftliche Logik integriert, sondern mit dem expliziten Wissen werden Modelle sozialer Ordnung vermittelt, praktisch eingeübt und auf diese Art Subjekte formiert (s. u.).

Von Bundesland zu Bundesland differiert das Schulbuchwissen, was seinen repräsentativen Ausdruck in der Unterscheidung der einzelnen Länder nach sogenannten A- und B-Ländern findet. Für die politische Bildung hatte dies beispielsweise ab Anfang der 70er Jahre folgende Konsequenzen:

„Ab 1973/74 wurden in den sog. B-Ländern, also den unionsregierten Ländern viele Bücher für den politischen Unterricht aus den amtlichen Listen der genehmigten Schulbücher entfernt (....). Seitdem müssen die Schulbuchverlage von den Politikbüchern vielfach länderspezifische Ausgaben herstellen. Überdies lassen sich aufgrund der Zulassungspraxis in den A- und B-Ländern zwei Typen von Schulbüchern für das Fach Politik empirisch nachweisen, die sich inhaltlich und methodisch grundlegend unterscheiden" (Gagel 1994: 221).

Auch aufgrund politischer Setzungen, die in den Rahmenplänen ihren direkten institutionellen Ausdruck finden, werden soziale Steuerung und Kontrolle

---

[1] Grundsätzlich läßt sich jedes Wissen in Vermittlungswissen transformieren, insofern es Teil eines entsprechenden didaktischen Arrangements oder eines bestimmten institutionellen Lehr- und Lernkontextes ist.

realisiert. Der (Fach)Didaktik fällt die Funktion der lehr- und lernspezifischen Übersetzung des als relevant erachteten Wissens nach didaktischer Logik zu. In diesem Ensemble politischer, sozialer und wissenschaftlicher Akteure stellt das Schulbuch eine Form des Mediums dar, in dem Wissen funktional nach den Kriterien zielgruppen- bzw. institutionenspezifischer Lehr- und Lernbarkeit soziokulturell-wissenschaftlich anerkannten Wissens strukturiert und vermittelbar gemacht wird. In diesem Sinne wird soziales Wissen bereichsspezifisch (Schule/Unterricht), medienformspezifisch (Schulbuch) und altersgruppengemäß strukturiert, so daß seine unterrichtliche Vermittlung möglich wird.

Neben den familien- und mediensozialisatorischen Einflüssen, durch welche das Vorwissen der Schülerinnen[2] formiert wird, spielt hinsichtlich der Vermittlung von Wissen die Didaktik in wissens- und diskurstheoretischer Perspektive eine zentrale Rolle, da Schulbuchwissen grundsätzlich didaktisch gebrochen auftritt. Es handelt sich dabei um ein methodisch-thematisch spezifisch strukturiertes Wissen, das sich aus der Funktion des Schulbuchs als Vermittlungsmedium ergibt. Insofern das Schulbuch in der Praxisform Unterricht zum Einsatz kommt, handelt es sich um ein didaktisches Medium in dem Sinne, daß Lehr- und Lernprozesse damit inhaltlich-methodisch in offeneren oder stärker strukturierten Situationen initiiert, gesteuert und überprüft werden sollen[3]. Dabei wird sozialkulturelles Wissen als Schulbuchwissen zielgruppen- und institutionenspezifisch auf eine idealtypisch gedachte unterrichtlich pädagogische Situation hin strukturiert, wobei durch die Vorgaben der Rahmenpläne inhaltlich vorselegiert wird, welches Wissen lehr- und lernbar gemacht werden soll. Daher fungiert Schulbuchwissen unter dem Gesichtspunkt von Kontrolle und Steuerung einmal als *kontrollierendes Wissen*, indem es zur Grundlage und Maßstab von Lern- und Leistungskontrolle gemacht wird. Darüber hinaus handelt es sich auch um *kontrolliertes Wissen*, das die konkrete Um- und Übersetzung der in den Lehrplänen aufgestellten thematischen Leitlinien darstellt.

Gamm weist darauf hin, daß Konstruktion, Implementation, Operationalisierung und Evaluation wesentliche Bestandteile von curricularer Wissensor-

---

[2] Auf dieses zentrale Element von Kontingenz im Unterrichtsgeschehen wird im nächsten Abschnitt nur soweit eingegangen, als es für die Fachdidaktikerinnen in puncto Zielgruppen- und Lernzielbeschreibung eine Rolle spielt, d. h. als altersgruppengemäß unterstelltes Wissen von Bedeutung ist, auf das hin das Schulbuchwissen strukturiert wird. Für die empirische Erforschung von Unterricht bzw. von Lernprozessen würde ‚Vorwissen' eine ganz zentrale Kategorie darstellen.

[3] Was die reale Unterrichtssituation und die fachdidaktische Strukturierung des Unterrichts betrifft, scheinen Theorie und Praxis weit auseinanderzuklaffen. So stellten Breit/Harms durch Lehrerbefragung von 900 Lehrerinnen schon 1989 fest, daß zwischen Fachdidaktik und Unterrichtspraxis keine Verbindung mehr bestehe. Vielmehr würden Lehrer „nach Gutdünken" (nach Gagel 1994: 284) ihre Unterrichtsvorbereitung strukturieren, wobei Fachdidaktik zumeist auf Methodik reduziert werden würde (ebd.).

ganisation für Schüler und Schule seien (1979: 105). ‚Vermittlung', so wird betont, finde immer auf mehreren Ebenen statt, für die unter anderem folgende Elemente konstitutiv seien:

„(...) systematisch aufbereiteter Erkenntniszusammenhang (...); exemplarischer Charakter des Lehrstoffs (...); Zielgerichtetheit der Vermittlung, (...); die Neubegründung von verstandesgeleiteter Erfahrung beim Schüler (...); die methodisch rückgebundene und daher prinzipiell überprüfbare Kenntnisaneignung in Hinsicht auf Lehrer wie Schüler (...); Institutionalisierung von Unterricht; Kontrolle des Unterrichts durch die jeweiligen Machtträger (...)" (ebd.: 116).

Gamm ist der Meinung, daß die Didaktik eine „exemplarisch aufgearbeitete/aufbereitete Wirklichkeit" (ebd.: 117) zu schaffen versuche. In der Tat nimmt das Exemplarische historisch im Kontext materialer Bildungstheorien einen zentralen Stellenwert ein (Blankertz 1974: 37). Der didaktisch strukturierte Wirklichkeitsausschnitt stellt eine Idealform einer bestimmten Situation, Kommunikation, Interaktion, eines bestimmten gesellschaftlichen Verhältnisses, eines Wertes (z. B. Toleranz) dar. Nicht umsonst wird darauf verwiesen, daß Pädagoginnen „beständig Idealbilder (sich selbst gegenüber, aber vor allem bezogen auf ihre Klienten), an denen sich oftmals die konkreten Handlungen orientieren" (Oelkers 1982: 166), verwendeten[4]. Die Heuristik idealtypischer Modellvorstellungen konkretisiert sich einmal klassen- und schultypenspezifisch in den thematischen Selektionen und zum anderen auf der methodisch-performativen Ebene in den vorstrukturierten Interaktionsformen (Arbeitsaufgaben, Frageformen usw.). Die von Gamm aufgezeigten Elemente gehören zur *didaktisch-pädagogischen Kodierung* sozialkulturellen Wissens und stellen Merkmale seiner Transformation in Schulbuchwissen dar.

Unter *Kodierung*[5] von Wissen wird die spezifische semantisch-semiotische Strukturierung, Funktion und Form von Wissen verstanden, die ein bestimmtes Wissen von einem anderen Wissen differenzierbar macht. Es wird davon ausgegangen, daß soziokulturelles, diskursförmiges Wissen durch bestimmte Strukturelemente wie ‚Zeit', sprachliche-zeichenförmige Strukturierung' oder ‚Prozeßhaftigkeit' gekennzeichnet ist (vgl. Kap. 4). Auf der Ebene der sprachlich-zeichenförmigen Manifestation von Wissen, d. h. des

---

[4] Brezinka spricht in diesem Zusammenhang von Erziehung als Beeinflussung von Personen in eine gewünschte Richtung, die ein „als Ideal gesetzten Soll-Zustand der Persönlichkeit erreichen" sollen (1976: 78). So wurde beispielsweise im Rahmen der rationalistischen Wissenschaftsorientierung in der Curriculumsforschung von der Vermittlung eines „Strukturrasters" gesprochen, die dem Individuum erlaube, „neue Aufgaben in einen sinnvollen Zusammenhang zu bringen" (Dörr 1979: 182). „Antizipation" als zeitliche und adressatenidealtypische Vorausnahme wurde dabei zum wesentlichen „didaktischen Prinzip" erhoben (Dörr 1979: 172 ff.).

[5] Der entscheidende Impuls, Wissen bzw. pädagogisches Wissen als „Neukodierung" (Wexler 1981: 59) zu begreifen, geht auf die angloamerikanische Curriculumsforschung der 70er/80er Jahre zurück, an die hier angeknüpft wird (s. u.).

Diskurses ist Wissen grundsätzlich semiotisch- semantisch (sprachlich, bildlich, spezifische Bedeutungen usw.) kodiert und kann daher auf seine spezifische Differenzform untersucht werden (z. B. als spezifisches Wissen in den Wissenschaften).

Kode im allgemeinen Sinne kann definiert werden als „differentielle Beziehung von Zeichen mittels syntaktischer, semantischer und pragmatischer Selektionen, Relationierungen und Steuerungen" (Krieger 1996: 23), so daß Kodierung in *thematisch-diskursiver* Hinsicht als eine spezifische sprachlich-semantische Organisation oder Strukturierung von Wissen (Wörter, Sätze, Bilder, Texte, Graphiken) aufzufassen ist, wodurch jedes Wissen eine bestimmte Form erhält. In *medialer-lokaler* Hinsicht ist die Kodierung des Wissens von dem Ort abhängig, an dem das Wissen erscheint. Hierbei kann es sich um einen konkreten sozialen Ort (Schule) oder einen medialen Ort (Schulbuch) handeln, woraus sich die Funktionsbestimmung des entsprechenden Wissens ableitet. Darüber hinaus schließt Kodierung auch *Kodifizierung* als normative oder tatsächliche (typisierte) Regelhaftigkeit mit ein. Dadurch werden bestimmte Handlungen und Praxisformen vorstrukturiert („Lies den Text auf S. 18...") und ein bestimmtes Wissen grenzt sich von einem anderen als typisch ab (wissenschaftliches von nicht-wissenschaftlichem Wissen, Schulbuchwissen als Lehr- und Lernwissen explizit vom ‚Informationswissen' eines Beipackzettels).

Hall weist darauf hin, daß ‚Realität' als diskursförmige und bedeutungsvolle immer schon „codierte Realität" sei (1989: 135). Jede Auffassung von Wirklichkeit stellt dahingehend eine Konstruktion dar, als sie selektiv im Wissen repräsentiert ist (vgl. Eco 1972: 58). Dadurch werden andere mögliche Thematisierungsweisen bzw. Wirklichkeitszugänge ausgeschlossen. Die von Gamm angeführten Elemente (systematischer Erkenntniszusammenhang, exemplarischer Charakter, Zielgerichtetheit usw.) beschreiben im Kern das Schulbuchwissen als didaktisch kodiertes sozialkulturelles Wissen bzw. als „pädagogisch-didaktische Neustrukturierung von Wissen" (Künzli u. a. 1999: 17). Daher kann das Konzept des Schulbuchwissens unter Rückgriff auf den Kodierungsbegriff konkretisiert werden.

Bei Schulbuchwissen handelt es sich um ein spezifisch didaktisch-pädagogisch kodiertes, sozialkulturelles Wissen, das auf Schule/Unterricht, Schüler und Lehrer hin strukturiert wird. Dies geschieht in dreifacher Hinsicht: 1) Bestimmte Handlungsanleitungen (Arbeitsanweisungen, Direktadressierung an Schülerinnen) oder didaktische Leitlinien auf der Metaebene (Lehrerhandbücher) spezifizieren Schulbuchwissen in *performativer* Hinsicht. Hierbei läuft der Modelladressat (Schüler) immer virtuell im Kopf des Schulbuchautors mit, wenn Wissens auf den institutionellen Rahmen hin (Schule, Unterricht, Lehrer-Schüler- Verhältnis) strukturiert wird; 2) Der *Modelladressat* wiederum leitet sich aus den idealtypisch-universalistischen Annahmen und Vorstellungen ab (z. B. Zielgruppe, Entwicklungspsychologie als

Metatheorie, klassenstufen- und schulartenbezogen), auf den hin themenspezifisch und sprachlich selegiert wird; 3) didaktische Kodierung von Schulbuchwissen zeigt sich in der semantisch-thematischen Strukturierung als *Vermittlungswissen* (Systematik, Visualisierung, semantische Selektionen usw.), dessen Inhalte in sukzessiver, aufeinander folgenden Reihe geordnet werden, was zur Kernfunktion von Vermittlungswissen gehört. Diese drei didaktischen Kernelemente zusammen bilden die spezifische Kodierung von Schulbuchwissen als Lehr- und Lernwissen mit der Diskursform (Schul-) Buch.

Es handelt sich bei diesen drei Punkten um eine grobe Unterscheidung, denn die Didaktik liefert weitere Möglichkeiten einer feineren Bestimmung didaktisierten Wissens. So könnte beispielsweise der erwähnte Modelladressat auf die spezifisch institutionelle Personenkonfiguration hin – nämlich das Lehrer-Schüler-Verhältnis – weiter spezifiziert werden, da die Strukturierung von Lehr- und Lernwissen in Schulbüchern auch auf die Lehrerin quasi als Ko-Autorin vollzogen wird. Ein weiterer Punkt wäre die normative Struktur von Schulbuchwissen, die sich im Aneignungspostulat ausdrückt, wie es auf der Metaebene etwa in Lehrerhandreichungen, Lernzielbeschreibungen usw. explizit zur Sprache kommt. Da dieses Strukturelement auch zeittheoretisch betrachtet werden kann – nämlich als Differenz von „jetzt" zu „morgen" (z. B. antizipatorische Praxis vgl. dazu Menck 1975: 92) -, wird in der Explikation des Wissensbegriffs in Kap. 4.2. spezifisch darauf eingegangen, da „Zeit" ein allgemeines Strukturelement von Wissen darstellt. Die drei Dimensionen, „performativer Handlungsraum", „Modelladressat" und „Kodierungsstruktur" (Vermittlungswissen) formulieren klassische didaktische Kategorien diskurs- und wissenstheoretisch um, wodurch über die Entwicklung eines allgemeinen Wissensbegriffs eine Erweiterung der Perspektive und eine Spezifizierung von Schulbuchwissen zugleich erreicht wird. Darüber hinaus beinhaltet der Kodierungsbegriff nicht primär eine Bestimmung von Schulbuchwissen über normative Zuschreibungen wie „emanzipativ" oder „aufklärerisch", sondern dient dazu, typische Strukturelemente von didaktisch gestaltetem Wissen zu untersuchen, um die spezifische Form von Schulbuchwissen gegenüber anderen Wissensformen wie etwa „Werbewissen"[6] herauszuarbeiten.

Kodierungen und Wissensform sind das Ergebnis historischer Ausdifferenzierungen. Im Falle von Pädagogik/Didaktik etwa lief die Konzeption des Unterrichts wesentlich über die „Konstruktion des Zöglings" (Schwenk). Im Kontext des Bildungsdiskurses wurde dabei vom Bildungssubjekt und im weiteren vom Bildungsideal gesprochen. Dabei ging es, wie Klafki hervorhebt, immer auch um die Figur der „Zukunft des Zöglings" (1975: 102), wodurch seine soziale und individuelle Entwicklung antizipiert werden. Die

---

[6] Trotz völlig unterschiedlicher Funktionen von Schulbuch- und Werbewissen wird in beiden Bereichen mit Zielgruppenfiktionen gearbeitet und das jeweilige Material auf bestimmte soziale Gruppen hin strukturiert.

zeitlich übergreifende Dimension kanonischen Vermittlungswissens spiegelt sich in seiner normativen Struktur wieder. Schon Weniger wies in seiner Lehrplantheorie auf diese normative und selektive Komponente eines jeden Lehrplans hin, indem er betonte, daß es zwar „mehrere Möglichkeiten der Lösung" gebe, aber mit dem jeweiligen Lehrplan „immer eine Entscheidung für eine bestimmte Lösung" (1952: 66) vorliege. Neben der systematischen Bestimmung des Schulbuchwissens kann ein genauerer Blick auf einige historische Linien didaktisch-curricularer Entwürfe dieses konstitutive pädagogische Element noch deutlicher werden lassen.

Hierbei werden zwei wesentliche Momente des Pädagogischen deutlich: 1) Die spezifisch pädagogische Kodierung von Wissens, d. h. die Lehr- und Lernbarkeit (als Lehr- und Lernbarmachung) von Wissen, über dessen legitime Vermittlung in Politik und Wissenschaft entschieden wird; 2) daneben ist das sogenannte ‚pädagogische Verhältnis' als Konstruktion eines Lehr- und Lernsubjekts konstitutiv für das Pädagogische, da eine zentrale Funktion der Pädagogik in der gezielten, intentionalen Einflußnahme auf die kognitive und emotional-körperliche Entwicklung Heranwachsender liegt. Das pädagogische Verhältnis wurde wahlweise auch als „pädagogischer Bezug" (Nohl), als „pädagogischer Kontakt", „erzieherische Begegnung" oder auch als „pädagogische Situation" (Schwenk 1997: 1566) bezeichnet. Dabei geht es darum, „in Korrespondenz zum jeweils intendierten Erziehungsbegriff den Ort erzieherischen Geschehens zu bestimmen" (ebd.). Dies war umso notwendiger, als der Ort der Erziehung sich seit dem 18. Jahrhundert aus dem privaten Bereich in den öffentlich-institutionellen verlagerte und entsprechend organisiert werden mußte, wozu ein institutionelles als auch disziplinär-fachwissenschaftliches Wissen vonnöten war.

Trotz der im 17./18. Jahrhundert noch bestehenden „thematischen Heterogenität" der Curricula, der unzureichenden Differenzierung zwischen Schule und Universität wurde im „frühmodernen Curriculum" schon zwischen „Doctrina" und „Disciplina" (Stichweh 1994: 198/199) unterschieden. Doctrina bezog sich etwa bei Lange (1706) auf die Lehre „nehmlich in Ansehung eines lehrenden/ und in Absicht auf ein vernünfftiges Subjectum, welches der Lehre fähig ist" (Lange, in: Stichweh ebd.: 199), während die ‚Disciplina' „denselben Zusammenhang aus der Sicht des Lernenden" (ebd.) darstellt. So zeigt sich, daß das pädagogische Verhältnis zum konstitutiven Bestandteil moderner Pädagogik gehört. Stichweh vertritt sogar die These, daß „*die historischen Bedingungen, die eine neue Form der Differenzierung von Schule und Universität* ermöglicht haben, im wesentlichen *in curricularwissenschaftlichen Entwicklungen liegen* und daß das differenzerzeugende Prinzip eine radikal neue Form der Organisation von Curricula ist" (ebd.: 200).

In dieser Perspektive nimmt die Didaktik bzw. Curriculumsforschung die Funktion einer Leitwissenschaft im Sinne einer Vermittlungswissenschaft für

Wissen ein, welche maßgeblich zur Ausdifferenzierung des modernen Bildungssystems beigetragen hat. Dies ist unter dem Aspekt des sich ständig transformierenden soziokulturellen Wissens interessant, weil es die Differenzierung und Autonomie des Bildungswesens mit einer anderen Schwerpunktsetzung deutlich macht. Während in gängigen pädagogisch bildungstheoretischen Ansätzen der Fokus auf Subjektivität lag, kann unter den Vorzeichen der Vermittlung und der damit verbundenen gesellschaftlichen Anforderungen auch auf das *Vermittlungswissen als spezifisch pädagogisches Moment* abgehoben werden. Die These würde dabei lauten, daß historisch die sozialen Vermittlungserfordernisse gleichzeitig und gleichrangig mit modernen Subjektvorstellungen aufkamen und es wesentlich die Akkumulation und Transformationen des Wissens selbst seit der Frühmoderne gewesen sind, die die Entwicklung eines pädagogisch-didaktischen Professionswissens und damit eine Ausdifferenzierung der Pädagogik notwendig gemacht hat[7].

Wie langwierig der Prozeß zur alters- und klassenspezifischen Ausdifferenzierung des heutigen Schulsystems historisch war, belegt die Tatsache, daß erst im 19. Jahrhundert eine „neue Pädagogik, die auf weniger zahlenstarke und homogene Klassen zugeschnitten war", es ermöglichte, „immer strikter auf die Übereinstimmung zwischen Alter und Klasse zu achten" (Aries 1979: 347). Klassenhomogenität und Leistungsdifferenzierung sind vergleichsweise junge Entwicklungen im Bildungssystem. In welcher Weise pädagogisches Wissen durch ‚Subjektwissen' in Richtung ‚homo educandus' das pädagogische Verhältnis stets weiterzuentwickeln suchte, macht beispielsweise der Konzentrationsbegriff bei Tuiskon Ziller (1817-1882) deutlich, den er in seinen Schriften „Unterricht als Konstruktion des Zöglings" (Schwenk 1974: 33 ff.) konzipierte.

Der Konzentrationsbegriff wurde verstanden als eine „auf einen Mittelpunkt hingeordnete einheitliche Bewußtseinsstruktur des Zöglings" im Gegensatz zu dessen „Zersplitterung" (ebd.: 38). Die sorgfältige methodische Herbeiführung sei Sache der Erziehung, die für die Einheit der Person zu sorgen habe (ebd.). Entscheidend bei der Zillerschen Zielsetzung seien „alle Seiten einer Seele so ziemlich auf einen Ton zu stimmen" (Ziller nach Schwenk, ebd.: 39). Die Stütze dafür solle eine zu schaffende „Schulwissenschaft" sein, so Ziller, deren Aufgabe die didaktisch und altersmäßig adäquate Auswahl und Systematisierung der Unterrichtsgegenstände sein sollte, die dezidiert „durch ihren ‚psychologischen' Aufbau (...) von den ‚logisch' aufgebauten reinen Fachwissenschaften" unterschieden werden sollte (ebd.: 39). Sowohl die Über- wie Unterforderung des Zöglings galt es zu vermeiden, was

---

[7] Die These kann noch verschärft werden, wenn unterstellt wird, daß das neuzeitliche Subjekt wesentlich das Ergebnis und nicht der Ausgangspunkt für die Vermittlungserfordernisse einer frühmodernen „Wissensgesellschaft" ist.

ein spezifisches Wissen über dessen „ganzen Seelenzustand" (Ziller, ebd.: 36) notwendig machte.

Didaktik als Ordnungswissenschaft für Schulwissen beschränkt sich bei weitem nicht nur auf die formale Seite von Unterrichtsorganisation. Seit Comenius geht es auch immer um Inhalte und Stoff, der als lehrbar erachtet wird. Auch wenn der Zweck eines zu vermittelnden Stoffes nicht genau feststeht, ist Didaktik gefragt (Luhmann/Schorr 1988: 206). Dieser wird stets in der doppelten Dimension von Inhalt und Subjekt auf Schule und Unterricht hin geordnet, und die Vernachlässigung eines Faktors führte unweigerlich zur Kritik des „didaktischen Formalismus" bei Willmann (ebd.: 208). Schulwissen als zu vermittelndes Kanonwissen ist und war somit immer doppelt didaktisch gebrochen: Auf das Subjekt, den ‚homo educandus' hin und die sich daraus ergebende ‚Stoffvermittlung, d. h. die adäquate Strukturierung des Materials innerhalb einer Lehr- und Lerninstitution. Somit differenzierte sich auch historisch das didaktische Wissen in doppelter Weise als spezifisches Subjektwissen und Wissen über Bildungsinhalte (Klafki 1975: 121). In diesem Sinne wird auf „Inwendiglernen" statt auf „Auswendiglernen" gesetzt (Nemitz 1985: 24), wobei Schulwissen auch als die „Verwandlung von wissenschaftlichen Antworten in schulische Aussagen" (ebd.) verstanden wird. Nemitz betont im Zusammenhang mit der Wissensvermittlung die normalisierende Funktion von Schule:

„Das allgemeine Staatsschulwesen ist also charakterisierbar durch Normalisierungs-Raster, in die sich die Schüler, in der Rezeption von pädagogisch zubereitetem Wissen, selbsttätig einordnen, im Rahmen der staatlichen Kompetenz, Fragen zu stellen, Aufgaben zu definieren und Beurteilungen abzugeben" (ebd.: 24).

An einem Beispiel kann anschaulich gemacht werden, in welcher Weise die didaktische Kodierung soziokulturellen Wissens zu Schulbuchwissen in der institutionellen Praxis Effekte auf Subjektseite zeitigt. Barthes hat an einem Beispiel aus dem Lateinbuch verdeutlicht, wie die in einem Schulbuch auftauchende Aussage in doppelter Weise zu lesen ist – inhaltlich wie auch funktional. Der Satz „quia ego nominor leo" wird einmal in der Übersetzung (‚denn ich werde Löwe genannt') inhaltlich verstanden, aber gleichzeitig richtet er „sich an mich, den Quintaner (...), sagt er mir ganz deutlich: ich bin ein grammatisches Beispiel, das bestimmt ist, die Regel für die formale Übereinstimmung von Subjekt und Prädikatsnomen zu illustrieren" (ebd.: 94). Somit ‚spricht' der Satz gar nicht zu dem Schüler auf der inhaltlichen Ebene, sondern er ‚ruft ihn als *Schüler* an', der sich als Teil einer institutionellen Vermittlungssituation weiß.

Die Diskussion um Curricula und Lehrpläne spielt, was das Schulbuch und die schulisch-didaktische Organisation von Lehr- und Lerninhalten betrifft, eine wichtige Rolle. Durch die Curriculums- oder Lehrplandiskussion sollte eine wissenschaftliche und systematische Überprüfung von Lehr- und Lernzielen mit dem „Anspruch auf Transparenz und Rationalität der Lernziel-

, Lerninhalts- und Lernorganisationsentscheidungen" (Riedel 1998: 299) ermöglicht werden. Während in der deutschen Diskussion eine Richtung in der Lehrplandiskussion an die geisteswissenschaftlich-bildungstheoretische Didaktik anknüpfte (Weniger, Dolch, Klafki), fokussierten amerikanische und englische Wissenschaftler eher auf den „Lernplan" (Blankertz 1974: 118) und damit auf die empirischen Bedingungen von Lehr- und Lernprozessen im Unterricht. Blankertz kennzeichnet die unterschiedliche Ausrichtung als „traditionalistisch" für die deutsche und „konstruktiv" (ebd.) für die amerikanische Diskussion, und hebt bei letzterer deren stärkere Orientierung an Inhalten hervor. Dies mache auch den Unterschied zwischen den beiden Begriffen Lehrplan und Curriculum[8] aus. Damit einher gingen auch unterschiedliche Reformbestrebungen, die sich in verschiedenen didaktischen Konzeptionen niederschlugen, die Riedel folgendermaßen beschreibt:

„So erfolgt die Entwicklung von geschlossenen Curricula in der Regel in einem Prozeß zweckrationaler Planung, erfolgskontrollierter Optimierung und intentionssichernder Anwendung, während das Konzept des offenen Curriculums auf allen Planungs-/Realisierungsebenen den argumentativen Diskurs vorsieht, der die entsprechenden Entscheidungen legitimieren soll" (1998: 301).

Ähnlich unterscheidet Bernstein hinsichtlich der didaktisch regulierten Organisation curricularer Inhalte zwischen zwei grundsätzlichen Curriculumsformen: der sogenannte „Sammlungstyp (collection type), wenn Inhalte mit einem hohen Status in einer geschlossenen Beziehung zueinander stehen, das heißt, wenn die Inhalte klar abgegrenzt und voneinander getrennt sind" (1977: 118) und der „integrierte Typ (integrated type)", „bei dem die verschiedenen Inhalte nicht getrennt nebeneinander, sondern in einer durchaus offenen Beziehung zueinander stehen" (ebd.). Der Sammlungstyp wird mit „didaktisch", der Integrationstyp mit „selbstregulativ" (ebd.: 122) beschrieben. Bei letzterem steht die Kontingenz des Unterrichtsgeschehens, gruppendynamische und Kommunikationsprozesse im Vordergrund, doch ist wichtig hervorzuheben, daß jedes Curriculum mit „der engen Verknüpfung zwischen der selektiven Organisation, Vermittlung und Bewertung des Wissens und Autoritäts- und Kontrollstrukturen" verbunden ist: „Der Streit um Curricula ist auch ein Streit zwischen verschiedenen Vorstellungen von sozialer Ordnung" (ebd.: 119). Aber nicht nur der Sammlungstyp bildet in puncto Wissen bestimmte „Bildungsidentitäten" (ebd.: 121) heraus, sondern auch in bezug auf den Integrationstyp spielt das Wissen und das regulierte sowie ritualisierte Einüben bestimmter Identitäten eine wichtige Rolle. Wenn es auch nicht etwas „Heiliges" (ebd.) im Sinne eines klassischen Kanonwissens repräsentiert, so kommt es doch nicht ohne Autorität und Legitimation aus. Wissen taucht im Unter-

---

[8] Curriculum bezieht sich auf das Zerlegen einer Gesamtheit in Teileinheiten wie Jahrgänge, Schulfächer, Zeiteinheiten (Vgl. Riedel 1998: 299).

richt stets als interaktionistisch organisierter Inhalt bzw. als „Ritual" (Bernstein 1977: 86 ff.) und in verschiedenen Thematisierungsformen auf[9].

Bei der Frage der gesellschaftlichen Organisation von Wissen im Kontext der Schule hatte Weniger in seiner Lehrplantheorie von 1930 bereits darauf hingewiesen, daß Lehrpläne das „Ergebnis gesellschaftlicher Kämpfe" (Blankertz 1974: 120) seien. Die Rolle des Staates war für Weniger jedoch nicht die eines Akteurs unter anderen Akteuren (Kirche, Eltern, Wissenschaft).Vielmehr überhöhe „der Staat die konkurrierenden Bildungsideale der gesellschaftlichen Mächte" (ebd.):

„Alle anderen Mächte müssen sich, um Bildungsmächte zu werden, eine Transposition ihrer Ziele und Gehalte in die Form der zweckfreien Bildung gefallen lassen, der Staat selbst *ist* diese Form der zweckfreien Bildung in der Begegnung der Bildungsmächte und der Generationen im Lebensraum der Schule" (nach Blankertz ebd.: 123).

Der Staat wird also zum „regulierenden Faktor im geistigen Getümmel um den Lehrplan" (Huisken 1973: 47). Diese staatstheoretischen Überlegungen trugen Weniger die Kritik ein, den Widerspruch zwischen dem Staat als Vertreter des Allgemeinwohls und seine „faktische Parteinahme für die mächtigsten Gruppen in der Gesellschaft" (ebd.: 50) einzuebnen. Huisken zieht daraus den ideologiekritischen Schluß, daß die

„unterstellte Zweckfreiheit nicht der Realität entspricht, vielmehr die in der kapitalistischen Gesellschaft herrschenden Interessen in mehr oder weniger verschleierter Form ihren Niederschlag in Lehrplänen, Lehrbüchern und dem Unterricht finden" (ebd.: 51).

Demgegenüber schlugen in den siebziger und achtziger Jahren einige Schulforscher einen anderen Weg ein. Dabei wurden die in Schule, Schulbuch und Unterricht auftauchenden Inhalte nicht unmittelbar unter Ideologieverdacht gestellt, sondern als spezifisch selegiertes Wissen begriffen, das quasi verschiedene gesellschaftliche und institutionelle Filterstufen durchlaufen hatte. Gemäß dieser wissenssoziologischen Perspektive schlug Wexler vor, „Wissen (...) als einen Prozeß der Transformation" (1981: 58) ganz allgemein zu beschreiben und sprach sich für eine „Soziologie des Schulbuchwissens" (ebd.: 59) aus. Er empfahl, Schul(buch)wissen unter dem Aspekt der „Neucodierung" als einen „Prozeß der *transformierenden Selektion*" (ebd., Hervorh. T.H.) zu begreifen. Nicht die „individuelle Urheberschaft" und auch nicht die „linearen Beziehungen" (ebd.: 59) eines als bloße Reproduktion gedachten

---

[9] Dies wird hier erwähnt, um nicht den falschen Eindruck entstehen zu lassen, daß es am Ende nur noch auf die möglichst freie Kommunikation und Interaktion ankomme und der Gegenstand dabei sekundär sei (vgl. Terhart 1999). Bewußt soll hervorgehoben werden, daß Sozial- und Thematisierungsformen zusammen einen Komplex ergeben. An dieser Stelle geht es lediglich darum, zu unterstreichen, daß sich sozusagen das ‚Regulierungsregime' im Klassenzimmer qua Didaktik, Lehrerwissen, Lernarrangement ändern kann, aber letztendlich nie ganz aufgegeben werden kann und daß die ‚offenere' Didaktik gegenüber der ‚geschlosseneren' noch nicht per se eine bessere sein muß.

Verhältnisses zwischen Bildungssystem und Ökonomie determinierten Schulbuchwissen seien damit angesprochen, sondern eher seien es Prozesse von „Montage und Transformation", welche als eine „Reihe sozial organisierter Arbeitsvorgänge zu rekonstruieren" seien, „durch die Wissen geschaffen wird" (ebd.). Und ideologietheoretisch sei ein „Modus der Analyse" vonnöten,

„der die Angreifbarkeit des Objekts offenlegt, nicht, indem er es in einen Kontext setzt, sondern durch Dekonstruktion. Ein Objekt zu dekonstruieren, sei es Schulwissen, einen Film oder eine soziale Organisation, bedeutet zu zeigen, wie es selbst ein Ergebnis seiner eigenen Zusammensetzung ist (...) und nicht eine Entität unter anderen sich selbst erzeugenden Entitäten" (ebd.: 58).

Der Autor macht aber auch klar, daß es sich nicht um anonyme systemisch-selbstreferentiell gesteuerte Prozesse handelt, sondern auch die daran beteiligten Akteure vor allem bezüglich der Wissensdistribution im Auge zu behalten seien (ebd.: 60). Schließlich empfiehlt er ein an Formalismus, Strukturalismus und Semiotik orientiertes Vorgehen für eine „nichtreduktive interne Analyse des Wissens" (ebd.), um den Fehlern der Vergangenheit zu entgehen: Weder die ältere Version der „Reduktion des Sozialen auf das Objektive" noch die jüngere, die „das Kulturelle gänzlich in das Sozialkulturelle und Zwischenmenschliche" (ebd.: 61) übersetze, seien akzeptabel; vielmehr sei „das Curriculum mit seinen eigenen Begriffen zu betrachten und die Eile zu vermeiden, es aus analytischer Sicht zu übersetzen" (ebd.). Die Gründe für die analytische Bedeutung semiotisch-strukturalistischer Verfahren sind nach Wexler folgende:

„Der Wert des Strukturalismus und der Semiotik für eine Untersuchung des Schulwissens liegt darin, daß sie uns die Betrachtung des Curriculums als Satz von Regeln oder symbolischen Praktiken ermöglichen, zu vermeiden, daß Wissen auf seine statische Repräsentation des Sozialprozesses reduziert wird (...) Ideen sind das Resultat der symbolischen Praktiken, die sie schaffen, so wie kulturelle Reproduktion das kontingente Ergebnis kollektiver sozialer Praktiken oder Aktivitäten ist. Die Dekonstruktion von Konzepten und Fakten des Curriculums in die Muster der Methoden, aus denen sie entstanden sind, greift die Undurchsichtigkeit von Wissen als Objekt an. Dieses Überdecken des Prozeßcharakters, diese Naturalisierung dynamischer, interner relationaler Produktion als fester Erscheinung, macht für den kritischen Analytiker das Ideologische" (ebd.: 62).

In der Tat besteht ein wesentlicher Naturalisierungsprozeß im Fetischcharakter des Wissens, dessen Produktionsbedingungen in der konkreten Diskurspraxis dem externen Beobachterauge unzugänglich bleiben. Jedoch können auf der Ebene von Schulbuchwissen die ansonsten opaken Selektionsprozesse in Verlagen, politischen Institutionen, Fachwissenschaften insoweit mitberücksichtigt werden, als in einem text- und diskursnahen Verfahren die semantischen Strukturen, Thematisierungsweisen und Dethematisierungen herausgearbeitet werden, die eine Art „Spur" diskursiver Praxis in den manifesten Diskursen bilden (vgl. Höhne 2002). Durch diese Art der Rekonstruktion können diskursive Selektionsprozesse nachvollzogen werden – etwa im Aufzeigen von tatsächlich *erfolgter* gegenüber *möglicher* Thematisierung. Dies ist im Falle des Schulbuchs empirisch von besonderem Interesse, weil verschiedene Schulbücher ein- und dasselbe Thema auf unterschiedliche Weise präsentieren (können).

Dieser Fokus auf die Untersuchung von Schulbuchwissen unter bildungs- und wissenssoziologischen Vorzeichen knüpft auch an die angloamerikanische „new sociology of education" (Kolbe/Sünker/Timmermann 1994: 15) an, weil sie gegen einen „objektivistischen Wissensbegriff" einen Begriff „sozialen Wissens" (ebd.: 18) stark macht, der sich explizit auch der Analyse des Zusammenhangs Macht und Wissen widmet (Englund 1994: 231). So betont Apple die Machteffekte eines nationalen Einheitscurriculums, durch die auf der einen Seite die vielfachen Differenzen, die das Schulsystem auszeichneten, in den Hintergrund träten und auf der anderen Seite stelle es einen zentralen „Mechanismus zur politischen Kontrolle von Wissen" (Apple 1994: 21) dar. An diesen Bemerkungen wird deutlich, daß soziokulturelles Wissen sowohl auf einer Mikro- und Makroebene betrachtet werden muß, um den Zusammenhang von Wissensstruktur und Macht genauer aufzuzeigen (vgl. Kap. 4.2).

Stellt man die Frage nach der Struktur des Wissen, so ergibt sich theoretisch wie forschungspraktisch eine Konsequenz, die den Unterschied zur inhaltsanalytischen (Schulbuch)Forschung markiert. Gefragt wird zum einen aufgrund konstruktivistischer Annahmen weniger danach, was Wissen ist, sondern wie es produziert, strukturiert und erworben wird, d. h.: „Wissen ist definiert durch die Methoden der Wissensgewinnung" (Schmidt 1988: 141). Inhalte sind in dieser theoretischen Perspektive auch nicht mehr als feste Bedeutungseinheiten, als „Informationsquanten" (ebd.) zu denken, sondern stellen diskursiv-semantische Kopplungen von Zeichen zu Zeichenketten dar, die in vielfacher Weise auf weitere Zeichenketten bzw. ein ‚Netz von Bedeutungen' verweisen. Für Kommunikation ist daher Kontingenz und nicht Steuerung von Verstehens- und Rezeptionsprozessen theoretisch zu unterstellen[10]. Demnach können Modelle und Konzepte der didaktischen Organisation von Wissen, Lehr- und Lernprozessen semiotisch als Selektions- und Monosemierungsstrategien begriffen werden, durch die spezifisches Wissen ausgewählt und vereindeutigt wird. So kann beispielsweise bei jeder Art von Text (Bild/Graphik)-Produktion zwischen Text und möglichem Rezipienten implizit ein „dialogisches Subjekt-Kosubjekt- Verhältnis" (Fohrmann/Müller 1988: 9) angenommen werden[11]. Insofern ist unter Anschluß an die Figur des soge-

---

[10] Systemtheoretisch lautet das Argument, daß „Vermitteln innerhalb des pädagogischen Systems prinzipiell kontingent (ist), weil es die Zielerreichung operativ nicht steuern und kontrollieren kann" (Kade 1997: 43).

[11] Aus konstruktivistischer Sicht erhebt Schmidt zurecht Einspruch gegen ein „Interaktionsmodell" von Rezeption (1988: 144), von dem Iser und Jauß ausgehen (Fohrmann/Müller

nannten „Modell-Lesers" (Vgl. Kap. 3.4) diskursanalytisch mit Blick auf die beiden angeführten didaktischen Grundformen eine instruktionsorientierte Didaktik von einer eher kontingent-offenen Didaktik zu unterscheiden. Beide Didaktikformen können in puncto Monosemierung und vereindeutigenden Vorgaben (Texte, Arbeitsanweisungen, Lernziele) dadurch differenziert werden, daß den Schülerinnen mehr oder weniger Instruktionen und entsprechend Raum für das Einbringen eigenen Wissens in den Unterricht gegeben werden. Eine besondere Rolle spielt dabei neben den Schülerinnen die Lehrerin als mitberücksichtigte Ko-Rezipientin/-Autorin, deren Funktion darin besteht, das im Schulbuch lückenhaft gelassenes Wissen zusätzlich zu vereindeutigen, d. h. „richtig" zu kontextualisieren.

Diskursanalytisch ergibt sich die Perspektive, das Text-Bild-Graphik-Verhältnis einer Schulbuchseite auf die bereits erwähnten Monosemierungsstrategien und mithin auf die spezifischen Kodierungen hin zu untersuchen, durch die Wissen mehr oder weniger ‚eindeutig' bzw. didaktisch vereindeutigend vorgegeben ist. Diese Strukturen der Vereindeutigung sind anhand der vorgegebenen Performanz- und Interaktionsformen („Macht...", „Erzählt...", „Malt..."), der Vereindeutigungen von Bildern durch Texte, Bildunterschriften, der Kontextualisierungsvorgaben wie etwa durch Überschriften usw. als spezifische Themenstrukturierung semantisch nachweisbar. Anhand eines Beispiels aus einem Schulbuch, bei dem auf die deutsch/ausländisch- Unterscheidung zurückgegriffen wird, kann dies deutlich gemacht werden.

In einem neueren Sozialkundebuch werden die deutschen Schüler aufgefordert, die ausländischen Mitschüler zu befragen. Diese Befragung der ausländischen Schülerinnen durch deutsche Schüler (TatSache Politik 1997: 24) vollzieht sich in Form einer Vorgabe ethnisch-differenzierter Gruppenaufteilung von Seiten der Schulbuchautorinnen, die einzig dem Lernziel, wie es sich explizit in der Überschrift „Lernen mit Menschen aus verschiedenen Gruppen zusammenzuarbeiten" widerspiegelt, geschuldet ist. Es wird aber in keiner Weise über ‚Kultur' im allgemeinen gesprochen, wodurch die Schülerinnen die sozialen Kategorisierung der ‚kulturell Anderen' selbst vornehmen müßten, sondern ‚die Fremden' sind in dieser Lerneinheit bereits konstruiert und bilden die Grundlage für ‚Verstehen' als entsprechendes Lernziel.

Diese Art strukturierter thematisch-methodischer Rahmensetzung und spezifischer Wissensorganisation in Schulbüchern hängt wesentlich mit der Entscheidung zusammen, wie etwas zum Thema gemacht wird (Interkulturelles Lernen), d. h. beruht auf sozialen und institutionellen Prozessen von Se-

---

1988: 9), da weder Text noch Rezipient eine „objektive Größe" darstellten (ebd.). Zur Abgrenzung sei hier erwähnt, daß die Figur des Modell-Lesers bei Eco oder auch das angeführte „Kosubjekt" hier als konstruierte Position, also quasi ‚produktionskonstruktivistisch' aufgefaßt werden. Unter konstruktivistischen Vorzeichen stellen Modell-Leser und Kosubjekt selbstverständlich konstruierte Einheiten dar, die dem Modell geschuldet sind.

lektion. In dieser Hinsicht stellt alleine die Tatsache der Thematisierung von Migrantenkindern als kulturell ‚Fremde' ein Indiz hegemonialen sozialen Wissens dar, da Migranten, die unter vielen anderen Vorzeichen im Schulbuch thematisiert werden könnten, lediglich in der Rolle als Fremde auftauchen (Höhne/Kunz/Radtke 2000). Wissenstheoretisch spiegelt sich die *Relevanzsetzung* (Vgl. Schütz 1971) hierbei sowohl thematisch in der Selektion als auch didaktisch-methodisch in den Vereindeutigungsstrategien wider. Durch die ‚Voraus-Setzungen' in Form ethnisch-differenzierter Gruppeneinteilung (deutsch/nicht-deutsch, wir/sie) und die klaren Fragevorgaben, wird das bilddominierte, handlungsorientierte Arrangement methodisch und inhaltlich strukturiert. So werden die deutschen Schüler durch diese Art der expliziten Implementierung der eigen/fremd- Differenz beispielsweise auch zu handelnden Interviewern (= Subjektposition) gemacht, welche ‚die anderen' (= ausländische Schüler, Objekte) befragen. Sie befinden sich auch in einer Art symbolischer Stellvertreter-Position, die repräsentativ für ‚die Deutschen' ‚die Fremden' nach ‚ihrer Kultur' befragen dürfen. Diese Form der verordneten Frage, Positionierung und Rollenverteilung im Rahmen einer Arbeitsanweisung stellt eine institutionell abgesicherte Legitimation für *diese* Art des Fragens dar und wirkt normierend und normalisierend zugleich. Und was vielleicht vorher kein Thema war, weil es weder von Interesse noch in einer anderen Art relevant war, wird nun thematisch markiert, zum Lernstoff und zur Norm(alität) von Unterricht erhoben – etwa die „Fremdheit von ausländischen Mitschülern". Jede Frage in einem Schulbuch gilt per se zunächst einmal als legitim. Die auf einer Schulbuchseite vorfindbare Didaktik, welche das Wissen in einer spezifischen Weise strukturiert, konstruiert den Gegenstand a) auf einer Ebene durch thematische Selektionsentscheidungen, und auf einer zweiten b) durch normierend-normalisierende, handlungsanweisenden und subjektpositionierenden Vorgaben, die explizit (etwa in Form von Aufgabenstellungen, Anweisungen) oder implizit (Legitimität, Prämissen) vorliegen können. In dem Sinn stellen diese Legitimitätsprämissen und Norm(alitäts-)erwartungen einen Teil des „heimlichen Lehrplans" (Zinnecker 1975) dar, durch den „erwünschte Formen des sozialen Umgangs miteinander" sowie die „erwünschten Auseinandersetzungen mit Unterrichtsinhalten" gelernt werden sollen, um „bei Bedarf die richtigen Antworten zu produzieren" (Fromm 1986: 526). Doch nicht nur die ‚richtigen' Antworten, sondern auch die ‚richtigen' Fragen werden dabei gelernt. Es geht um auch das Erlernen von Spielregeln im Kontext der Schule. Die Arten, auf die bestimmte Sozialformen über die Präsentation eines spezifischen Wissens im Schulbuch implizit gelernt werden sollen, zielen auch stets auf den Erwerb ‚legitimen' Sprechens und Handelns.

Daß dies speziell für den schulischen Bereich zutrifft, haben Bourdieu und Passeron Anfang der 70er Jahre in ihrer Theorie der symbolischen Gewalt betont: „Jede *pädagogische Aktion* ist objektiv symbolische Gewalt, insofern sie mittels einer willkürlichen Gewalt eine kulturelle Willkür durchsetzt" (1973: 13), die sich wesentlich auf die Form und Funktion stützt. Die „soziale Formation" wird als „System von Kräfteverhältnissen und Sinnverhältnissen" (ebd.: 14) verstanden. Dabei kann eine ‚pädagogische Aktion' ihre „eigentliche Wirkung nur ausüben, als sie in einem Kommunikationsverhältnis erfolgt" (ebd.: 15), das sich in der Institution Schule aus den beiden jeder konkreten Unterrichtsituation vorgängig schon existierenden Rollen des „legitimen Erziehers" und des „legitimen Adressaten" (ebd.: 38) ergibt.

Dieses de jure- Verhältnis, das einem Lehrer beispielsweise das Recht gibt, einen ‚aufsässigen' Schüler zu bestrafen, wird in steten kulturellen und vielfachen Praktiken in der Schule de facto im Sinne von gelerntem Sozialverhalten und Rollenwissen eingeübt. Dazu gehört ganz wesentlich, die symbolischen und kulturellen Praxisformen, die Umgangs- und Kommunikationsarten, die Verhaltensregeln kennen zu lernen. Es gilt eine Identität aufzubauen, die sich aus erworbenen Selbst- und Fremdwissen speist – Wissen über sich selbst, ‚den oder die anderen' und ‚die Welt'. In der habituellen Aneignung bestimmter Formen von Wissen (Regel- und Handlungswissen) sehen Bourdieu/Passeron das wesentliche Ziel der „pädagogischen Arbeit", die sie als „Einprägungsarbeit" bezeichnen. Diese solle „dauerhafte Bildung erzeugen, d. h. einen *Habitus* als Produkt der Verinnerlichung" (ebd.: 45). In dieser Hinsicht werden über bestimmte Arbeitsaufgaben und Lernarrangements, d. h. Schulbuchwissen bestimmten Differenzen (geschlechtsspezifisch, ethnisch, behindert/nicht-behindert) in den Unterricht als soziale Situation eingeführt und dazu aufgefordert, diese praktisch einzuüben[12]. Diese explizit performative Seite des Schulbuchwissens, die gerade in der handlungsorientierten Didaktik eine zentrale Rolle spielt, zielt qua vorgegebener Interaktionsform („Malt...", „Spielt...", „Erarbeitet...") auf konkrete Praktiken und Rituale, in denen das Wissen in Form von Verkörperungen und Handlungen quasi ‚gelebt' wird[13]. Schule mit ihrer „Integrationsfunktion" (Fend 1975: 176) trägt auf spezifische Weise qua institutioneller Organisiertheit dazu bei, ein bestimmtes soziales Wissen als legitimes zu vermitteln und in die spezifische Sozialform des Lernens als gemeinschaftliches Praktizieren zu übersetzen. Dabei stellt Schulbuchwissen nur eine mögliche Ressource von Unterricht dar, eine andere wichtige Komponente im konkreten unterrichtlichen Arrangement stellt das Wissen des Lehrers dar. Diehm macht auf Untersuchungen aus den USA aufmerksam, die belegten, „daß sich die Arbeitsweise der Erzieherinnen für die Sozialisationseffekte als entscheidender erweise als die verwendeten Curricula" (1997: 152) und dies gelte auch für das Erlernen

---

[12] Dies kann etwa in Form von Ritualen vollzogen werden, auf die oben mit Rückgriff auf Bernstein (1977) hingewiesen wurde.
[13] Zur genaueren Bestimmung des Performativitätsbegriffs vgl. Kap. 3.4.

sozialer und ethnischer Unterschiede. Am Beispiel der Interkulturellen Erziehung im Grundschulalter wird dies verdeutlicht:

> „Auf ganz unterschiedliche Weise, durch Bilderbücher, Geschichten, Diaserien oder Filme, werden die Kinder gezielt mit kulturellen Unterschieden – Lebens- und Verhaltensweisen, Sitten und Gebräuchen, Normen und Wertvorstellungen verschiedener ethnischer Gruppen – konfrontiert. In der Regel findet sich in den Kindergruppen mindestens ein sogenanntes ‚ausländisches Kind', das das vorgestellte Andere auch noch repräsentieren kann. Dieses Kind wird häufig wohlmeinend als ‚fremdes' Kind vorgeführt, es wird aus didaktischem Kalkül heraus dazu gemacht, um es im nächsten Schritt wieder ‚integrieren' zu können (...)" (ebd.).

Neben Schulbüchern und Curricula stellen daher das Lehrerwissen und Lehrerverhalten wichtige sozialisatorische Faktoren dar, wobei hier keine Hierarchie aufgestellt werden soll. Theoretisch ist vielmehr von Unterricht als einer überdeterminierten institutionell-geregelten spezifischen Praxisform auszugehen, bei der mehrere Determinanten zusammenwirken – wie dies letztendlich aussieht, müßte in empirischer Forschung ermittelt werden. So kann im hier entfalteten Rahmen zunächst nur auf die vielfachen Faktoren von Unterricht hingewiesen werden, von denen das Schulbuchwissen und die in ihnen auftretenden Diskurse einen Teil bilden. In welcher Weise Schulbuchwissen Effekte für die Selbst- und Fremdbeschreibungen von Subjekten besitzt, welche Identifikationsangebote dadurch gemacht werden, soll theoretisch im folgenden Kapitel zur Frage der Subjektkonstitution aufgezeigt werden.

3.4 (Schulbuch-) Wissen, Performativität und Subjektkonstitution

Durch Schulbuchwissen wird die soziale Situation des Unterrichts in einer spezifischen Weise vorstrukturiert. Text, Bilder und Fotos kartographieren die institutionelle Vermittlungssituation in der Schule, wodurch Wahrnehmungen, Diskurse, Themenbildungen, Lehrer-Schüler-Beziehungen und Interaktionen formiert werden. Aufgrund des *Instruktionspotentials*[14] der sprachlich-bildlichen Diskurse bzw. der Appellstruktur des Textes bzw. der Sprache (Bühler 1965: 28 f.) mitsamt den expliziten Arbeitsaufgaben werden Identifikationsangebote gemacht und die Subjekte auf spezifische Weise positioniert (Lehrer und Schüler).

---

[14] Bei Schmidt wird ein sprachlicher Text als eine „geordnete Menge von Instruktionen" (1972: 65) aufgefaßt und die Gesamtheit dieser Instruktionen bildet die „Instruktionspotenz" (ebd.: 67). Dies gilt jedoch nicht nur für Texte, sondern auch für Bilder und graphisches Material. Durch „Instruktionen" werden dem Rezipienten quasi inhaltliche sowie formale Hinweise auf die „richtige Leseart" des Textes gegeben (Themenstrukturierung, Relevanzsetzungen wie Inhaltes- oder Stichwortverzeichnisse, Konnotationen usw.).

Es geht im folgenden Unterkapitel um den Zusammenhang von Schulbuchwissen und Subjektkonstitution. Dabei wird auf Begriffe wie „Performativität", „Anrufung", „Modell-Leser" und „Subjektposition" bezug genommen. Das Ziel besteht darin, ein theoretisches Modell zu umreißen, mit dessen Hilfe die subjektkonstituierende und -formierende Funktion von Wissen[15] und mithin Schulbuchwissen deutlich gemacht werden kann.

Das Konzept der Performativität stammt ursprünglich aus der Sprechakttheorie John Austins und besagt, daß eine Äußerung als sozial geregelter Handlungsvollzug anzusehen ist (Austin 1994: 30). Sprache und Handlung sind in verschiedenen Akten des Sprechens wie „schwören" oder „verfluchen" miteinander verflochten und fallen nicht, wie oft unterstellt wird, auseinander. Dieses pragmatische Konzept diente als Ausgangspunkt für eine literatur- und kulturtheoretische Erweiterung von Performativität bzw. Performanz, wie sie sich etwa in der Verknüpfung mit dem ethnologischen Ritualbegriff konkretisiert (Wirth 2002: 25 ff.). Im Untertitel einer Publikation zu den „Grundlagen des Performativen" wird der weitere Kontext deutlich, wenn es heißt, daß es um die „Zusammenhänge von Sprache, Macht und Handeln" gehe (Wulf u. a. 2001). Der Aspekt der Macht bezieht sich dabei im doppelten Sinne auf ein „Machen" als Hervorbringen oder Konstituieren und zugleich die machtvolle Konstitution von Subjektivität, z. B. im Rahmen von Definitionsmacht. Im Kontext eines erweiterten Performativitätskonzepts hat vor allem Judith Butler (1997, 1998) auf den *konstitutiven* Charakter von Sprache respektive Sprechen aufmerksam gemacht, wonach das hergestellt wird, worüber gesprochen wird (etwa Geschlecht, Ethnizität, Nation usw.). „Etwas" oder „jemand" existiert demnach *nicht* vor der Vergegenständlichung im Diskurs, sondern nur als (thematischer) Gegenstand des Diskurses. In Form sich wiederholender und zitierender Praktiken werden Subjekte zeitlich und thematisch punktuell fixiert und Identität temporär stabilisiert.

Im Rahmen einer Schulbuchtheorie erweist sich die Performanztheorie in folgender Weise als anschlussfähig. Sie ermöglicht es, den Zusammenhang von Schulbüchern und Schule bezogen auf die ritualisierte Situation des Unterrichts näher zu beleuchten und Wirkungsweisen theoretisch in Form performativer Effekte für eine mögliche Identitätsbildung bzw. Subjektkonstitu-

---

15 Konstituierung bzw. Formierung von Subjekten ist nicht mit Determinierung zu verwechseln (Butler 1997: 31-33). Vielmehr wird damit auf die kumulativen Identitätseffekte hingewiesen, die sich in wiederholten Zuweisungen von Positionen in bestimmten Diskursen einstellen, welche die sprachlich-zeichenförmige Seite sozialer Praxen darstellen. Typischerweise sind hier Eigen-Namen zu nennen, die einen wichtigen Teil des Wissens um sich selbst bilden, aber von anderen „verliehen" werden und zumeist auch nicht abgelehnt werden können. Sie repräsentieren daher paradigmatisch die Einfügung in eine vorgängige symbolische Ordnung, die eine Voraussetzung für Subjekt-Werdung bildet. Der zentrale Stellenwert von Wissen besteht dabei darin, daß Selbst- und Fremdbeschreibung bezüglich der eigenen Identität untrennbar miteinander verknüpft sind, da soziokulturelles Wissen stets in die eigene, rekursive, kognitive Ordnung des Subjekts integriert wird.

tion zu konzeptualisieren. Schulbücher machen auf der Ebene sprachlich-bildlicher Diskurse in vielfältiger Weise an Schülerinnen und Lehrerinnen Identifikationsangebote, indem sie sie positionieren und spezifische Zuschreibungen vornehmen[16]. Die Gesamtheit dieser Positionierungen und Zuschreibungen kann als *performatives Potential* von Diskursen bzw. diskursförmigem Wissen begriffen werden, das in entsprechenden Praxisformen und institutionalisierten Kontexten (d. h. Unterricht) entfaltet werden kann. Auf der Rezipientenseite wird das performative Potential also in Akten der Identifikation (oder auch der Gegenidentifikation, der Ablehnung, der Bedeutungs- und Positionsverschiebung) praktisch und handlungsförmig umgesetzt. „Wirkungen" von Texten, Bildern usw. lassen sich daher als Identitäts- oder Subjekteffekte beschreiben, die nicht kausal eindeutig und linearer Art sind. Sie erhalten eine gewisse Stabilität erst durch Praktiken, Rituale und *Akte der Wiederholung* – ein Aspekt, auf den vor allem Butler mit Blick auf die Geschlechteridentität stets hingewiesen hat (Butler 1997).

Der hier verwendete Performativitätsbegriff ist gegenüber dem herkömmlichen medientheoretisch akzentuiert. Anschließend an den unter 3.2 explizierten Medienbegriff wird durch das Konzept der Performativität die subjektkonstituierende und subjektanrufende Funktion jeder Art von sprachlich-bildhaften Zeichen in den Vordergrund gerückt – und mithin das performative Potential[17] von Schulbuchwissen. Dadurch wird die sozialisatorische Funktion von Schulbüchern theoretisch konkretisiert, da deutlich wird, daß sich Identitäts- und Subjekteffekte nur aufgrund von Wiederholungen bzw. iterativer Praktiken[18] einstellen bzw. stabilisieren (Schulbuch als Medium in einer Kette von Medien, Schulunterricht als repetitives Ritual). Somit tritt aufgrund der Verknüpfung von Medien/Medialität und Performativität die Funktion der

---

[16] Eine solche Positionierung oder Zuschreibung kann implizit-performativ oder explizit-performativer Natur sein. Eine implizit-performative Zuschreibung liegt etwa dann vor, wenn „Ausländer" stets mit „Türken" gleichgesetzt werden. Zur hohen Konvergenz dieser Art der Positionierung in Schulbüchern und Medien vgl. Höhne/Kunz/Radtke 2003. Eine explizit-performative Positionierung stellt die unterschiedliche Positionierung der Klasse nach „deutsch/ausländisch" etwa in Form einer Arbeitsaufgabe dar („fragt eure ausländischen Mitschüler..."), durch die nationale Differenzen direkt über eine Handlungsanweisung in die Unterrichtspraxis eingeführt werden.

[17] Auf der Ebene von Texten realisiert sich das performative Potential etwa in den oben erwähnten Instruktionen an den Rezipienten.

[18] Hierdurch ergibt sich eine wichtige Verschiebung in der Konzeption des Schulbuchs, dessen Wirkungen nicht mehr nur auf die kognitive Dimension hin erforscht werden sollten. Mit der zentralen Einsicht einer „Orientierung an Objekten als Quellen des Selbst, relationaler Intimität, geteilter Subjektivität und sozialer Integration" (Knorr-Cetina 1998: 94) stellte das Schulbuch nicht primär ein kognitiv-instrumentelles Erzeugnis mehr dar, das nur noch die ‚richtigen Bilder der Realität' vermittelt, sondern im Verbund mit anderen Medien (!) ein Sozialisationsmedium. Auch und vor allem in dieser Hinsicht bleibt Schulbuchforschung lediglich deklarativ, wenn von Schulbuch als „Sozialisationsfaktor des Unterrichts" (Weinbrenner 1995: 23) die Rede ist, ohne entsprechende theoretische Anstrengungen der Plausibilisierung zu unternehmen.

Steuerung und Formierung von Subjektivität in den Vordergrund, die das medial vermittelte Wissen auszeichnet.

Um nun den eigentlichen Prozess der Stabilisierung von Subjektivität im Zusammenhang mit Diskursen und Wissen weiter zu verdeutlichen, kann auf den Begriff der *Anrufung* zurückgegriffen werden, wie er in den siebziger Jahren von Althusser eingeführt wurde. Er spricht von Anrufung[19] oder Interpellation im Sinne von Subjektkonstitution mit Blick auf die je konkreten Praxisformen, zu denen beispielsweise Schulunterricht, Gottesdienst oder auch eine Talkshow gehören. Es sei die Ideologie, so Althusser, welche die „konkreten Individuen als konkrete Subjekte" (1977: 142) anrufe[20]. Hervorzuheben ist dabei der performative Aspekt des Anrufungsaktes, aufgrund dessen durch Zuweisung und Positionierung im Diskurs identifikatorische Wiedererkennungseffekte erzielt werden, welche das Subjekt in seiner Identität bekräftigen bzw. konstituieren. Dabei kann es natürlich auch zu Irritationen und Verunsicherungen auf Seiten des Subjekts kommen, wodurch es zu mehr oder minder starken Transformationen des Selbst-Wissens kommt. Die Subjekte werden in spezifischen Praxisformen wie etwa Unterricht u. a. aufgrund des Schulbuchwissens und der Diskurse als Schüler und als ‚männlich-weiblich', ‚deutsch-ausländisch' usw. angerufen bzw. interpelliert. Sicherlich stellt das Schulbuch innerhalb einer solchen überdeterminierten Praxis nur einen Teil des komplexen Ensembles von Faktoren dar, wodurch deutlich wird, daß es dabei nicht um kurzzeitige direkte Wirkungen von Schulbuchinhalten geht. Die kumulativen Effekte von Schulbuchwissen bezüglich der Subjektkonstitution lassen sich daher erst in der wiederholten homologen Positionierung von Subjekten in unterschiedlichen Diskursen bzw. sozialen und medialen Bereichen beschreiben – etwa, wenn Migrantinnen als soziale Probleme in Schulbüchern, Tageszeitungen, Fernsehen und Politik dargestellt werden.

Der entscheidende Mechanismus bei der Anrufung ist der Akt der Namensgebung, denn die Anrufung kann nur namentlich realisiert werden, wo-

---

[19] Der Anrufungsbegriff kommt aus dem religiösen Bereich und Gott ist es, der die Individuen ‚als jemand' anruft (als ‚Menschen', als ‚Petrus'), ihnen dadurch einen Namen und eine Identität verleiht. Gott selbst befindet sich dabei in der Position des SUBJEKTS schlechthin und stellt ein „Einziges Absolutes *anderes Subjekt*" (Althusser 1977: 146) dar.

[20] Althusser betont, daß die „Individuen immer schon Subjekte" (1977: 144) sind und ‚das Individuum' gegenüber dem Subjekt eine Abstraktion darstellt. So ist beispielsweise das Kind, bevor es geboren ist, aufgrund der „spezifisch familialen Konfiguration" (ebd.) , wie es bei Althusser heißt, „immer-schon-Subjekt", ob als „sexuelles Subjekt (Junge oder Mädchen)" (ebd.) als Schüler-Subjekt oder als ethnisch-nationales Subjekt. Subjektformen werden in sozialer Praxis, in Ritualen und Alltagsroutinen immer wieder aufs neue reproduziert, d. h. gelebt. Da Althusser Ideologie in Anschluß an Lacan als imaginäres Verhältnis der Individuen zu ihren realen Existenzbedingungen (ebd.: 133) definiert, der Wissensbegriff aber dabei keine Rolle spielt, wäre zu überprüfen, inwiefern wissenssoziologische Aspekte (Schütz, Berger/Luckmann) wie auch machttheoretische Perspektiven (Foucault) dabei anschlußfähig sein könnten.

durch der einzelne von neuem zum Subjekt wird. Subjekt wird jemand in der doppelten Bewegung der ‚Unterwerfung' bzw. des ‚Unterworfen-Werdens' und der Subjektivierung im Sinne des anerkannten Individuums. Erst als Teil der symbolisch-diskursiven Ordnung und unter Anerkennung des Namens, der verliehen wurde, wird jemand als Subjekt konstituiert. Das Subjekt ist die immer-schon-hergestellte Identität im Kontext der dem Subjekt vorgängigen Diskursordnung[21]. Die Ordnung der Subjekte wird in den unterschiedlichen konkreten Praxen durch dauernde Anrufungen reproduziert und durch ein „vierfaches System der Anrufung" (Althusser 1977: 147-148) stabilisiert:

„1) Die Anrufung der 'Individuen' als Subjekte, 2) ihre Unterwerfung unter das SUBJEKT, 3) die wechselseitige Wiedererkennung zwischen den Subjekten und dem SUBJEKT sowie der Subjekte untereinander und schließlich des Subjekts durch sich selbst, 4) die absolute *Garantie,* daß alles in Ordnung ist und daß alles gut gehen wird, solange die Subjekte nur wiedererkennen, was sie sind, und sich dementsprechend verhalten: *‚Amen'* [Hebräisch: ‚Wahrlich, es geschehe.']" (ebd.).

Anerkennung, Wiedererkennung, Unterwerfung, spontane Identifikation, Teilwerdung der Diskursordnung bilden die wesentlichen Momente der Anrufungsfigur, die auf der Diskursebene als Subjektposition gefaßt werden kann. Mocnik betont bei seiner Interpretation von Anrufung, daß eine Aussage für zwei Sprecher sinnvoll und verstehbar sei, wenn sich beide auf die gleiche „strukturelle Position" bezögen:

„ (...) um eine bedeutungsvolle Aussage auszusprechen, *identifiziert* sich der Sprecher mit der strukturellen Position, von der aus eine bedeutungsvolle, d. h. anrufende Aussage ausgesprochen werden *könnte.* Das angerufene Individuum wiederum *identifiziert* sich mit der *gleichen Instanz,* die – aus ihrer/seiner Sicht – als Position fungiert, von der aus *geglaubt werden könnte,* daß die Aussage ‚Sinn macht'. Die wechselseitige ‚Anerkennung' der beiden Parteien ist folglich durch eine dritte Instanz vermittelt, mit der sich beide aktiv identifizieren. Beide miteinander kommunizierenden Parteien *begehren,* daß der Satz bedeutungsvoll sei; sollte ihr Begehren erfüllt werden, dann sind beide dazu *gezwungen,* gewisse Glauben, zumindest als konditionale, zu unterstellen. Die Instanz der Identifikation ist folglich an einem Punkt lokalisiert, an dem *Begehren und Zwang koinzidieren*" (Mocnik 1994: 229).

Beide Sprecherinnen beziehen sich nicht direkt aufeinander, sondern auf eine dritte strukturelle und virtuelle Position, die sich durch den gemeinsamen Glauben an sinnvolles Sprechen auszeichnet und die Kontingenz jeder Art von Kommunikation und sprachlicher Bezugnahme auf Alter ausmacht. Der

---

21 Zeitlich bedeutet dies für das Subjekt, daß es permanent diskursiv aktualisiert werden müßte, ohne jemals seine volle Präsenz zu erreichen, weil es in dem Versuch, eine (dauerhafte) Identität herzustellen, immer zu spät kommt und scheitern *muß*. Diese grundlegend paradoxe Zeitstruktur von Subjektivität mit der Unmöglichkeit der Präsenz (oder des Präsens) wird zuweilen im Futur II als da Subjekt, das „immer.-schon gewesen sein wird" (Charim 2002: 156) bezeichnet – gegenüber einem „noch nicht" einer herzustellenden Identität (ebd.: 156).

Akt der gegenseitigen Anerkennung und Identifikation vollzieht sich aufgrund der Momente von Wissen *und* Glauben, von Begehren *und* Zwang, von Artikulation *und* Unterwerfung. Als Subjekt innerhalb der Diskursordnung anerkannt zu werden, setzt daher die Akzeptanz dieser Ambivalenzen der diskursiven Praxen als deren Prämissen schon voraus. Auf der Ebene von Diskursen, d. h. des in Rede, Schrift oder Zeichen artikulierten sozialen Wissens kann nun untersucht werden, welche Formen von Anrufungen vorfindbar sind, in welcher Weise welche Subjekte in welche symbolische Ordnung eingefügt werden (sollen), wie das Verhältnis zwischen Anerkennung und Zwang dabei konkret aussieht und welches Wissen zum Tragen kommt.

Beide Momente Namensgebung und Unterwerfung finden sich in der expliziten wie impliziten Positionierung von spezifischen Adressatengruppen in der Schule – etwa in der Unterscheidung von ausländisch/deutsch. Auch hier bleibt gemäß der performativen Funktion der Anrufung zu beachten, daß im Diskurs das hergestellt wird, wovon gesprochen wird:

„So kann die Anrufung – einerseits – ihren Adressaten niemals verfehlen, ist es doch die Annahme des Rufes, die den Angerufenen performativ zum Adressaten macht. Denn Adressat-Sein heißt, sich in der Anrufung wiederzuerkennen" (Charim 2002: 154).

Die in den Schulbüchern vorfindbaren Diskurse präformieren eine potentielle Praxis, die aber in der realen Situation des Unterrichts schließlich ganz anders aussehen kann[22]. Ausgegangen wird in puncto Identifikationspotential von der Vorstellung, daß die in den Schulbüchern auftauchenden Bilder und Texte eine Art ‚positive Idealinstanz'[23] schaffen, die sich aus der Gesamtheit aller der darin enthaltenen potentiell zustimmungsfähigen Aussagen ergibt, d. h. der Positionen, mit denen sich ein möglicher Rezipient identifizieren würde.

Die erwähnte Figur der Idealinstanz stammt aus der Rezeptionsforschung bzw. der Diskursanalyse und bietet sich hier an, um quasi die impliziten Anrufungen in Form vorausgesetzten und im Diskurs nicht direkt erscheinenden sozialen Wissens zu analysieren. Nach H. Link handelt es sich dabei um „Abstraktionen aus konkreten Individuen" (1980: 14), wobei auf ein Instanzen-Modell aus realem/abstrakten/fiktiven Autor bzw. Leser (ebd.: 25) zurückgegriffen wird. Text bzw. seine Produktion/Rezeption wird verstanden als fiktive Kommunikation zwischen Autor und Leser (ebd.: 24). Für das Schulbuch bedeuten diese Überlegungen, daß sich eine Arbeitsaufgabe nicht an den ‚realen Schüler', sondern stets an einen gedachten oder fiktiven Schüler richtet. Für die Diskursanalyse hat Pecheux den Begriff des „epistemischen Sub-

---

[22] Der Status des Schulbuchs als Leitmedium des Unterrichts wird zwar relativiert, aber als Vermittler sozial-repräsentativen Wissens, das als lehrbar und sozial-relevant erachtet wird, bleibt das Schulbuch ein wesentliches Medium und somit ein wichtiger Forschungsgegenstand. Gerade in dieser Relativierung liegt quasi seine ‚Aufwertung'.

[23] „Positiv" im doppelten Sinne von Normimplikation und Setzung von Normalität ergibt sich dabei nicht aus vorher willkürlich festzulegenden Normen, sondern aus den in einem Diskurs als positiv vorgenommenen Zuschreibungen.

jekts" entwickelt: „Das epistemische Subjekt der logisch stabilisierten Diskurse ist eine ideale Instanz, die über die entsprechenden Codes" und somit Wissen verfügt (1983: 52).

Auf der Diskursebene – ob als manifester Text oder kommunikative Praxis – werden Zuschreibungen realisiert und Positionen zugewiesen. Die aktive Anerkennung einer *Subjektposition*[24] bedeutet Teilwerden einer legitimen, sozialen Ordnung. Subjekte erzeugen sich nicht in Akten selbstsetzender Bestimmung unabhängig von sozialen Kontexten, sondern sie werden in den unzähligen, subtilen Akten diskursiver Zuweisungen, Positionierungen und Einschreibungen in den jeweiligen Praxen konstituiert, wenn auch nicht determiniert. In spezifischen Praxisformen werden auf der Mikroebene zahllose Anrufungen in Diskursen realisiert, die vom unscheinbaren indirekten Sprechakt, über institutionelle Normen, habitualisierte Wissenspraktiken (Körpersprache) bis hin explizit sprachlichen Regulierungen reichen.

Diese Subjektposition wird daher stetig in unterschiedlichen, sozialen Praxisformen jeweils spezifisch (re)produziert und festgeschrieben. Schule und Unterricht stellen den institutionellen Rahmen und das Schulbuch wiederum einen Teil dieser speziellen Praxisform dar. Aussagen wie etwa ‚Das Leben in zwei Kulturen erzeugt Probleme und Konflikte' sind daher nicht schlicht als Einzelaussagen zu werten, sondern sie entfalten ihre Wirkung in Formen intuitiven Verstehens, spontaner Zustimmung, Wiederkennung und scheinbarer Evidenz aufgrund vorgängiger Diskursverknüpfungen, die gleichsam einen Resonanzboden für Identitätsbildung darstellen. Erst der Zusammenhang von Sagbarem und Unsagbarem, von Geäußertem und Nicht-Geäußertem, von aktualisierter und möglicher Aussage zeigt den diskursiven Raum aus semantischen Verdichtungen und komplexen Verweisungsstrukturen an.

Die Vorstellung der Subjektposition schließt auch an die von Eco entwickelte Figur des „Modell Lesers" (1990: 61-82) an, bei welcher der potentielle Leser das „Nicht-Gesagte" in einem Text aufgrund „kooperativer Bewegungen aktualisieren muß" (1990: 62) und in seiner Funktion einer Art Idealleser darstellt. Der Modell-Leser setzt sich aus der „Gesamtheit der Kompetenzen" (ebd.: 67) zusammen, die eine entsprechende Leserin mitbringen muß, um den Text zu verstehen, was aber keine Eindeutigkeit von Verstehen impliziert. Vor dieser theoretischen Folie sind die Überlegungen zu

---

[24] Vermerkt sei hier, daß Subjektposition bei Foucault sich aus den Gegebenheiten diskursiver Praxen ergibt und nicht eingeengt wird auf eine Position in einem ‚Diskurs-als-Text' (Foucault 1995: 52 f., 78 ff.). So ist die Rede von einem „Netz von unterschiedlichen Plätzen" (82) bzw. ein „möglicher Platz der sprechenden Subjekte" (177), der in einem Feld eingenommen werden kann, daß weder von einem „individuellen Subjekt" noch von einer „transzendentalen Subjektivität" (ebd.) beherrscht wird. Erst eine solche Perspektive eröffnet die Möglichkeit, „Positionen und Funktionen (…), die das Subjekt in der Verschiedenheit der Diskurse einnehmen" (285) kann, zu analysieren.

kontingenten und instruktionsorientierten Didaktiken zu verstehen, wie sie oben bereits erläutert wurden. Sichtbar wird in diesem Modell der zentrale Stellenwert von Präsuppositionen als den nicht-explizierten Unterstellungen und unthematisierten Prämissen, die ein Strukturmoment von Texten und Textverstehen bilden. Daher ist die Subjektposition sowohl aus den expliziten als auch aus den impliziten Wissens- und Diskurselementen zu rekonstruieren.

Verallgemeinert bedeutet dies, die Subjektposition als sinnkonstitutives Element eines konkreten Textes aufzufassen, für dessen Verstehen ein bestimmtes Vorwissen notwendig ist[25], damit Anrufungen überhaupt stattfinden können. Die Subjektposition ergibt sich aus den Zuschreibungen direkter (Performanz, Sprechakte) und indirekter Art (Differenzen, Präsupostionen). Der Begriff des Modell-Lesers bezeichnet diese idealtypische Positionen der aus dem Text bzw. Diskurs sich ergebenden Zuweisungsstruktur, welche die Rezipienten als mögliche Subjekte im diskursiven Raum positioniert. Für das Schulbuch wäre dieser Modell-Leser auf die Modell-Schülerin hin zu spezifizieren.

3.5 Zusammenfassung

Im letzten Kapitel wurde bereits angedeutet, daß die Alternative zur Sicht auf Schulbücher als Einzelmedium mit eindeutigen Inhalten und Wirkungen in der Analyse der Struktur des Schulbuchwissens im Vergleich zu anderen Formen von Wissen liegen könnte. Um diese Perspektive zu begründen und theoretisch stark zu machen, wurden im dritten Kapitel drei Strategien gewählt.

Zum einen wurde mit einer medientheoretischen Argumentation aufgezeigt, daß sich das Schulbuch weder als einzelnes noch als Leitmedium konzeptualisieren oder untersuchen läßt. Es figuriert als ein spezifischer Träger soziokulturellen, institutionell vielfach gefilterten und dominanten Wissens in einer Kette von Medien, was seinen Status als intermedialer Wissensträger herausstreicht. Empirisch stützen läßt sich diese Aussage unter anderem durch die medialen Veränderungen, die Schulbücher die letzten Jahrzehnte angesichts veränderter Medienumwelten durchgemacht haben und – so wurde als eine These formuliert – durchmachen mußten, um weiter am medialen Markt gegenüber Konkurrenzmedien bestehen zu können. Grundsätzlich läßt dabei die schulbuchspezifische Wissensstruktur, nämlich träges, anachronistisch

---

[25] Mit Schmidt könnte man von einem „soziokulturellen Konstruktivismus" (1994: 47) sprechen, nach dem „menschliche Beobachter ‚immer schon' in einem kulturell und sozialstrukturell sehr nachhaltig ‚markierten space' (operieren)" (ebd.). Wesentlich für diesen kulturell markierten Raum sind die Medien und das medial distribuierte Wissen.

und kanonisch-dogmatisches Wissen zu vermitteln, das Schulbuch angesichts der Medienentwicklung gegenüber anderen Medien ins Hintertreffen geraten.

Im weiteren wurde mangels einer Medientheorie des Schulbuchs ein Medienbegriff formuliert, der es ermöglichen soll, den spezifischen medialen Rahmen von Schulbuchwissen zu berücksichtigen. Die Merkmale des so umrissenen Medienbegriffs sind fünffach als „bedeutungsvolle Materialität", „Massenmedien" im allgemeinen, „institutionelle Form von Wissen", „konstruktivistisch" und „intermedial" beschrieben worden.

Ein zweiter Strang der Argumentation widmete sich dem Versuch, unter Rückgriff auf den semiotischen Begriff der „Kodierung" die zielgruppen- und fachspezifische, didaktische Kodierung von Schulbuchwissen beschreibbar zu machen. Dabei wurden drei Ebenen didaktischer Kodierung von Schulbuchwissen herausgestellt: pragmatisch-handlungsanleitend (explizit performativ), Schüler als Modelladressaten und die semantisch-thematische Strukturierung von Schulbuchwissen in seiner Primärfunktion als Vermittlungswissen (zielgruppenspezifische Themen, thematische Abfolge usw.).

Eine solche Fokussierung auf Schulbuchwissen erwies sich im weiteren als anschlußfähig an anglo-amerikanische erziehungssoziologische Ansätze der 1970er/80er Jahre (Wexler, Bernstein), die mit Blick auf die Struktur von „Schulwissen" von „transformierender Selektion" in Sinne einer „Neukodierung" sozialen Wissens (Wexler) sprechen. Diese fruchtbare wissenssoziologische Perspektive auf die Spezifik von Schulbuchwissen wiederum erweitert den Blick auf Schulbuchwissen in der sozialen Dimension entscheidend. So rücken jenseits der Suche nach objektiven Sachverhalten oder Wirklichkeiten die Institutionen und Akteure in den Vordergrund, die entscheidend an der Konstruktion von Schulbuchwissen beteiligt sind, die es selegieren und filtern. Hiermit ist also auch die entscheidende Verschiebung in der Konzeptualisierung des Schulbuchs als Forschungsgegenstand angedeutet. Es geht um die Struktur des spezifisch, in Auseinandersetzungen und Konsensfindungsprozessen zwischen zahlreichen Akteuren ausgehandelten Wissens, das als Schulbuchwissen konstruiert wird. Es handelt sich also um ein hochgeregeltes, vielfach gefiltertes und approbiertes soziokulturelles Wissen. Sachhaltigkeit und Objektivität bilden demnach Effekte von Diskursen und dem ausgehandelten Wissen selbst. So wird deutlich, daß Schulbuchwissen das Resultat eines komplexen sozialen Aushandlungsprozesses ist, der metaphorisch als „Diskursarena" bezeichnet wurde. Wie jedes Medium stellt auch das Schulbuch ein „Konstruktorium" dar, in dem Wissen nach spezifischen Kriterien, Prüfverfahren und Regelungen selektiv repräsentiert ist.

In einem letzten Schritt wurde mit den Begriffen des „performativen Raums" bzw. der „Performativität", der „Anrufung" und des „Modell-Lesers" (analog: Modell-Schüler) ein Konzept umrissen, mit dessen Hilfe mögliche Identitätsbildungsprozesse im Zusammenhang mit Schulbuchwissen analytisch erfaßt und untersucht werden können. Die Anrufungsfigur – aus der

Theologie stammend und philosophisch-subjekttheoretisch durch Althusser erweitert – nimmt die doppelte Bewegung von Subjektkonstitution treffend auf: Die Subjetwerdung aufgrund der Unterwerfung bzw. der Integration in eine symbolische Ordnung. Schulbuchwissen stellt hierbei ein spezifisches Wissensmedium innerhalb dieser symbolisch-diskursiven Ordnung dar, und es kann im weiteren konkret untersucht werden, wie Subjekte auf der symbolisch-diskursiven Ebene des entsprechenden Schulbuchwissens positioniert und mögliche Identifikations- bzw. Subjektivierungsräume eröffnet werden, d. h. konkret: Welche Anrufungen/Positionierungen, Zuschreibungen usw. werden in ihnen realisiert und wie wird die soziale Situation des Unterrichts auf diese Art symbolisch vorstrukturiert (ohne determiniert zu werden). Die Figur des Modell-Lesers/Schüler ermöglicht es nun, diese Vorstrukturierungsleistung eines Textes begrifflich und operational zu erfassen. Dabei geht es um das notwendige Wissen und die Kompetenzen, welche die Leserin einer Sequenz oder der Betrachter eines Bildes einbringen muß, um zu verstehen. Verstehen heißt hierbei nicht richtig verstehen, sondern aufgrund eines bestimmten Vorwissens zu kontextualisieren. Somit gibt das Diskurselement (Bild, Text, Graphik) eine semantische Struktur vor (= Moment der Vorstrukturierung), die von jeder Rezipientin noch einmal aufgrund des eigenen Wissens spezifisch umgearbeitet wird, was aber zumeist innerhalb eines Spektrums möglicher Positionierungen bleibt. Auf diese Weise wirken Vorstrukturierung aufgrund eines spezifisch medialen und didaktisch kodierten Wissens im Schulbuch und die Kontingenz möglicher Rezeption und Lesarten zusammen.

Mit den medientheoretischen Reflexionen, den Konzepten der didaktischen Kodierung und der subjektkonstituierenden Funktion sind erste Eckpunkte einer genaueren Bestimmung des Begriffs „Schulbuchwissens markiert, ohne auf den Wissensbegriff direkt schon eingegangen zu sein. Dies soll im folgenden Kapitel unternommen werden.

4. Wissen als theoretische Leitkategorie

Das Ziel des folgenden Kapitels besteht darin, allgemeine Merkmale (z. B. Zeit) eines formalen Wissensbegriffs zu entwickeln, anhand deren Schulbuchwissen spezifiziert werden soll. Dabei wird zunächst der Frage nachgegangen, welchen Stellenwert der Wissensbegriff in den Erziehungswissenschaften einnimmt, um zu eruieren, an welche Diskurse bzw. Konzepte für die Entwicklung eines entsprechenden formalen Wissensbegriffs angeknüpft werden könnte (Kap. 4.1). Im zweiten Schritt wird das Konzept des soziokulturellen Wissens umrissen, in dem die wesentlichen Strukturelemente von Wissen aufgezeigt werden (Kap. 4.2). Diese sollen anschließend auf die bereits erörterten Struktureigenschaften von Schulbüchern und Schulbuchwissen (didaktische Kodierung, Medienbegriff usw.) angewendet werden, um die Spezifik des in ihm vorfindbaren Wissens herauszuarbeiten (Kap. 5).

4.1 Wissen als erziehungswissenschaftliche Kategorie

Die Ausführungen zum medialen Status des Schulbuchs (Kap. 3.2) haben gezeigt, daß in ihm ein bestimmtes dominantes, soziokulturelles Wissen auftaucht und selektiv Wirklichkeitsbeschreibungen konstruiert werden. In dieser Funktion wurde das Schulbuch als Konstruktorium und gesellschaftliches Beobachtungsmedium bezeichnet, dessen Wissenskonstruktionen sich durch eine spezifische, didaktische Kodierung auszeichnen (Kap. 3.3). Hierdurch wird Schulbuchwissen in einem ersten Schritt als Vermittlungswissen identifizierbar. Für eine genauere Bestimmung der Strukturelemente von Wissen und respektive Schulbuchwissen auch im intermedialen Vergleich ist es notwendig, einige konstitutive Merkmale von allgemeinem gesellschaftlichem Wissen – hier soziokulturelles Wissen genannt – herauszuarbeiten. Dabei bietet sich an, die Verwendung der Kategorie Wissen in den Erziehungswissenschaften zu untersuchen, um zu prüfen, inwieweit damit für eine Konkretisierung von Wissen respektive Schulbuchwissen geleistet werden könnte.

Ein Blick in neuere erziehungswissenschaftliche Einführungsliteratur oder Lexika zeigt, daß die Erwartungen dabei nicht allzu hoch gesteckt werden sollten. So fällt auf, daß der Wissensbegriff im Inhaltsverzeichnis bzw. Stichwortregister entweder gar nicht aufgeführt wird (Kron 1996, Krüger/Helsper 1998) oder nur als Verweis auftaucht (Lenzen 1997). Dies scheint um so verwunderlicher, als Begriffe wie „Wissensexplosion" (Steindorf 1985: 38, Taschwer 1996: 66), „Wissensgesellschaft"[1] (Bell 1979: 214 - 235, Stehr 1994, Willke 1997 12-13, 33, Becker 2001), „Wissensproduktion" (Weingart 1983) oder „Wissensordnung" (Spinner 1994) schon seit geraumer Zeit einen zentralen Stellenwert in der sozialwissenschaftlichen Diskussion besitzen, ohne daß sich jedoch ein allgemein anerkanntes Konzept durchgesetzt hätte. Nur vereinzelt hingegen finden sich Versuche in der Erziehungswissenschaft, Wissen als grundlegendes Konzept fruchtbar zu machen, worauf beispielsweise Steindorf (1985)[2] für die allgemeine Didaktik, Oelkers/Tenorth (1991) für eine Bestimmung pädagogischen Wissens oder Nolda (2001) für die Erwachsenenbildung zurückgreifen.

Wenn die sozialwissenschaftliche Diagnose zutrifft, daß die „postindustrielle Gesellschaft" im Kern eine „wissensbasierte Gesellschaft" (Willke 1997: 12) darstellt, deren „Strukturen und Prozesse der materiellen und symbolischen Reproduktion so von wissensabhängigen Operationen durchdrungen sind, daß Informationsverarbeitung, symbolische Analyse und Expertensysteme gegenüber anderen Faktoren der Reproduktion vorrangig werden" (Willke 1997: 12-13), dann sollten solch elementaren Transformationen in der Erziehungswissenschaft nicht ohne Resonanz geblieben sein[3]. Und in der Tat hat sie in spezifischer und selektiver Weise auf diese Entwicklung reagiert – als Disziplin, die primär handlungsanleitendes Wissen produziert. So wurde etwa der Status des Professionswissens, seine Wirksamkeit in der pädagogischen Praxis, ausführlich diskutiert, was sich beispielsweise in den Publikationstiteln zum Wissensbegriff niederschlägt (Nolda 1996, 2001, Steindorf 1985, Radtke 1996b, Kade 1997, Ziehe 1996, Dewe 1996, Kahlert 1998, Oelkers/Tenorth 1991, Henschel u. a. 1989, Kramis 1990).

Doch nicht nur in handlungstheoretischer Hinsicht wurde der Stellenwert pädagogischen Professionswissens thematisiert, sondern es wurde auch der Frage nachgegangen, in welcher Weise mit Rekurs auf den Wissensbegriff eine wissenschaftskritisch-reflexive Position innerhalb der Erziehungswissenschaften begründet werden könnte. Die Stoßrichtung läßt der programmatische Auftakt des einleitenden Textes zum 27. Beiheft der „Zeitschrift für Pädagogik" zum Themenschwerpunkt „Pädagogisches Wissen" erkennen:

---

[1] In einer der sogenannten ‚Ruckreden' des ehemaligen Bundespräsidenten Herzog mit dem Titel „Aufbruch in die Bildungspolitik" (5.11.97) wird Bildung zum „Megathema" erhoben. So ist unter anderem die Rede von der „Wissensgesellschaft" (nach Rutz 1997: 13), in der man sich zukünftig behaupten müsse. „Wissen", so wird behauptet, sei die „wichtigste Ressource in unserem rohstoffarmen Land" (ebd.).

[2] Steindorf betrachtet Wissen primär als „didaktische Kategorie" und rückt Kognitionsforschung und Wissensvermittlung in den Mittelpunkt seines Interesses, da es ihm im Kern um die „Überprüfung von Kenntnissen" (1985: 5) gehe.

[3] Zum kontroversen Gebrauch des Begriffs „Wissensgesellschaft" vgl. Maasen 1999: 59-65, Becker 2001.

„Wenn das Thema ‚pädagogisches Wissen' in das Zentrum einer gemeinsamen Reflexionsanstrengung rückt, dann ist eine veränderte Situation in Rechnung zu stellen. Frühere Diskussionen hätten sich linear auf das Verhältnis von Theorie und Praxis bezogen oder metatheoretische Unterschiede von Wissenschaftsansätzen in Rechnung gestellt, ohne große Sorgfalt auf die Analyse des *Wissens* zu verwenden, das für derartige Auseinandersetzungen zur Verfügung steht oder auch *nicht* zu Verfügung steht" (Oelkers/Tenorth 1991: 13).

Die veränderte Perspektive zeigt sich also darin, pädagogisches Wissen selbst zum Gegenstand der Beobachtung zu machen. Dem Perspektivenwechsel liegt eine Verschiebung hin zu einer Beobachtung zweiter Ordnung zugrunde, durch welche die Akteure und das von ihnen in pädagogischer Praxis eingebrachte professionelle Wissen selbst zum Beobachtungsobjekt gemacht und in der Pluralität der vorfindbaren Wissensformen unter die Lupe genommen werden sollen:

„*Pädagogisches Wissen*, das war die Beobachtung und das ist die These (...), wird in dieser Situation zunehmend als Referenzpunkt verstanden, in dem sich die mannigfachen Themen und Probleme pädagogischer Arbeit und erziehungswissenschaftlicher Forschung begegnen und bündeln können, ohne ihre historisch gewachsene Eigenart erneut einer rigiden Einheitsformel opfern zu müssen. Vom pädagogischen Wissen aus lassen sich ältere Debatten über wissenschaftstheoretische Fragen systematisch neu dimensionieren und die kontinuierlichen Reflexionen über das Verhältnis von ‚Theorie' und ‚Praxis' empirisch wieder beleben. Und in der Aufmerksamkeit für Wissen kann die Pädagogik auch die Theorien und Ergebnisse ihrer Nachbardisziplinen bewußter und mit mehr Gewinn rezipieren" (ebd.: 14).

Das grundsätzliche Problem, mit dem sich die Autoren konfrontiert sehen, besteht in der Definition von Wissen. Eine zentrale Frage lautet daher: Von welchem Wissen wird bei der Bezeichnung „pädagogisches Wissen" ausgegangen und nach welchen Kriterien kann es begrifflich von nichtpädagogischem Wissen abgegrenzt werden?

Die Definition pädagogischen Wissens, an der sich die Autoren am Ende ihres Beitrags versuchen, spiegelt die Ambivalenz von Homogenität und Heterogenität wider, die sich nicht nur aus der Theorie-Praxis-Divergenz ergibt, sondern ein theoretisches Problem darstellt. Es wird u. a. von einem „nach Themen und Fokus von anderem Wissen" unterscheidbaren pädagogischen Wissen ausgegangen, um die Grenzziehungen und Differenzen, die in den Diskursen gegenüber anderen Wissensformen verwendet werden, untersuchen zu können. Auf der anderen Seite wird die Heterogenität des „gesamten Feldes" hervorgehoben, das „nie einheitlich strukturiert ist und entsprechend nur plural beschrieben werden" könne: „Die Ränder des Feldes sind vage, weil sich die Grenzen nur locker fügen lassen" (ebd.: 29).

Die logische Konsequenz aus der beobachteten Heterogenität ist, nicht ein einheitliches pädagogisches Wissen schlichtweg vorauszusetzen, sondern die sozialen Orte und die Praxisformen zu untersuchen, in denen es auftaucht und zur Anwendung kommt. Dabei entgehen die Autoren jedoch nicht dem

Paradox, *etwas* als einheitlich bzw. identisch anzunehmen oder vorauszusetzen zu müssen, bevor es in seinen heterogenen Erscheinungsformen erfaßt wird. Sie entwickeln an der Problematik eines üblicherweise als homogen unterstellten pädagogischen Wissens, das sich in der Praxis in seiner ganzen Heterogenität zeigt, einen Wissensbegriff, der sowohl Merkmale einer allgemeinen Wissensdefinition trägt als auch die heterogenen Formen pädagogischen Wissens insgesamt erfassen soll. In dem Versuch, das Homogenitäts-/Heterogenitäts-Paradox – Identität bei unterstellter nicht-Identität pädagogischen Wissens – zu entparadoxieren, sind sie gezwungen, dennoch eine thematische Einheitlichkeit pädagogischen Wissens als Postulat zu unterstellen: Pädagogisches Wissen habe stets mit „*Bildung* und *Erziehung*" (1991: 26) zu tun. In welcher Weise sich dies nun auf die Definition des Wissensbegriffs bei Oelkers/Tenorth im weiteren auswirkt, soll weiter unten thematisiert werden[4]. Es reicht hier zunächst aus, auf die Paradoxie aufmerksam gemacht zu haben, der man sich auf der Suche nach der Identität bzw. Homogenität von Wissen aussetzt, um für die entsprechenden Strategien der Entparadoxierung einen Blick zu gewinnen.

In der als Einführung gedachten Monographie „Erziehungswissenschaften – Ein Grundkurs" (Lenzen 1995) wird auf die „Expansion erziehungswissenschaftlichen Wissens" (ebd.: 589) im Rahmen der Professionalisierungsdebatte hingewiesen und die Frage aufgeworfen, mit welchem Wissen Pädagoginnen heute noch ‚in die Praxis' gehen könnten (ebd.). Bezüglich der gesellschaftlichen Verallgemeinerung erziehungswissenschaftlichen Wissens wird die „Entgrenzung des Pädagogischen" (Lüders/Kade/Hornstein 1998: 207 ff.) als ein Phänomen konstatiert, in dem das „Eindringen pädagogischen Wissens" (ebd. 209) in andere soziale Bereiche, und hier vor allem in die ‚Lebenswelt', beobachtet wird. Hingewiesen wird dabei auf die zunehmend erzieherische Wirkung der Massenmedien als „geheimen Miterziehern" (ebd.: 208). Dabei gelte es, die „Auswirkungen der Entgrenzung des Pädagogischen auf pädagogische Institutionen und das pädagogische Handeln" (ebd.: 209-213) im allgemeinen zu untersuchen[5].

Demgegenüber können aus diskursanalytischer Sicht einige Bedenken geltend gemacht werden. Angesichts der Pädagogisierungsprozesse wird davon ausgegangen, daß aus einer wissenschaftlich relativ homogenen Disziplin das entsprechend akkumulierte Spezialwissen quasi ‚nach außen' in andere gesellschaftliche Bereiche eindringt. Die Annahme einer solchen Expansions- bzw. Diffusionsbewegung macht nur dann Sinn, wenn man von in sich relativ homogenen und eindeutig identifizierbaren, funktional-systemisch getrennten sozialen Bereichen ausgeht und dann ‚Ein- und Rückflußbewe-

---

[4] Den Autoren selbst scheint diese Paradoxie zu entgehen, da sie an keiner Stelle mehr darauf eingehen oder sie als Paradoxie kennzeichnen.
[5] Zur Untersuchung der Transformation sozialer Machtverhältnisse in diesem Kontext vgl. Höhne 2002a.

gungen' einer Wissensform von einem Bereich in einen anderen beobachten kann. Die unterstellte Homogenitätsannahme stellt aber, wie oben schon angesprochen, empirisch ein Problem dar. In welcher Weise kann bei einem Erziehungsratgeber zwischen pädagogischem, soziologischem, psychologischem Spezialwissen klar unterschieden werden? Welche Kriterien zeichnet ‚das Pädagogische' gegenüber ‚dem Psychologischen' und ‚dem Gesellschaftlichen' aus?

Historisch lassen sich Prozesse der Ausdifferenzierung professionellen Spezialwissens mit der organisatorisch-institutionellen Etablierung eines Wissens, etwa als akademische Disziplin mit der Einrichtung von Lehrstühlen und Universitätsabschlüssen, aufzeigen (Stichweh 1994). Dennoch ist dabei die institutionelle Ausdifferenzierung von Spezialwissen als Prozeß der Steuerung, die neuzeitlich eng mit staatlicher Legitimierung, und damit schon mit einem anderen ‚Wissenstyp' und entsprechenden Machtvorgaben verbunden war, nicht zu verwechseln mit der Entwicklung des entsprechenden innerdisziplinären akademischen Diskurses. Abgrenzungen, Normsetzungen sowie Lehr-, Lern- und Professionswissen waren stets das Ergebnis von Auseinandersetzungen um disziplinspezifisches ‚Identitätswissen' und ‚Normalwissenschaft' und diese lassen sich schlechterdings nur in der Formel von Einheit und Homogenität erfassen, die zur Selbstbeschreibung der jeweiligen Disziplin gehört.

Diskursanalytisch ließe sich im Unterschied dazu nach der „Verstreuung" (Foucault 1995: 89) von Aussagen, dem „Bündel von Beziehungen" (ebd.: 70) und der „Gesamtheit determinierender Beziehungen" (ebd.: 66) einer bestimmten Form des Wissens, der „diskursiven Formation" (ebd.: 67) und der sich daraus ergebenden Praxisformen fragen. Dabei werden Vereinheitlichungstendenzen wissenschaftlichen Spezialwissens eher als diskursive Effekte eingestuft, die historisch anderen Mechanismen als funktionaler Ausdifferenzierung unterliegen können. Dies heißt nicht, daß es keine funktionale Ausdifferenzierung nach System/Subsystem gegeben hätte, sondern stellt Momente von Macht, Hegemonie und Kontrolle heraus, die zur Ausprägung eines bestimmten Wissens, eben auch in Form selbstdeklarierter Einheit einer Wissenschaft, geführt haben.

4.1.1 Wissen als Subdiskurs in den Erziehungswissenschaften

Der Wissensbegriffs spielt implizit oder explizit in fünf Diskursen innerhalb der Erziehungswissenschaften eine Rolle. Es handelt sich dabei um 1) die Curriculumsdiskussion der siebziger Jahre und spezifisch um die Frage der Wissenschaftsorientierung, 2) die Rezeption postmoderner Theorien, welche die Einheitlichkeit und Universalität von Wissensformen in Frage stellen, 3) Bildungsdiskurse, in denen subjektbezogen und normativ stets ein als tradierbar und vermittelbar erachtetes Wissen festgeschrieben wurde, 4) kognitivistische und konstruktivistische Ansätze in Lerntheorien, die auf jeweils spezifische Konzepte von Wissen zurückgreifen, 5) die Professionalisierungsdebatte, die in Teilen an die Diskussion um die Verwendung sozialwissenschaftlichen Wissens (Beck/Bonß 1989) anknüpft. Welchen Status der Wissensbegriff in den einzelnen Diskursen einnimmt, soll im Folgenden beleuchtet werden[6]. Dies geschieht mit der Absicht, einen passenden Wissensbegriff oder zumindest mögliche Anknüpfungspunkte für einen noch zu entwickelnden Wissensbegriff zu identifizieren, mit dessen Hilfe eine präzisere Bestimmung von Wissen in Schulbüchern möglich ist.

Wissen als didaktische Kategorie

Wissen spielte als wissenschaftliches Wissen im Zuge der Wissenschaftsorientierung bei Lehr- und Lernprozessen eine wesentliche Rolle in der Erziehungswissenschaft (Stichwort ‚Curriculum'[7]), was seinen spezifisch-programmatischen Ausdruck in den Vorstellungen des Deutschen Bildungsrats im „Strukturplan für das Bildungswesen" von 1972 fand:

„Die Bedingungen des Lebens in der modernen Gesellschaft erfordern, daß die Lehr- und Lernprozesse wissenschaftsorientiert sind. Das bedeutet nicht, daß der Unterricht auf wissenschaftliche Tätigkeit oder auf Forschung abzielen sollte (...) Wissenschaftsorientierung der Bildung bedeutet, das die Bildungsgegenstände, gleich ob sie dem Bereich der Natur, der Technik, der Sprache, der Politik, der Religion, der Kunst oder Wirtschaft angehören, in ihrer Bedingtheit und Bestimmtheit durch die Wissenschaft erkannt und entsprechend vermittelt werden" (Deutscher Bildungsrat 1972: 33).

Transponiert in institutionell-organisierte Lehr- und Lernprozesse verlangte wissenschaftliches Wissen eine „Transformation (...) in das Alltagswissen" (Gagel 1997: 116), was einen didaktisch-inhaltlichen ‚Umbau' von einer „Wissensform" (ebd.) in die andere erfordert. Wissen bzw. wissenschaftliches Wissen wird durch Didaktik/Fachdidaktik für institutionelle Lehr- und Lernprozesse verfügbar gemacht – für den Bereich Schule handelt es sich um

---

[6] Die einzelnen Diskurse werden nur soweit referiert, wie sie für die Entwicklung eines allgemeineren Wissensbegriffs relevant sind

[7] Auf die spezifischen Hintergründe der Curriculumsdiskussion kann hierbei nicht eingegangen werden, doch soll zumindest nicht unerwähnt bleiben, daß der „behauptete Modernitätsrückstand der Schule und ihrer Inhalte gegenüber Wissenschaft und Technik" (Terhart 1995: 144) einen Impuls für die Diskussion darstellte, bei dem von einer „zunehmenden Verwissenschaftlichung aller Lebensbereiche" (Langewand 1995: 81) ausgegangen wurde. Daran wird besonders sichtbar, welcher Rang den in Schule und Schulbüchern vermittelten Inhalten in der Gesellschaft politisch, ökonomisch und sozial eingeräumt wird und daß die Art der gesellschaftlichen Wertzumessung zunächst einmal nur auf der Annahme von der *Vermittlungsmöglichkeit* beruht, von der unabhängig von der ‚tatsächlichen Vermittlung' ausgegangen wird. Einen weiteren disziplinspezifischen Grund für die geforderte Wissenschaftlichkeit gibt Huisken neben der konstatierten ‚Wissensexplosion' mit der Kritik an der geisteswissenschaftlichen Pädagogik an (1973: 107).

Unterricht, für den nach Terhart vier wesentliche Merkmale gelten. Er vollzieht sich 1) „mit pädagogischer Absicht", 2) in „planmäßiger Weise" und 3) „innerhalb eines bestimmten institutionellen Rahmens", innerhalb dessen 4) „in Form von Berufstätigkeit eine Erweiterung des Wissens- und Fähigkeitsstandes einer Personengruppe angestrebt wird" (1995: 134). Die dabei entstehende Frage lautet nun, wie sich das Verhältnis zwischen Bezugswissenschaft, Fachdidaktik und Allgemeiner Didaktik (Plöger 1999) gestaltet und in welcher Form die Transformationen wissenschaftlichen Wissens in Schulwissen bzw. Schulbuchwissen genauer bestimmbar sind, was exemplarisch am Verhältnis von Politologie und politischer Bildung aufgezeigt werden kann.

Wittkämper etwa hat vier Funktionen der Politikwissenschaft[8] aufgezeigt, die sie als Bezugswissenschaft für den entsprechenden Praxisbereich der politischen Bildung besitze. Gleichzeitig sind damit allgemein die Ordnungsfunktionen der Bezugswissenschaften für das didaktisch lehr- und lernbar gemachte wissenschaftliche Wissen beschrieben: Die Selektionsfunktion diene der Auswahl des als relevant erachteten Wissens aus dem breiten Feld politikwissenschaftlicher Theorien. Die politikwissenschaftliche Ordnungsfunktion beziehe sich auf die Strukturierung des zur Verfügung gestellten Wissen. Was die politikwissenschaftliche ‚Erklärungsfunktion' betrifft, so gelte es, „gesicherte Einsichten (...) zu formulieren, auf denen politische Bildung aufbauen kann" (nach Gagel 1997: 119). Schließlich beruhe die operative Funktion von Politikwissenschaft für die politische Bildung auf den Vorschlägen, die für die „Anwendung von Wissen über Politik" (ebd.) gemacht werden.

Gagel kritisiert daran seinerseits, daß dieses „Briefträgermodell", nach dem Bezugswissenschaft „Botschaften an die politische Bildung (sendet), welche die Didaktik überbringt" (ebd.), den normativen Anteil unterschlage, der mit der Wissenstransformation (Vulgarisierung oder Verwissenschaftlichung) normalerweise verbunden sei. Dieser normative Anteil stellt ein zentrales Selektionskriterium dar, durch das ein spezifisches Wissen in Schule und Unterricht gelangt – nämlich das, was Schülerinnen lernen *sollen*, was als wert und wichtig erachtet wurde, gelehrt zu werden. Es geht also darum, Didaktik nicht lediglich auf ihre ‚Zulieferfunktion' hin zu reduzieren, bei der ein Modell unterstellt wird, in dem ‚gesichertes Wissen' lediglich nur noch didaktisch aufbereitet wird. Vielmehr wäre die aktiv selegierende und konstruktive Funktion von Didaktik/Fachdidaktik zu unterstreichen, in der Wissen auf die konkrete Schul- und Unterrichtssituation (intentional, planmäßig, institutionell, lernbezogen) hin noch einmal spezifisch strukturiert und in dem Sinne selegiert und transformiert wird.

---

8   Da die Migrantendarstellung in Sozialkundebüchern exemplarisch zur Verdeutlichung der Spezifik von Schulbuchwissen herangezogen wird, wird hier auf die Politikwissenschaft als Bezugswissenschaft rekurriert.

Sichtbar wird an diesem Funktionsmodell von Bezugswissenschaft und Didaktik dennoch, in welcher Weise bei der Strukturierung von Wissen für Schulbücher auf Wissenschaft zurückgegriffen wird. Die Filterfunktion, so wird deutlich, findet auf verschiedenen Ebenen in unterschiedlichen Selektionsprozessen statt, deren Ergebnis dann beispielsweise verdichtet im Schulbuch als Diskurswissen erscheint: Selektions-, Legitimations- und Anwendungsfunktion spielen eine zentrale Rolle dabei.

Der Wissensbegriff in Postmoderne-Theorien

Wissen wird auch durch die Rezeption postmoderner Theorien in der Erziehungswissenschaft zum Thema, wo es um die „Anerkennung (...) eines grundsätzlichen Pluralismus von Denk- und Lebensformen, Wissenskonzepten, Vorgangsweisen, Beurteilungskriterien usw." (Hug 1997: 441) geht. Dieses an Lyotard (1993) anknüpfende Konzept disparater Wissens- und Diskursformen (wissenschaftliches und narratives Wissen, Heterogenität der Sprachspiele) stellt ein Konzept dar, bei dem keine Letztbegründung und keine Metaebene mehr auszumachen ist, auf die sich eine Diskursgemeinschaft letztendlich bei der Bestimmung von Wahrheit und Objektivität beziehen könnte.

Aber selbst jede Form einer für alle verbindlichen Bezugnahme auf Realität oder Objektivität wird von einigen als postmodern apostrophierten Autoren grundsätzlich in Frage gestellt. Die Realität habe sich, gemäß einem Theorem Baudrillards, medial zur „Hyperrealität" gesteigert, bei der es nur noch um den „totalen Simulationszusammenhang der Zeichen" (Lenzen 1987: 52) ginge. Hierbei zeichne sich, so Lenzen, „Erziehungswirklichkeit" in der Moderne durch ihre Hyperrealität aus, die theoretisch nur noch „Simulakra, Trugbilder, Phantasmagorien" (ebd.) hervorbringe. Geht in der ‚Postmoderne'[9] also jeder Maßstab für Vergleich, gegenseitige Bezugnahme und Referenz zugunsten radikal heterogener Diskurs- und Wissensformen unwiederbringlich verloren?

Mit Recht vermutet Hug, daß ein solches Denken sich selber aufhebe (Hug 1997: 450), weil es unterschiedslos alles auf die Referenz desselben Zeichens zusammenschnurren lasse. Dem ist die Praxisgebundenheit von sozialem Wissen entgegenzuhalten, bei welchem sowohl die unterschiedlichen Zeichenebenen (vgl. zum Begriff Medialität Kap. 3.2) als auch die „nicht-diskursiven Praktiken" (Foucault 1995: 69, 99, 290) spezifischer diskursiver Realitätskonstruktionen mitgedacht werden. So müßte man

---

[9] ‚Postmoderne' bezeichnet hierbei eine philosophische Position, die eine kritische Reflexion ‚der Moderne' darstellt – mit ihren Implikationen ‚Wahrheit', ‚Objektivität', ‚rationales Subjekt', ‚Sprachtransparenz', ‚Realität' usw. beinhaltet. Beide Begriffe sind das Ergebnis diskursiver Konstruktionen, Ein- und Abgrenzungen. Zu den Schwierigkeiten einer epochenspezifischen Verwendung beider Termini vgl. Welsch (1997: 9-45, 66-86).

„(...) untersuchen, wie der offiziell angebotene Bildungsstoff assimiliert wird, welche Mechanismen und Motive beim Lernen in schulischen Institutionen wirksam werden; herausfinden, wie sich die praktisch wirksamen Einstellungen und Wahrnehmungen bilden, welchen Informationen man zu trauen pflegt, auf welchen Kanälen die im Alltag ausgeübten Lebensmaximen vermittelt werden; antizyklisch gegen das so gelernte angehen und es als schnell verderbliche Massenware, als vorübergehenden Trend, als nur begrenzt aussagekräftige Teilwahrheit enthüllen" (Kupfer 1990: 17 ff).

Das didaktisch gebrochene, in Schule, Unterricht und in den Schulbüchern umgesetzte soziale Wissen kann somit selbst zum Gegenstand wissenschaftlicher Forschung gemacht werden, um etwa danach zu fragen, was die Einheitlichkeit des Schulbuchwissens ausmacht, wie sie konstruiert wird und in welcher Weise Didaktik daran mitwirkt. Dies impliziert Fragen nach der subjektkonstituierenden und sozialisatorischen Funktion (vgl. Kap. 3.4) wie auch nach den Ein- und Ausschlußmechanismen des Wissens und den damit verbundenen Machteffekten. Die Rede vom „Bildungsstoff" führt zum dritten Punkt, bei dem ein weiterer Subdiskurs um Wissen angedeutet ist.

Wissen und Bildung

Wissen stellt als normatives Bildungswissen stets einen Teil des Bildungsdiskurses dar. Langewand hebt die „normativen Zumutungen" (1995: 74) hervor, die in der Regel mit Bildung verbunden gewesen seien, was seinen Ausdruck im schulischen Bereich konkret in der Vermittlung von Wissen fand, das „für die Nachwachsenden als wertvoll" (Lenzen 1995: 142) erachtet wurde. Insofern wird ‚Wissen' unter bildungstheoretischen Vorzeichen als normierter, anerkannter und institutionell lehr- und lernbar gemachter „Bildungsstoff" definiert, mit dem soziale Ein- und Ausschlußeffekte in Form von Thematisierungen/Dethematisierungen verknüpft sind (Bollenbeck 1996: 246). Diese „soziale Dimension" von Bildung, die „Zustimmung braucht" (Langewand 1995: 74), verknüpft eo ipso institutionell gelehrtes Wissen mit Faktoren wie Macht und Konsens. Damit verbunden ist die dem Bildungswissen immanente Doppelstruktur, die einmal in dem als lehr- und lernbar gemachten Wissen begründet liegt (Kanon, Schatz, Gut) und sich zum anderen aus der normativen Vorstellung von Bildbarkeit, Bildungsfähigkeit und Perfektibilität des Subjekts herleitet, die von den kulturellen Vorstellungen eines idealtypischen Bildungsverlaufs abhängt, die schließlich zum Subjektsstatus führt (Strzelewicz 1979). Diese beiden originär dem neuzeitlichen Bildungsdiskurs inhärenten Momente stellen zwei wesentliche Elemente moderner Didaktik und mithin der didaktischen Strukturierung von Wissen in Schulbüchern dar. Pädagogik definierte diesen Entwicklungsprozeß stets von seinem Ziel her. So etwa Klafki, der als Zweck „pädagogischer Verantwortung" „Mündigkeit und Eigenverantwortung" sieht (Klafki 1975: 101). Im Kern geht es um die beiden Strukturelemente von „Kanonisierung" eines Lehr- und Lernwissens sowie die Konstruktion des idealtypischen Modellschülers, auf den hin das

Wissen strukturiert wird[10]. So lassen die didaktischen Konstruktionen in Schulbüchern anhand der erfolgten thematischen Selektionen Rückschlüsse auf bestimmte Modelle und Vorstellungen wie die des Lernsubjekts[11] bzw. „Modelladressaten" (Plöger 1999: 199) auf Produzentenseite zu.

Seit den 70er Jahren wurde in der Erziehungswissenschaft ein Bildungsdiskurs geführt, in dem ein emphatisch-emanzipatorischer Bildungsbegriff propagiert wurde. Bildung wird der Erziehung, wie etwa bei Heydorn, begrifflich entgegengestellt und bildet eine „Antithese zum Erziehungsprozeß" (Heydorn 1970: 10), in der „sich der Mensch als sein eigener Urheber" (ebd.) begreife. In diesem Sinne bildet sich das Subjekt buchstäblich selbst, und emanzipiert sich so in einer antithetischen Bewegung zu Heteronomie und Unterwerfung, in der Heydorn den Kern von Erziehung ansieht.

Auf der anderen Seite ist auch festzustellen, daß mit dem Eintritt postmoderner und systemtheoretischer Verunsicherungen in der Erziehungswissenschaft die normativen Bezugspunkte (Bildungskonzepte, Ideologiekritik, ,Subjektivität') ins Wanken geraten sind und nur noch als Teil einer ,alteuropäischen Semantik' gewertet werden. Die Fraglosigkeit, mit der in emanzipatorisch-normativer Absicht über Bildung und Subjektivität in den 70er Jahren gesprochen wurde, wird aktuell unter den Vorzeichen von Wissen angesichts sozialer und ökonomischer Veränderungen diskutiert[12].

Mit der Aufgabe der „normativen Folie" (Krüger 1999: 172) und dem Reflexivwerden der Erziehungswissenschaften ändert sich die Semantik und die, metaphorisch formuliert, ,Fließrichtung' des Wissens. Weniger von Bildung als mehr von Wissen wird gesprochen, wodurch der thematische Fokus pädagogischen Wissens sich auf andere Fragestellungen wie etwa, inwieweit „erziehungswissenschaftliches Wissen in den Alltag absackt und die Individuen beginnen, sich nunmehr selbst in pädagogischen Begrifflichkeiten zu thematisieren" (Krüger ebd.: 176), verschiebt[13]. Und angesichts der „beobachtbaren Dissemination des pädagogischen Wissens" müsse

---

[10] Entscheidend ist die Gleichzeitigkeit der Konstruktion von Wissen und Modelladressat (Modellschüler), d. h. daß nicht das eine vor dem anderen existieren muß. In der spezifischen Strukturierung des Wissens formt sich sozusagen die Modellschülerin wie umgekehrt die normativen Vorstellungen – etwa die des idealtypischen Entwicklungsverlaufs – im Kopf von Didaktikern und Schulbuchautorinnen das Wissen strukturieren.

[11] Neben diesen beiden Elementen lassen sich für die „Matrix dieses Diskurses" (Assmann 1993: 72) um Bildung weitere ausmachen wie die Differenzen „zentral versus peripher (...) einheitlich versus zersplittert (...) verbindlich versus beliebig (...) energetisch versus statisch" (ebd.: 72-76).

[12] Ein Indiz für die veränderte Diskussionslage liefert der ,Theoriestop' in der Allgemeinen Didaktik seit etwa zwei Jahrzehnten (Terhart 1999: 629). Dies bestätigt eine neue Publikation (Plöger 1999) zu dem Verhältnis von Allgemeiner Didaktik und Fachdidaktik, die an den Diskussions- und Literaturstand der 70er/80er Jahre anschließt – das jüngste Buch, auf das der Autor sich bezieht, stammt aus dem Jahre 1988.

[13] Die andere Theorierichtung, in der Wissen thematisiert wurde, stellt die schon erwähnte Kognitionswissenschaft dar.

„(...) sich die Erziehungswissenschaft der Differenz ihrer Handlungskontexte und Wissenssysteme bewußt werden und sich auf die empirische und historische Erforschung stattgehabter Erziehung und den ihr korrespondierenden Wissenselementen sowie auf Fragen der bildungstheoretischen Reflexion beschränken und sich von dem im Verlaufe der pädagogischen Theoriegeschichte ständig aufs neue formulierten Anspruch, direkt umsetzbare Orientierungshilfen für die pädagogische Praxis liefern zu können, verabschieden" (ebd. 177).

Eine reflexiv gewordene kritische Erziehungswissenschaft berücksichtigte daher die interdisziplinären Vernetzungen wissenschaftlichen Wissens wie auch die Prozesse von Verwissenschaftlichung von Alltagswissen und die Veralltäglichung wissenschaftlichen Wissens (Drerup/Keiner 1999).

Wissen als kognitivistischer und konstruktivistischer Schlüsselbegriff

Wissen stellt einen „konstruktivistischen Schlüsselbegriff" (Siebert 1999: 111) wie auch ein zentrales kognitionstheoretisches Konzept dar (Strube 1996: 799-815). Letzteres wird innerhalb der Erziehungswissenschaften vor allem im Rahmen der „kognitiven Lernpsychologie" (Terhart 1995: 147) rezipiert, die wesentlich auf Lernmechanismen, Erfolgskontrolle und Effektivierung von Lernleistungen abzielt.

Wissen wird in Kognitionstheorien wesentlich als Input-Output-Größe begriffen (Seel 2000: 50-51), dessen Generierung, Strukturierung und Transformation auf spezifische Verarbeitungsmechanismen zurückgeführt wird. Ein Beispiel dafür stellen die Konzepte „Schema" (Dörner 1982: 136 ff, 143 f.) und „mentale Modelle" (Seel 2000: 49-55) dar, die kognitive Strukturen und Verarbeitungsprozesse der Subjekte repräsentieren. Dabei geht es um die Untersuchung symbolischer En- und Dekodierungsmechanismen, die als aktive Konstruktionsleistung auf Seiten der Subjekte verstanden werden (ebd.: 54).

Die Figur des aktiv konstruierenden Subjekts findet sich auch im Konstruktivismus, doch unterscheiden sich kognitionstheoretische und konstruktivistische Ansätze in ihren metatheoretischen Annahmen in doppelter Weise. Im Kognitivismus wird den Konstruktionen der Status quasi-objektiven Wissens zugeschrieben, das mit Blick auf das Subjekt am Modell des „rationalen, kognitiven Entscheiders" (Terhart 1989: 100) orientiert ist. Dieser gelangt aufgrund bestimmter Daten oder Information zu besseren/schlechteren oder adäquaten/inadäquaten Entscheidungen, d. h. Lösungen von Problemen, die Objektivitätsannahmen zur Voraussetzung haben (z. B. Dörner 1982, Anderson 1989: 187-214). Damit greifen Vorstellungen von Subjekten als informationsverarbeitenden Einheiten bzw. „Maschinen" und einem objektivistischen

Wissenskonzept (Wissen = Information[14]) ineinander, bei dem Lernen an Vorstellungen von Leistung und Optimierung gebunden ist. Diese Perspektive auf Lernsubjekte wurde als „über-rationalistisch" kritisiert (Terhart 1989: 100).

Demgegenüber weisen etwa radikalkonstruktivistische Ansätze die Annahme einer externen, außerhalb des Beobachters liegenden und direkt zugänglichen, objektiven Realität zurück (u. a. Schmidt 1996). Die radikalkonstruktivistische Annahme eines aktiv konstruierenden Subjekts hat daher bei genauem Blick nur eine oberflächliche Gemeinsamkeit mit dem Kognitivismus, da kein Wissen über die Welt in Form von (objektiven) Rohdaten angenommen wird, sondern vielmehr das „Prinzip der undifferenzierten Codierung" (Schmidt 1996: 14) zugrundegelegt wird. Im Unterschied zur Vorstellung von Lernen als Verarbeitung von Information/Wissen seien Subjekte als „nicht-triviale Maschinen" (von Foerster 1997: 62-67) nicht außendeterminiert und daher instruktionslogisch kaum steuerbar. Wissen kann daher auch nicht in Form statischer Metaphern wie „Bestand" oder „Haushalt" ausgedrückt werden, die einer objektivistischen Vorstellung von Wissen Vorschub leisten. Vielmehr wird auf ein pragmatisches Konzept von Wissen abgestellt, das in unterschiedlichen Umwelten spezifisch zur Geltung kommt.

Terhart geht in dem Aufsatz „Konstruktivismus und Unterricht" der Frage nach, ob mit dem Konstruktivismus ein neuer Ansatz in der Allgemeinen Didaktik vorläge und leitet zunächst mit der allgemeinen Bemerkung ein:

„Um die Allgemeine Didaktik ist es ruhig geworden (...) Die Theorielage ist seit Jahrzehnten im wesentlichen stabil (...) Von einer Theorie-Diskussion kann in der Allgemeinen Didaktik im Grund schon seit zwei Jahrzehnten nicht mehr die Rede sein" (1999: 629).

Der sich innovativ verstehende Ansatz der konstruktivistischen Didaktik leitet sich aus verschiedenen Theorierichtungen her: Erkenntnistheorie, Systemtheorie, mikrosoziologische Theorien, Gehirnphysiologie und Kognitionswissenschaften (ebd.: 630). Da der Wissensbegriff innerhalb der konstruktivistischen Didaktik eine zentrale Rolle spielt (ebd.: 635), soll hier intensiver auf ihn eingegangen werden.

Der Wissensbegriff wird in den unterschiedlichen „Spielarten des Konstruktivismus" (Knorr-Cetina 1989: 86) verschieden konzipiert. Mit der Differenzierung der ‚Konstruktivismen' lassen sich mit Knorr-Cetina zunächst drei Arten von Konstruktivismus unterscheiden: Der ‚Sozialkonstruktivismus' von Berger/Luckmann, der ‚kognitionstheoretische' oder erkenntnistheoretische Konstruktivismus (‚Radikaler Konstruktivismus'), der mit den Namen Maturana, Varela, von Glasersfeld oder von Foerster verbunden wird und schließlich wird das „empirische Programm des Konstruktivismus" als „dritte

---

[14] In einigen Ansätzen werden Wissen und Information unterschieden und noch teilweise gegenüber Daten abgegrenzt, von denen sich Information als „erster Kontext von Relevanzen" und Wissen als zweiter Relevanzkontext unterscheiden (z. B. Willke 1998: 7-12).

konstruktivistische Variante" (Knorr-Cetina 1989: 91) angeführt, bei der „die jeweils involvierten Konstruktionsprozesse, die eigentliche Konstruktionsmaschinerie, zum Gegenstand der Analyse" (ebd.: 91) gemacht werden.
Ein weiteres Unterscheidungskriterium für die verschiedenen Konstruktivismen stellen die Merkmale „sozial" und „individuell" dar. Die Sozialisationsforschung seit den 70er Jahren war aufgrund der „kompetenztheoretischen Wende" (ebd.) wesentlich auf die moralische und kognitive Entwicklung des Subjekts gerichtet[15]. Gleichermaßen am Subjekt, besser: an den individuellen Konstruktionsprozessen und den sich daraus ergebenden Modalitäten der Realitätskonstruktion ist der sogenannte radikale Konstruktivismus orientiert (vgl. Schmidt 1996). Grundmann kritisiert an den „kompetenztheoretischen Zugängen" die Vernachlässigung der „Prozesse der sozialen Konstruktion von Handlungswissen, die für die Ontogenese konstitutiv" seien (Grundmann 1999: 10) und beschreibt im Gegenzug die soziale Variante der Konstruktivismen, in denen das Moment der sozialen Konstruiertheit des Wissens im Unterschied zu primär im Individuum ablaufenden Konstruktionsprozessen hervorgehoben wird. Dazu wären beispielsweise der Sozialkonstruktivismus Berger/Luckmann`s (1969/1994) und die lebensweltlich-phänomenologische Variante von Schütz/Luckmann (1975) zu zählen. Knorr-Cetina ordnet ihrerseits die Analysen sozialer Praxis in den Ansätzen Bourdieus und Foucaults gleichermaßen konstruktivistisch ein (1989: 91).

Die konstruktivistischen Theorievarianten sind mehr oder minder stark in den Erziehungswissenschaften rezipiert worden, wodurch sich eine spezielle und intensive Diskussion über den Status von Wissens entwickelt hat, die philosophische, soziologische und psychologische Bezugspunkte aufweist (z. B. Krüssel 1993, Arnold/Siebert 1995, Heyting 1997, Kahlert 1998, Siebert 1999, Kelle 1997). Aufgrund der Annahme, daß es keine objektive und direkt erfahrbare Realität außerhalb des Beobachters gebe, werden korrespondenztheoretische Annahmen über die Wahrheit von Aussagen zurückgewiesen, die eine Übereinstimmung von Wirklichkeit und Aussagen bzw. Sprache unterstellen: „Die Sprache (...) eröffnet uns keine Aussicht auf die ontologische Realität einer von uns unabhängigen Welt" (Glasersfeld 1996: 223). Wissen wird von Glasersfeld folgendermaßen definiert:

„1.a) Wissen wird nicht passiv aufgenommen, weder durch die Sinnesorgane noch durch Kommunikation. 2.a) Wissen wird vom denkenden Subjekt aktiv aufgebaut. 2.a) Die Funktion der Kognition (...) zielt auf Passung oder Viabilität. 2.b) Kognition dient der Organisation der Erfahrungswelt des Subjekts und nicht der ‚Erkenntnis' einer objektiven ontologischen Realität" (ebd.: 96).

Nach Ansicht von Glasersfeld ersetzt der Viabilitätsbegriff den traditionellen Wahrheitsbegriff im Bereich der Erfahrung, wobei „Handlungen, Begriffe

---

15 Modellbildend wirkte das Habermassche Konzept der „Ich-Identität", in der „personale" und „soziale Identität" zusammenkommen (Vgl.: Tillmann 1989: 137).

und begriffliche Operationen dann viabel sind, wenn sie zu den Zwecken oder Beschreibungen passen, für die wir sie benutzen" (Siebert 1999: 202). Neben dieser pragmatischen Dimension von Wissen wird als weiteres Strukturmerkmal die Netzförmigkeit von Wissen herausgestellt (ebd.: 113). Schließlich habe es den Status von „Interimswissen", das vorläufig, ungenau und unabgeschlossen sei und eher einer „Zwischenlösung" entspreche (ebd.: 115/199). Da Wissen stets in Handlungszusammenhängen stehe, ergäben sich daraus auch die Angemessenheitskriterien, nach denen Wissen als mehr oder minder passend bzw. viabel einzustufen sei. Da Handeln als Orientierungshandeln verstanden wird, ist der Bezug zu „bewußten, intentionalen Operationen im Kognitionsbereich eines Beobachters" (Rusch nach Krüssel 1993: 227) gegeben. Bei Verstehen gehe es um die Herstellung „kognitiver Parallelität" (ebd.: 228-229), so daß nicht die Übertragung von Information im Vordergrund steht, sondern Verstehen als Entsprechung von Orientierungserwartungen aufgefaßt werden müsse. Auch Terhart verweist bezüglich der Didaktik auf diesen Punkt. Lernen sei nicht mehr als Informationsverarbeitung zu begreifen, sondern als „Wissenskonstruktion" (1999: 635) – das „Bild des Netzes (...) ohne festes Zentrum und ohne feste Hierarchie" (ebd.) bilde dabei die Leitmetapher. Zentral sei darüber hinausgehend, daß der Konstruktionsprozeß nie ‚bei Null' beginne, da als Basis immer die bereits vorhandene (Wissens)Struktur vorliege (ebd.).

Portele nennt die drei nach Glaserfeld notwendigen Voraussetzungen dafür, daß ein ‚Eindruck von Objektivität' entsteht. Erste Bedingung sei die „Selbstreferentialität des Nervensystems", gefolgt von der Annahme der „durch Reflexion und Vergleich möglichen Konzeption von Wiederholungen" und schließlich, daß drittens „unser Erleben von anderen bestätigt wird, die eine erstaunlich ähnliche Erlebniswelt haben" (1989: 64). Die so intersubjektiv aufgebaute Reziprozität äußere sich darin, daß sich gegenseitig etwas „unterschoben" werde, was dazu führe, daß „die jeweiligen kognitiven Strukturen (Begriffe, Beziehungen, Regeln), die man im Aufbau des Erlebens verwendet hat, in zweierlei Hinsicht ‚viabel' sind, einmal beim eigenen ‚Ordnen und Organisieren' des Erlebens und zweitens beim Modell des anderen, das man sich gemacht hat" (ebd.: 64).

Somit vollzieht sich Passung nicht als einfache „'Parallelisierung' der selbstreferentiellen Subsysteme (der kognitiven Subsysteme)" (Hejl 1997: 124), sondern stets unter notwendiger Bezugnahme auf weitere Mechanismen, Ebenen und Formen von Konstruktionen (Institutionen, Machtverhältnisse, Zugänge zu bestimmten Ressourcen und Öffentlichkeiten, bestimmte Wissensformen usw.), die in der Analyse zu berücksichtigen sind. Sie bilden keine abstrakten oder kontingenten Bestandteile der sozialen Umwelt, sondern deren Spezifika und die Bedingungen, aufgrund deren spezielle Anschlussmöglichkeiten und -fähigkeiten hergestellt werden. Allgemein läßt sich daher formulieren, daß Konstruktionen also stets im Kontext weiterer Konstruktionen (Vorwissen spielt, wie der Konstruktivismus betont, eine tragende Rolle, z. B. Siebert 1999: 114) als viabel, sozial konventionalisierbar und akzeptabel einzustufen sind. Daher stellen Anschlußmöglichkeiten gleichzeitig auch immer *Anschlußzwänge* dar. Daher sind Konstruktionen präziser als Re-Konstruktionen zu bezeichnen. Der Konstruktionsbegriff, so wird hierbei deutlich, bezieht sich auf den Konstitutionsmodus von Realität, sagt aber im einzelnen nichts über unterschiedliche Konstruktionen aus. Daher wären die Wie-Fragen wieder mit den Was-Fragen (Diskurse, semantische Strukturen) zu verbinden, wenn die Art der Konstruktionen untersucht werden sollen[16].

Viabilität an sich sagt nichts über das Was von Selektion im Falle sozialer bzw. kultureller Systeme aus. Ein zentrales Kriterium für die Viabilität einer Konstruktion bildet etwa soziale Relevanz[17], wie sie beispielsweise von Schütz/Luckmann hervorgehoben wird: „Alle Routinen enthalten typische Relevanzstrukturen. Diese werden mit übernommen, ob die Relevanzen selber in den Griff des Bewußtseins kommen oder nicht" (1975: 261). Relevanzsysteme haben eine subjektive und eine objektive oder soziale Dimension:

„Das subjektive Relevanzsystem hat generell eine ‚soziale' Vorgeschichte, die aber sowohl ‚eigenständige' wie ‚empathische' wie ‚sozialisierte' Interpretations- und Motivationsrelevanzen enthält. Die letztgenannten sind Ableitungen von den in der relativ natürlichen Weltanschauung vorherrschenden Relevanzstrukturen, die durch eine spezifisch, geschichtliche Sozialstruktur ‚filtriert' wird" (ebd.: 260).

Sozial relevante Konstruktionen stellen einen immanenten Bestandteil individuellen Wissens dar, und sichern nur so die individuelle Anschlussfähigkeit in sozialen Systemen. Gegenüber einem radikalen Konstruktivismus, der von der operativen Geschlossenheit psychischer Systeme ausgeht, wäre mit Blick auf die kindliche Entwicklung „vielmehr (...) der kindliche (Re-) Konstruktionsprozeß der Wirklichkeit in seiner Wechselwirkung mit der sozialen Umwelt" (Heyting 1997: 406) hervorzuheben und zu untersuchen. In dieser Perspektive käme sowohl die soziale Dimension von Wissen als auch die Konstruktionen limitierenden Faktoren wie Dominanz und Macht als ein entscheidendes Element von Konstruktionsprozessen in den Blick, zumal vom Beobachterstatus aus gesehen jede Unterscheidung zunächst einmal prinzipiell als „willkürlich gesetzt" einzustufen ist. Es wäre daher zu untersuchen, welche Konstruktionen und welche Parallelisierungen gelingen und welches Wissen sich schließlich konsensual durchsetzt.

---

[16] Auch systemtheoretische Begriffe wie „Selektion" und „Komplexität" müssen wieder an die material-inhaltlichen Prozesse rückgebunden werden, um Selektionsverläufe und Prozesse des Auf- oder Abbaus von Komplexität qualitativ bestimmbar zu machen.
[17] An dieser Stelle bestände ein Anknüpfungspunkt an die oben schon erwähnte Unterscheidung von Daten, Information und Wissen (Willke 1998).

Hejl hebt in seiner konstruktivistischen Sozialtheorie den ursprünglich von Durkheim herausgearbeiteten Topos des „Zwangscharakters des Sozialen" (Hejl, 1997: 125) hervor:

„Wir alle haben häufig genug die Erfahrung gemacht, daß wir in eine Gruppe oder Organisation eingetreten sind oder auch in einen sozialen Zusammenhang wie unsere Familie, unsere Stadt hineingeboren wurden und dabei sehr festgefügten und durch mancherlei Vorkehrungen immer wieder stabilisierten Realitätsdefinitionen und auf sie abgestimmten Vorstellungen ‚richtigen' Handelns gegenüberstanden. In diesen Fällen vollzieht sich die Ausbildung der kognitiven Zustände, die uns ein auf diese bereits definierten Realitäten bezogenes erfolgreiches Handeln gestatten, nach dem Muster der Ausbildung des Konzeptes von Objektivität. Gefordert ist hier eine einseitige Zustandsveränderung: Anpassung" (ebd.: 125).

Damit verknüpft ist eine weitere Überlegung, die den Status von Wissen grundsätzlich betrifft: Auch wenn „Wissen (...) sozial ausgehandelt" (Müller nach Siebert 1999: 115) wird, so bleibt ‚das Soziale' noch wesentlich unterbestimmt. In welchen Praxisformen, institutionellen Rahmen, Akteurspositionen, subtilen Machtrelationen, Kommunikationsweisen, d. h. unter welchen Bedingungen dabei sozial ausgehandelt wird, wird nicht thematisiert. ‚Konstruktion' sagt etwas über den Modus von Realitätsherstellung aus, was beispielsweise De-Konstruktion genauso wenig ausschließt wie mögliche ‚Selektionen von Konstruktionen' aufgrund eines in letzter Instanz machtgestützten Dezisionismus.

Darüber hinaus wird ein weiterer wesentlicher Einwand gegen eine begrifflich unscharfe Verwendung verschiedener Konstruktivismen vorgebracht. Wenn die „Metatheorie" (König/Zedler 1998: 252) des Konstruktivismus direkt in die pädagogische Praxis übersetzt wird, dann finde oft eine „Vermengung unterschiedlicher Theoriebereiche" statt, „indem man gleichzeitig auf wissenschaftstheoretische, biologische und kognitionspsychologische Annahmen zurückgreift" (ebd.). Die dabei entstehende begriffliche Diffusion bei der Bezugnahme auf unterschiedliche konstruktivistische Ansätze wird des öfteren kritisch angemerkt: „Wenn man den erkenntnistheoretischen Konstruktivismus nicht genau von den erkenntnisgenetisch orientierten Typen unterscheidet, stößt man auf Widersprüche. Verschiedene Autoren sind hier nicht sehr deutlich" (Heyting 1997: 404; Vgl. auch Knorr-Cetina 1989: 95).

Diese Kritikpunkte am radikalen Konstruktivismus bzw. an der begrifflich unpräzisen Adaption in pädagogischen Theorien markieren eine notwendige Abgrenzung zu dem damit vertretenen Wissensbegriff. Von inhaltlichen Strukturen größtenteils abstrahierend bezieht sich die radikalkonstruktivistisch orientierte Didaktik lediglich auf die Prozesse der Konstruktion von Wissen. Terhart kritisiert daher zurecht eine Entmaterialisierung der Inhalte (1999: 642). Wichtige Fragen wie die der Anschlußfähigkeit von Konstruktionen, der sozialen und institutionellen Bedingungen, unter denen sie stattfinden und warum es etwa zu Konstruktionen kommt, die scheitern

(Nüse 1991: 180), bleiben im wesentlichen außen vor. Weiterhin stellt der nicht eigens differenzierte Bezug zu mehreren Konstruktivismen begriffsanalytisch-theoretisch ein Problem dar.

Aus dieser Kritik ergibt sich nun deutlicher, auf welcher Ebene ein Begriff soziokulturellen Wissens zu konzeptualisieren ist, wie er hier angestrebt wird. Ohne den Ausführungen von Kap. 4.2 vorzugreifen, kann hier aber schon die Notwendigkeit einer *sozialen* Dimensionierung von Wissen festgestellt werden (vgl. Flick 1995: 12), in der Konstruktionsprozesse und inhaltliche Strukturen gleichermaßen Berücksichtigung finden, ja die beiden Seiten einer Medaille bilden. Der Konstruktionsbegriff bezeichnet daher sowohl den Modus der Transformation von Wissen (individuell als Aneignung oder sozial als Vermittlung) als auch die inhaltlich-thematische Selektion des Wissens, das sich schließlich als relevant durchsetzt. Dies vollzieht sich in spezifischen Formen sozialer Praxis, unter Macht- und Restriktionsbedingungen, in Institutionen und innerhalb einer „Ordnung des Diskurses" (Foucault), die in jede Konstruktion in Form spezifischen Wissens, sozialen Regeln, Habitualisierungen usw. eingeht. Diskursanalytisch können Konstruktionen auf ihre semantischen und semiotischen Strukturen hin untersucht werden.

Professionswissen

Wissen stellt in mehrfacher Hinsicht in der (eher pädagogisch motivierten) Professionalisierungsdebatte (Oelkers/Tenorth 1991, Combe/Helsper 1996) wie auch in der (eher soziologisch orientierten) Verwendungsforschung sozial- und erziehungswissenschaftlichen Wissens einen zentralen Terminus dar (Beck/Bonß 1989). Im Rahmen der allgemeinen Problematik um das Verhältnis von Theorie und Praxis lassen sich folgende Dimensionen in der Debatte feststellen:

a) Diskutiert wird die Beziehung zwischen Professionswissen im Speziellen und Alltagstheorie/Alltagswissen. Es wird beispielsweise nach signifikanten Unterschieden zwischen „Professions- und Laienwissen" (Terhart 1991: 130) mit Blick auf Lehrerwissen gefragt wie auch nach der Spezifik des Professionswissens selbst. Der dabei zum Einsatz kommende Wissensbegriff nimmt sich beispielsweise bei Terhart mehrdimensional aus:

„Es handelt sich (...) um ein sehr komplexes und heterogenes Bündel aus Wissenselementen und Überzeugungen, Vorstellungen und Metaphern, Einstellungen und Beurteilungstendenzen, Rezepten, Emotionen und Maximen, Erfahrungswerten und Selbstrechtfertigungen, das insgesamt nicht isoliert dasteht, sondern mehr oder weniger intensiv mit der Persönlichkeit bzw. Identität des jeweiligen Lehrers verwoben ist" (ebd.: 133).

Dieses „heterogene Bündel" wird noch einmal nach Wissen „im engeren Sinne" (fachdidaktisches Wissen), „Wollen" (normative Seite) und „praktisch-prozeduralem Handlungswissen" (ebd.: 133-134) unterschieden. Macht man die Differenz ‚implizit/explizit' zur Grundlage der Beschreibung der jeweiligen Wissensform, so ist dem Wissen im engeren Sinne die explizite Form und dem normativen wie operativen Wissen eher die implizite Form zuzuordnen. Daraus wird schließlich die Frage nach der Reflexivität praktisch verwendeten pädagogischen Wissens gestellt und dies spezifisch mit Blick auf die „Offenheit und Nicht-Technologisierbarkeit pädagogischen Handelns" (Helsper 1996: 527). Auf welches Wissen wird wie und in welchen Situationen von Lehrerinnen zurückgegriffen, wenn etwa bei Begründungen für das eigene Handeln Topoi wie Selbstständigkeit, Toleranz usw., also die Kette „überhöhter Autonomiepostulate des Pädagogischen" (Terhart 1991: 133) ins Spiel gebracht werden[18]?

Es reicht aus an dieser Stelle zu vermerken, daß Wissen nicht einseitig mit statisch-expliziten Wissensbeständen gleichgesetzt wird und daß implizite Formen von Wissen mitberücksichtigt werden. In diskursanalytischer Hinsicht ist daher von Interesse, in welchen Formen implizites und explizites Wissen vorliegen und wie sie sich analysieren lassen. Die impliziten Teile von Diskurswissen (Prämissen, Präsuppositionen) bilden einen wichtigen Bestandteil soziokulturellen Wissens.

b) Auf allgemeinerer Ebene wird das Verhältnis von Wissenschaft und Alltag diskutiert. Der Wissensbegriff verknüpft die beiden Bereiche, und anhand der Differenzierung unterschiedlicher Wissens- bzw. Rationalitätsformen werden die jeweiligen Spezifika bzw. gegenseitigen Übersetzungen thematisiert. Der Alltag wird als ein Bereich mit eigener sozialer Logik beschrieben, der, so Kaiser, „hochgradig theoriehaltig" sei – wie die Kategorie des Alltags selbst (1981: 120). Dennoch bestehe zwischen „wissenschaftlicher Rationalität und dem Common-Sense der Alltagspraxis" nicht eine „schlichte Analogie" (Dewe 1991: 64), vielmehr sei eine „handlungslogische Differenz zwischen Alltagshandelndem und Sozialwissenschaftler" (ebd.: 68) zu konstatieren. Der dabei zum Tragen kommende Wissensbegriff würde die graduellen Unterschiede beider Bereiche herausstellen.

Dabei ist erziehungswissenschaftlich die Frage von Interesse, in welcher Art Didaktik wissenschaftliches Wissen transformiert, ‚vulgarisiert' (Nolda 1996) und so nachhaltig zu dessen Akzeptanz beiträgt. Erneut zeigt sich die Bedeutung der Transformationsformen von Wissen aus einem Bereich (Wis-

---

[18] Im Fall des Interkulturellen Lernens wird dies explizit in Lernzielen wie ‚Empathie', ‚Toleranz' und ‚Verstehen' der ‚anderen Kultur' zum Ausdruck gebracht und so auf der Ebene der Persönlichkeitsmerkmale, d. h. der individuellen Zuschreibung verhandelt. Hierbei kommen die pädagogischen Intentionen in Form moralischer Ansprüche zum Tragen, mit denen sich viele Pädagogen identifizieren können, die sich aber nicht verifizieren lassen. Allgemein hat dies Ziehe formuliert: „Jedes Praxisfeld erweist sich als viel zu komplex, als daß es durch punktbezogene Intentionen erklärt werden könnte (...) Kausalitätsannahmen werden als Selbstimplikationen gesehen, mit denen wir Komplexitäten vermindern – und insoweit sind Kausalitätsannahmen *pragmatisch*. Aber sie sind nicht ‚wahr'" (Ziehe 1996: 926).

senschaft, Medien) in einen anderen (Alltag, Lebenswelt) und der damit einhergehenden Veränderungen, Selektionen, Konstruktionen usw. ;

Schließlich wird im Rahmen der Debatte um Professionswissen die Frage nach der „Einheit des Pädagogischen" (Wimmer 1996: 404) bzw. pädagogischen Wissens wichtig (vgl. Combe/Helsper 1996), was bereits die geisteswissenschaftlichen Pädagogik thematisierte. Während Spranger seinerzeit noch auf die Begründung der Einheit durch Wissenschaft und Wertfundierung setzte, versuchte Nohl angesichts des Auseinanderdriftens aller sozialen Wissens- und Wertbestimmungen in puncto Bildung die Perfektibiltität des Subjekts weiterhin als Bildungsideal durchzuhalten: „Allgemeinbildung im alten Sinne gibt es nicht mehr, wir sind alle Spezialisten in unserem Wissen (...) So ist der alte Begriff der Bildung aufgelöst (...)" (Nohl nach Combe/Helsper 1996: 27). Mit dieser ‚Individualisierung, Flexibilisierung und Prozessualisierung' des Bildungsbegriffs geht die Pluralisierung der Bildungswelt(en) einher und verschärft das Problem der Bestimmung der Homogenität pädagogischen Wissens.

Im Kontext dieser Diskussion um die Spezifik pädagogischen Wissens nimmt der eingangs dieses Kapitels bereits erwähnte Text „Pädagogisches Wissen als Orientierung und als Problem" von Oelkers/Tenorth (1991a) einen zentralen Stellenwert ein. Es handelt sich um den einzigen Versuch, über die Etablierung allgemeiner Strukturmerkmale von Wissen die Spezifik pädagogischen Wissens zu erfassen. Inwieweit hierbei Anschlußmöglichkeiten für einen Begriff soziokulturellen Wissens bzw. Diskurswissens bestehen, muß sich zeigen. Die Autoren unterscheiden bei ihrem Versuch, ‚pädagogisches Wissen' begrifflich einzugrenzen, sechs Dimensionen. Als erste Dimension werden die „Orte der Erzeugung und Nutzung pädagogischen Wissens" (ebd.: 22) angeführt:

„'Pädagogisches Wissen' findet sich nicht nur exklusiv innerhalb des Wissenschaftsbetriebs, sondern an allen Orten, in denen ‚Erziehung' und ‚Pädagogik' sich ereignen, beobachtbar sind und nach ihren symbolischen Strukturen beschrieben werden, gleich ob als Organisation ausdifferenziert oder in den unstetigen Formen emergenter Wirklichkeit" (ebd.).

Der soziale Ort hat also metaphorische Funktion und beschreibt eher Systemgrenzen – eine Zuschreibung, welche die Autoren aus technisch-terminologischen Gründen aber explizit vermeiden wollen (ebd.: 23). Dennoch weisen sie auf die Vorteile der metaphorischen Raumvorstellung hin: „Ein *sozialer Ort* kann nah oder fern sein, stabil oder instabil, von langer oder kurzer Dauer; man kann jede Art von Beschreibung immer mit anderen relationieren, somit für Vergleiche sorgen (...)" (ebd.).

Ein derart metaphorisch eingesetzter Raumbegriff überschneidet sich notwendig mit dem Systembegriff, da in beiden Fällen auf ein spezielles Wissen abgehoben wird, das nicht an einen konkreten Ort gebunden ist, sondern als thematisch spezifischer Diskurs an unterschiedlichen sozialen Orten auftauchen kann (Buch, Talkshow, Unterricht, Alltagsgespräch)[19]. Es seien, so die Autoren, auch andere Unterscheidungen für Wissen möglich – etwa als „Akteurswissen" oder „Professionswissen" (ebd.: 22) – doch dem wäre entgegenzuhalten, daß eine solche Differenzierung allein analytisch insofern wenig Gewinn bringt, als zwar über den Akteursstatus etwas ausgesagt wird, aber nichts über das Wissen selbst, da sich der Akteursstatus ‚Experte' oft aus formal-institutionellen Kriterien ableitet.

Die *zweite Dimension* bilden die „Funktionen pädagogischen Wissens" (ebd.: 23), die entsprechend der Vielzahl der Orte auch unterschiedlich sein können. So ließen sich aufgrund der Grobkategorisierung nach „‚Erkenntnis' und ‚Orientierung'" beispielsweise „operatives Wissen von diagnostischem unterscheiden, Handlungswissen von Symbolstrukturen, in denen Vorabdispositionen getroffen werden" (ebd.). Diese unterschiedlichen Wissensformen ließen sich noch weiter differenzieren:

„In der Zeitdimension lassen sich nachgehende oder vorschreibende Reflexion unterscheiden, in der Sachdimension verdichtet sich das Wissen zu Lehrplänen, als pädagogisch zubereitete symbolische Struktur, und in der Sozialdimension hat pädagogisches Wissen zugleich steuernde wie identitätsstiftende Funktion" (ebd.).

Sach- und Sozialdimension wurden im Zusammenhang mit der Didaktik (Kap. 3.3) bereits behandelt, während die Zeitdimension von Wissen deutlich macht, daß Wissen an vorgängiges Wissen schon immer anknüpft, aber darüber hinaus mit Erwartungen, prospektiver Planung und potentieller Strukturierung, was soziale Praxis betrifft, verbunden ist – gleichgültig, ob als dezidierte und längerfristige Planung einer Unterrichtsstunde oder als scheinbar ‚spontane' Entscheidungen im Unterricht. Die *dritte Dimension* stellen die „Instanzen der Beglaubigung pädagogischen Wissens" (ebd.: 24) dar:

„Die sozialen Orte alltäglicher Erziehungspraxis artikulieren sich vor dem Hintergrund traditioneller Überlieferungen und dogmatischer Wissensbestände (...) Die Überzeugungskraft von Pädagogiken speist sich also aus den Lebensformen, in denen sie präsent gehalten werden, wobei die bewußte Reflexion eher schwach sein muß, um überhaupt eine unbeschadete Kontinuität erzeugen zu können. Abgestützt wird diese stille Dogmatik durch zahlreiche Quellen, die als Instanzen der *Beglaubigung* auftreten, Erfahrungssätze, Formen des Umgangs, Sekuritätskontrollen im Alltag, schließlich Glaubenssysteme und persönliche Weltanschauungen" (ebd.).

Strategien der (Selbst)Legitimierung eigenen Handelns laufen oft nach alltagslogischen (Kurz-) Schlüssen, Kausalitäten, ‚ewigen Wahrheiten' usw. ab, die im Alltag eine Entlastungs- und Konsensfunktion haben. Die Funktion

---

[19] Der Gebrauch des Raumbegriffs erinnert an den Toposbegriff (griech. „Ort") aus der antiken Rhetorik. Als immer wiederkehrende Argumentations- und Deutungsmuster, die lediglich in der Rede etwas Typisches bezeichnen, aber sonst von konkreten Lokalitäten unabhängig sind, bilden sie die ‚typischen Gemeinplätze' und Redefiguren (vgl. Ottmers 1996: 65-116).

liegt darin, eigenes Handeln über eingeschliffene Topoi zu legitimieren, mit denen Professionalität und Spezialwissen konnotiert ist, wodurch zumeist eine zeitökonomische, argumentativ verfestigte und auf Konsens hin orientierte Komplexitätsreduktion pädagogischer Praxis erreicht wird. Dabei beruhen typisierende Zuschreibungen zum einen auf eingefahrenen Erklärungs- und Deutungsmustern, die eine Beobachtung einleuchtend und verständlich machten (Entlastungsfunktion). Zum anderen sorgen sie auch rasch für eine gemeinsame Interpretation (Konsensfunktion) und stellten so auch ein Indiz für gelingende Kommunikation im Team dar.

In dieser Perspektive wäre von Interesse, zu untersuchen, ob und inwieweit solche Topoi bzw. Gemeinplätze Eingang ins Schulbuchwissen gefunden haben, sei es in expliziter oder impliziter Form in Texten und Bildern, durch die sich etwa ein massenmedial dominantes Wissen ungebrochen ins Schulbuch hinein verlängert. Dies kann auch durch Arbeitsanweisungen geschehen, die eine Artikulation entsprechender Alltagstheorien bzw. Alltagmythen im didaktisch vorstrukturierten Handlungskontext nahelegen (z. B. qua Frageform). Die Transformation des Wissens, das ins Schulbuch gelangt, würde dann weniger in der didaktischen Übersetzung, der altersstufengerechten Strukturierung wissenschaftlichen Wissens bestehen, sondern in der Aufwertung massenmedialen Wissens zu verfestigten Wahrheiten, die es nun wert sind, gelehrt und gelernt zu werden. In diesem Fall könnte man zunächst also von einer schlichten Verdopplung von Wissen aus modernen Verbreitungsmedien sprechen. Doch zeigt sich rasch, daß eine dem Schulbuch gegenüber differente Logik der Wissensstrukturierung zum Proprium von Medienwissen gehört – etwa im Kode „Information/Nichtinformation" oder „alt/neu" für das Mediensystem (Luhmann 1996: 36, 42) – wie auch die Zielgruppe, auf die hin Wissen strukturiert wird, nach anderen Kriterien definiert wird. Folglich muß untersucht werden, in welcher Weise Medienwissen in die Logik von Schulbuchwissen übersetzt bzw. umkodiert wird und welchen Funktionswechsel es dabei durchläuft.

Die „Strukturmerkmale pädagogischen Wissens" (Oelker/Tenorth 1991a: 25) bilden nach Oelkers/Tenorth die *vierte Dimension* pädagogischen Wissens. Dabei wird jedoch jenseits der Zuschreibungen von „System" bzw. „Wissenschaft", die für Pädagogik nicht zuträfen, lediglich ein „unbearbeitetes Feld" (ebd.: 26) konstatiert. Wissen stelle seiner Struktur nach eine

„symbolisch geordneten Realität dar und ist, als ‚Sinn' spezifischer Qualität, semantisch, lexikalisch und grammatisch organisiert, auf dieser Linie von anderen Symbolen unterscheidbar (z. B. Fahnen, Kleidung oder Denkmäler), nach eigenen Prinzipien geordnet, eigenen Kriterien der Zeitlichkeit und thematischen Bindung unterworfen usw. Wir nehmen an, daß dieses Konglomerat zwar in Praxisfeldern entstanden ist, doch zugleich abgelöst werden kann von der Wirklichkeit, in der es existiert, und von den Produzenten, die es erzeugen" (ebd.).

Die Autoren machen allerdings nicht deutlich, worin die differentia specifica von Wissen als spezifisch sinnhafter und symbolisch geordneter Realität gegenüber anderen Symbolen wie Fahnen oder Kleidung besteht. Denn auch diese stellen Teile einer bestimmten kulturellen und symbolischen Ordnung dar, die je nach Praxisform durch ein spezifisches soziokulturelles Wissen reproduziert wird. Warum repräsentieren eine Fahne oder ein Kleidungsstück als spezifische Symbole kein ‚Wissen' im weitesten Sinne? Schließlich kann die ‚reale Fahne' zur symbolischen im Schulbuch und damit zum Schulbuchwissen werden. Aufgrund der von den Autoren angegebenen Merkmale für Wissen – „semantisch, lexikalisch und grammatisch" – wird deutlich, daß die Spezifik dieses Wissensbegriffs primär in seiner sprachlichen Strukturiertheit verortet wird, was aber unter semiotischen Gesichtspunkten eine Verengung darstellt.

Demgegenüber wäre zu überlegen, welche spezifischen subkulturellen Kodes (peer-group, Markenkleidung usw.)[20] für die Interaktion und Kommunikation etwa in der Schule eingesetzt werden, die auf allen Seiten (Lehrer, Schüler) ein bestimmtes Wissen darum erfordert. Ein auf sprachliche Kommunikation eingeschränkter Wissensbegriff verkennt nicht nur viele nichtsprachliche Formen des Wissen (z. B. Habitualisierungen, d. h. körpersprachliches Wissen), sondern auch auf der Ebene des Diskurses die „Bildförmigkeit" sozialer Wirklichkeitskonstruktionen (Hirschauer 1989: 104).

Daher scheint es angebracht, im weiten Sinne von einem in diskursiver Form vorliegenden Wissen zu sprechen und Diskurs nicht von vornherein auf sprachliche Zeichen zu beschränken, sondern auf Zeichen allgemein zu beziehen. Die diskursive Anbindung soziokulturellen Wissens kehrt daher die *semiotische Struktur* des Wissens hervor, was die Definition eines Zeichenbegriffs beinhaltet (vgl. Höhne 2002). Dies scheint angesichts des komplexen Text-Bild-Gaphik- Materials einer Schulbuchseite sinnvoll.

Die *fünfte Dimension* bilden die „thematischen Eigenarten pädagogischen Wissens", die eindeutig „Erziehung und Bildung" (Oelkers/Tenorth 1991a: 26) seien. Diese wiederum bildeten ein weites und „offenes Feld" (ebd.: 27), das die begriffliche Zugangsweise nicht von vornherein festlegte. Es wird darauf verwiesen, daß in verschiedenen Versuchen der pädagogischen Wissensdefinition auf Unterscheidungen wie ‚subjektiv/objektiv', ‚Tatsachenwissenschaft/normative Disziplin' bzw. auf ex-negativo-Abgrenzungen gegenüber anderen Betrachtungsweisen (ebd.) zurückgegriffen worden sei. Insgesamt wird aber auf die Uneinheitlichkeit der Anstrengungen verwiesen, päd-

---

[20] Wie R. Barthes (1985) gezeigt hat, stellt Kleidung bzw. Mode ein spezifisches Sinnsystem dar, in dem die Objekte als Zeichen in einer komplexen syntagmatischen und paradigmatischen Ordnung figurieren. Auch der Symbolbegriff, auf den Oelker/Tenorth sich hier beziehen, bleibt unbestimmt – ein angesichts des Stellenwerts als zentrales Kriterium zur Bestimmung von Wissen notwendig zu definierender Begriff, der „zu den vieldeutigsten Begriffen in den Geisteswissenschaften" (Nöth 2000: 178) zählt.

agogisches Wissen thematisch zu bestimmen. Es gebe nur eine „additive Bündelung statt der systematischen Verknüpfung der Thematisierungsformen" (ebd.), wozu beispielsweise „'Defizitdiagnosen'" und die „Absicht der ‚Rekonstruktion' neuer Wirklichkeiten" oder auch der „Topos der ‚Sorge'" (ebd.: 28) gehöre. Dieses Scheitern an der inhaltlichen Bestimmung pädagogischen Wissens ist ein Hauptgrund, warum hier ein formaler Wissensbegriff entwickelt werden soll, der erst in der Anwendung auf den konkreten Gegenstand inhaltlich-spezifische Strukturen deutlich werden läßt.

In der Tat scheint es unmöglich, pädagogisches Wissen durch lediglich eine Differenz oder eine Kategorie zu erfassen, so daß die Metapher vom ‚offenen Feld' geeignet ist, die vielen disparaten Thematisierungsformen in den Blick zu nehmen. Notwendig scheint jedoch die Verknüpfung der vierten und der fünften Dimension, d. h. der Strukturmerkmale und der Thematisierungsformen, da die Strukturmerkmale erst über die Thematisierungen zugänglich und zu analysieren sind. In diesem Sinne kann die von Oelkers/Tenorth für pädagogisches Wissen konstatierte „Distanz zur Empirie" (ebd.: 27) nur über eine (empirische) Analyse des konkreten, in diskursiver Form vorliegenden Wissens überwunden werden.

Schließlich werden als *sechste Dimension* die „Arten des Wissens" (ebd.: 28) angegeben, für die wiederum die grundlegenden Unterscheidungen unklar sind. Angeführt werden mögliche Kategorien wie ‚Utopien', ‚Kritik', ‚Handlungswissen', ‚Milieus' und ‚Typik' (ebd.). Erneut wird mangels klarer Kriterien bezug zu „*Themen* der Erziehung und Bildung" (ebd.) genommen, die nun als „kontextrelativ" deklariert werden, ohne daß ihre Spezifik verloren ginge, die in der thematischen Zuordnung liege:

„Reformpädagogische Utopien, die sich auf theoretisches Wissen zurückführen lassen, werden in Werbespots verarbeitet; moralische Sätze einer typisch pädagogischen Ethik sind Hintergrundannahmen von Romanliteratur; Erziehungskritik oder die Negation der Schule, die in pädagogischen Diskursen erzeugt werden, können selbstverständliche Referenzen in Alltagsauseinandersetzungen werden usw." (ebd.: 29).

Es wird also der Versuch unternommen, einen festen Kern pädagogischen Wissens durch die Analyse der Vielfalt seiner Formen und der Orte, wo es auftauchen kann, zu identifizieren. Zwei Punkte sind diesem Zusammenhang hervorzuheben. Erstens wird von einem relativ eindeutig zuordenbaren, originär pädagogischen Wissen ausgegangen, das dann an den verschiedenen sozialen Orten identifiziert werden kann (Reformpädagogik in Werbespots). Zweitens wird dieses pädagogische Wissen inhaltlich-thematisch angebunden, auf das zur Spezifizierung jeweiliger unklarer Kriterien bereits zurückgegriffen wurde.

Oelkers/Tenorth machen am Ende ihrer Ausführungen den Versuch einer Definition ‚pädagogischen Wissens', nachdem sie noch einmal hervorgehoben haben, wie schwierig dies angesichts der „Vielfalt der Thematisierungs- und Zugangsmöglichkeiten" (1991a: 29) sei:

"*Pädagogisches Wissen* bezeichnet jene nach Themen und Fokus von anderem Wissen unterscheidbaren, symbolisch repräsentierbaren Sinnstrukturen, die Erziehungs- und Bildungsverhältnisse jeder Art implizit oder explizit organisieren, dabei eine zeitliche, sachliche und soziale Schematisierung einer Praxis erzeugen, die als ‚pädagogisch' selbst bezeichnet wird und so auch durch Beobachter beschreibbar ist; über pädagogisches Wissen läßt sich der Sinn dieser Praxis gemäß der ihr eigenen Rationalität verstehen und auch im Blick auf die Funktionen und Effekte analysieren; das Ergebnis solcher Anstrengungen läßt sich zugleich von dieser Praxis ablösen, als Text kodifizieren und selbständig tradieren und erörtern. Das gesamte Feld ist nie einheitlich strukturiert und kann entsprechend nur plural beschrieben werden. Die Ränder des Feldes sind vage, weil sich die Grenzen nur locker fügen lassen" (ebd.).

Der damit gewählte Zugang zum Gebiet der Pädagogik über den Weg des ‚pädagogischen Wissens', wie es sich in dieser Definition darstellt, eröffnet zusammengefaßt folgende Perspektive: ‚Pädagogisches Wissen' orientiert sich an Themen (Bildung/Erziehung), stellt eine Beschreibungsform von Praxis dar, ist nach Form und Thematik des Wissens plural organisiert und mehr oder minder eindeutig gegenüber anderen Feldern abgrenzbar.

Die wesentlichen Momente aus den verschiedenen Zugängen zum Wissensbegriff werden kurz noch einmal resümierend aufgeführt, um im folgenden Kapitel zum Konzept des soziokulturellen Wissens wieder daran anzuknüpfen.

Ein Strukturmerkmal von Wissen stellt die Pluralität seiner Formen dar. Diese kann bereichsspezifisch – etwa als pädagogisches Wissen – oder auch durch eine spezifische Differenz (z. B. implizit/explizit) charakterisiert sein[21]. Ein weiteres zentrales Merkmal von Wissen stellt seine netzförmige Organisation dar, durch die ein bestimmtes aktualisiertes Wissen stets an ein anderes, vorgängiges implizit oder explizit anknüpft. Als Bildungswissen hat Wissen in institutionalisierten Lehr- und Lernprozessen eine normative, kanonische und dogmatische Dimension. Im Kontext einer wissenssoziologischen Betrachtung sozialer Phänomene nimmt der Konstruktionsbegriff einen zentralen Stellenwert ein, da er den Modus der „gesellschaftlichen Konstruktion der Wirklichkeit" (Berger/Luckmann) bezeichnet. Damit ist angezeigt, daß der Zugang zur Welt sich nur qua sozialen bzw. soziokulturellen Wissen gestaltet. Dies impliziert, daß soziokulturelles Wissen konstitutiv ist für individuelle Konstruktionen, was wiederum einschließt, daß soziales Wissen im Subjekt individuell-biographisch konfiguriert vorliegt. Integration wie Individuation/Subjektivierung stellen zwei komplementäre Teile des Wissenserwerbs dar. Mit sozialen Konstruktionen gehen Selektionen einher, durch die ein bestimmtes Wissen als relevant im Unterschied zu einem anderen Wissen erachtet wird. Die institutionell verstärkte Kanalisierung von Wissen, das

---

[21] Der Formbegriff, auf den bei den verschiedenen Wissenskonzepten oft bezug genommen wird, ist nicht einheitlich, was auch die Schwierigkeiten seiner Verwendung ausmacht. Zumeist wird er mit einem disziplinären Bereich assoziiert, aber er kann auch an Kategorien wie Handlung – also Handlungswissen – geknüpft werden.

stets wieder als relevant markiert wird, zeigt seine grundsätzliche Verknüpfung mit Macht zu einem Macht-Wissen- Komplex (Foucault) an. Zwischen Professions- und Laienwissen besteht ein gradueller Unterschied, was an der Funktion von Topoi bzw. Gemeinplätzen deutlich wird, die in beiden Bereichen gleichermaßen der Komplexitätsreduktion dienen. Wissen, so wurde in verschiedenen Konzepten hervorgehoben, ist gegenständlich thematisch gebunden, was es einem höherstufigen, systemisch-spezifizierten (Wissens-) Bereich zuordenbar macht (z. B. pädagogisches Wissen). Es wurde auch deutlich, daß es als spezifisch thematisch gebundenes Wissen nicht an einen festen sozialen Ort – etwa eine Institution oder Organisation – gekoppelt ist. Das Auftauchen eines bestimmten Wissens in unterschiedlichen institutionellen Kontexten und in anderen Wissensbereichen hat zumeist eine Umkodierung (Übersetzung) sowie einen Funktionswandel (z. B. Popularisierung) zur Folge.

4.2 Das Konzept des soziokulturellen Wissen

Das Ziel dieses Kapitels besteht darin, allgemeine Strukturmerkmale eines formalen Wissensbegriffs wie „Zeit" oder „Form" herauszuarbeiten. Damit soll in der abschließenden Zusammenfassung (Kap. 5) eine Bestimmung der Spezifik von Schulbuchwissen ermöglicht werden, die unter anderem auch in einer Abgrenzung zu anderen medialen Formen von Wissen erreicht werden soll. Mit der Kennzeichnung von Wissen als „soziokulturell" wird hervorgehoben, daß der angezielte Wissensbegriff *sozialer Art* und somit jenseits individuell-kognitiver Verarbeitungsprozesse angesiedelt ist und darüber hinausgehend *kulturell*, d. h. an symbolisch-diskursiv manifesten Formen, Praktiken und Prozessen zum Ausdruck kommt.

Der Weg, einen allgemeinen Wissensbegriff – eben soziokulturelles Wissen – mithilfe einer Konfiguration aus Merkmalen zu umreißen, schließt an die bereits in Kapitel 4.1 aufgezeigten Strukturmerkmalen von Wissen wie symbolische Ausrichtung, thematische Orientierung, Auftauchen an unterschiedlichen sozialen und medialen Orten (Alltag, Wissenschaft, Schulbuch, Fernsehen) usw. an. Darüber hinaus kommen nun die Charakteristika von Wissen zum Tragen, die in einer ersten Annäherung an das Schulbuch im zweiten Kapitel dargestellt wurden: Die *medialen Orte* des Auftauchens von Wissen, seine *Diskurs- und Zeichenförmigkeit*, die spezifisch-didaktische *Kodierung*, seine *subjektkonstituierende Funktion* sowie die *Konstruktion* des Schulbuchwissens durch unterschiedliche gesellschaftliche *Akteure*. Daraus ergab sich die Perspektive, das Schulbuch nicht mehr als Leitmedium bzw. singuläres Medium zu betrachten, sondern es in seinen *Relationen* zu anderen Medien respektive Wissensformen zu erfassen, was in begrifflichsystematischer und historischer Hinsicht gleichermaßen werden könnte. So ist es sinnvoll, Wissen in seinen spezifischen Praxis- und Diskursformen und damit an den *sozialen* und *medialen* Orten zu analysieren, wo es auftaucht, was theoretisch die relationale Perspektive auf Schulbücher eröffnet. Der dabei zugrunde gelegte Formbegriff leitet sich also aus dem jeweiligen Kontext her, innerhalb dessen soziokulturelles Wissen auftaucht.

Was ist mit einem solchen formal-strukturellen Wissensbegriff gegenüber allgemeinen Definitionen von Wissen wie etwa „Fähigkeit zum sozialen Handeln" (Stehr 1994: 209) oder „Sammlung in sich geordneter Aussagen über Fakten und Ideen, die ein vernünftiges Urteil (...) zum Ausdruck bringen und anderen durch irgendein Kommunikationsmedium in systematischer Form übermittelt werden" (Bell 1976: 180) gewonnen? Zum einen soll von vornherein eine unangemessene Reduktion von Wissen im Vergleich zu Definitionen verhindert werden, in denen Wissen entweder jeweils nur an Handlungen, Kompetenzen oder Aussagen[22] geknüpft wird, wodurch es zumeist statisch als individuelle Ressource begriffen wird. Zur Vermeidung einer solchen subjektivistischen bzw. objektivistischen Sichtweise kann Wissen in seinen sozialen Dimensionen (Degele 2000: 36), d. h. seiner Komplexität betrachtet werden. Den Ausgangspunkt dafür bietet ein kontextorientierter Wissensbegriff, der auf die Praktiken sozialer Reproduktion und Konstruktion von Wissen zielt und die jeweiligen Transformationen der Wissensformen mitberücksichtigt. In ihnen erhält Wissen seine soziale und kulturelle Form. Im Folgenden sollen zentrale Merkmale dieser soziokulturellen Formierung von Wissen genauer beschrieben werden.

Wissen kann zunächst allgemein als „Information höherer Ordnung" bzw. „aggregierte Information" (Degele 2000: 46) aufgefaßt werden, um jeweils auf einen *Kontext* bezogen wichtige und unwichtige Informationen[23] zu unterscheiden. Dabei wird der grundsätzliche Kontextbezug von relevantem Wissen unterstellt, sei es, daß es sich um individuelle Erfahrungen oder medial formiertes Wissen handelt. Der Kontextbezug kann dichter, vielfältiger und auch punktueller oder loser sein[24]. Damit liegt die Bedeutung der Unterscheidung von Information und Wissen in der Beschreibung der Bezugsart, nach der sich der „Wert einer Information nur je system- und situationsspezifisch

---

[22] Damit ist ein spezifischer Sprachbegriff impliziert, der an Wahrheitsfähigkeit und propositionalem Gehalt von Aussagen orientiert ist.

[23] Zur näheren Bestimmung von Information kann auf Batesons technisch-formalen Informationsbegriff zurückgegriffen werden. Information sei das, was „gewisse Alternativen *ausschließt*". Systemveränderungen werden durch Unterschiede hervorgebracht, durch die etwa nach Gegenwärtigkeit/Zukunft oder Sein/Sollen differenziert wird: „Der terminus technicus ‚Information' kann (...) als *irgendein Unterschied, der bei einem späteren Ereignis einen Unterschied ausmacht,* definiert werden" (Bateson 1985: 488).

[24] Zur Konkretisierung des Kontextbezugs von Wissen wird weiter unten der Formbegriff verwendet, so daß ein bestimmtes Wissen in einem speziellen Kontext eine spezifische Form erhält, wodurch es von anderem Wissen unterscheidbar wird.

bestimmen läßt" (Willke 1998: 10). Sowohl Information, die sich durch ihren Neuigkeitswert auszeichnet als auch Wissen, bei dem Informationen in ein Gedächtnis als zweitem Kontext integriert werden (Willke 1998: 11), hängen von Faktoren der „Selektion" und „Relevanz" ab. Institutionen etwa bilden spezifische Kontexte, in denen Wissen kontrolliert und Diskurse kanalisiert werden sowie die Relevanz eines Gegenstandes festgelegt wird. Medien stellen dabei einen Bereich bzw. eine Instanz dar, mit dem innerhalb eines komplexen Arrangements aus Diskursen, sozialen Beziehungen, Hierarchien usw. Selektionen wie z. B. thematische Strukturierungen und Relevanzsetzungen realisiert werden. Sie haben soziale Selektions- bzw. Filterfunktion für Wissen, und in diesem Sinne bilden Schulbücher genauso wie Lehrpläne „Vorselektionen für Unterricht" und „selektieren und propellieren eine mögliche Weltsicht" (Scheunpflug 2001: 110). Dabei stellen sich die „Ausschließungen (...) in Hinblick auf das Weltbild viel dominanter als Einschließungen" dar, „auch und gerade weil sie nicht bewußt werden" (ebd.: 111).

Prozesse der Selektion und Relevanzsetzung vollziehen sich in einem bestimmten zeitlich-historischen Kontext, in dem an immer schon erfolgte Selektionen angeknüpft wird. Mit Pecheux können die stabilisierten und etablierten Diskurse als das diskursiv „Vorkonstruierte" (Pecheux 1983: 53) bezeichnet werden (s.u). Dabei kommt es neben Bedeutungsverfestigungen auch zu Bedeutungstransformationen und Verschiebungen (z. B. bezüglich von Thematisierungsweisen, der Bildung von Teilöffentlichkeiten usw.), was sich im Medienbereich sowohl intramedial (innerhalb eines bestimmten Mediums über die Zeit) und intermedial (zwischen verschiedenen Medien) zugleich vollzieht.

Theorien des *sozialen* und *kulturellen Gedächtnisses* helfen, die erwähnten Selektionsprozesse zusätzlich zu evolutionstheoretischen Annahmen zu konkretisieren. Diese Prozesse können mit Harald Welzer als „Praktiken sozialen Gedächtnisses" (Welzer 2001: 19) aufgefaßt werden. Dabei nennt Jan Assmann für den Begriff des kulturellen Gedächtnisses drei Merkmale: Geformtheit (z. B. Bilder), Organisiertheit (z. B. Zeremonien) und Verbindlichkeit (Normativität). Die Funktion des kulturellen Gedächtnisses bestehe in der Pflege eines Selbstbildes, durch das sich Gesellschaften stabilisierten (Assmann 1992). Welzer betont mit Blick auf den Praktikenbegriff, daß es sich um „nicht-intentionale Praktiken des sozialen Gedächtnisses" (2001: 19) handle. Dies schließt an den in Kap. 2.1.1 eingeführten Begriff vom strukturellen Medium an, der gegenüber der Perspektive auf Schulbücher als intentionale Medien die neue Sicht zum Ausdruck bringt. Das Schulbuch läßt sich somit neben seiner Funktion, intentional in Lehr- und Lernprozessen in der Schule zum Einsatz zu kommen, als ein komplexes Wissensmedium konzeptualisieren, das ein wichtiges Element innerhalb diskursiver Formationen und medialer Konstellationen darstellt. In seiner vielfältigen relationalen Verfaßtheit stellt es ein strukturelles Element dieser Formationen dar, die ihrerseits je nach theoretischer Perspektive als „Gedächtnis" oder „Diskurs" begriffen werden können. Diese *strukturelle Komplexität* des Mediums Schulbuch zeigt sich in dem Wissen, das in ihm repräsentiert ist, auf tradiertem Wissen, stabilisierten und etablierten Bedeutungen bzw. Sinn beruht. Es stellt einen wichtigen Teil des „gesellschaftlichen Spurenkörpers" dar, als den Pecheux das soziale Gedächtnis beschreibt (1983: 50).

In das Schulbuch als Medium sind unzählige vorkonstruierte Diskurse und semantische Verknüpfungen eingeschrieben und insofern gehört es als soziales Beobachtungsmedium zum „diskursiven Gedächtnis" (ebd.: 53) einer Gesellschaft. Jede in ihm auftretende Sequenz, sei es in Form eines Satzes oder einer bildlicher Darstellung, gehört zu einem umfänglicheren „Gedächtnisraum" (ebd.). Dieser steht metaphorisch für die vorgängigen Konstruktionen, an die mit jeder Sequenz zeitlich-historisch angeschlossen wird wie auch für die zwischen thematischen Diskursen vermittelnden Quer- oder Interdiskurse, die wie ein Netz aus relevanten sozialen Bedeutungen miteinander verknüpft sind (vgl. Höhne 2002). Schulbuchwissen enthält diskursanalytisch betrachtet unzählige Verweise auf vorgängige Diskurse, andere Kontexte und weiteres Wissen, die virtueller Art sind und in einem Text oder Bild explizit nicht auftauchen. Erst aufgrund eines umfangreichen Vorwissens kann ein komplexes Bild oder ein Text vom Rezipienten bzw. einem Schüler verstanden werden, was darauf hinweist, daß beide – Rezipient und Schulbuch – Teil einer soziohistorischen und diskursiven Formation bzw. des erwähnten Gedächtnisraums sind. Somit ist das Schulbuch bzw. das Schulbuchwissen auf der medialen Ebene sowohl *intermedial* wie auch auf der semantisch-diskursiven Ebene *interdiskursiv* vielfältig verknüpft. In bezug auf soziokulturelles Wissen dient die Unterscheidung *implizit/explizit* dazu, diese Verknüpfungen zu markieren und ist, was Wissen betrifft, allgemein formgebend. Das im Schulbuch explizit artikulierte Wissen ist mannigfach, virtuell und daher implizit mit anderem Wissen und anderen Diskursen verkoppelt[25].

Die Reproduktion der Wissens- und Diskursordnungen ist daher wesentlich an institutionelle und mediale Rahmungen bzw. Kanalisierungen geknüpft, die regelhaft und machtvoll die Generierung neuen Wissens, der Kontexte und Diskurse kontrollieren. Foucault verweist darauf, daß sich Wissen nicht außerhalb von *Macht* entwickle, sondern daß sie vielmehr einen „Komplex" bzw. einen notwendigen „Nexus" (1992: 33) bilden würden. Es sei daher nicht davon auszugehen, daß Macht letztendlich mit Wissen durchschaut und neutralisiert werden könne. Daher sei

---

[25] Der Strukturalismus wies als erstes auf die systematische Beziehung von explizit Geäußertem und implizit Assoziiertem hin. So spricht Roland Barthes etwa im Sinne Ferdinand de Saussures von „virtuellen Gedächtnisreihen" bzw. einem „Gedächtnisschatz" (Barthes 1983: 49), die assoziativ bei Prozessen des Verstehens freigesetzt würden.

"eher wohl anzunehmen, daß die Macht das Wissen hervorbringt (...); daß Macht und Wissen einander unmittelbar einschließen, daß es keine Machtbeziehungen gibt, ohne daß sich ein entsprechendes Wissensfeld konstituiert und kein Wissen, daß nicht gleichzeitig Machtbeziehungen voraussetzt und konstituiert" (Foucault 1994: 39).

Dies hat zur Folge, daß auch jede Form von Rationalität – verstanden als historisch spezifische Wissensform – untrennbar mit jeweils spezifischen Machtformen korreliert. Die Gleichzeitigkeit bzw. die Gleichursprünglichkeit von Wissen und Macht impliziert, daß dieses Junktim auch sprachlich-diskursiv und durch eine übergeordnete Rationalität nicht hintergehbar ist, sondern als ein Signum der Moderne zu begreifen ist[26]. Die Konzepte von Wissen und Macht, auf die dabei zurückgegriffen wird, werden von Foucault folgendermaßen definiert:

„Das Wort *Wissen* wird also gebraucht, um alle Erkenntnisverfahren und -wirkungen zu bezeichnen, die in einem bestimmten Moment und in einem bestimmten Gebiet akzeptabel sind. Und zweitens wird der Begriff *Macht* gebraucht, der viele einzelne definierbare und definierte Mechanismen abdeckt, die in der Lage scheinen, Verhalten oder Diskurse zu induzieren" (1992: 32).

Schon an dieser kurzen Definition wird ersichtlich, daß mit dem Kriterium der ‚Akzeptabilität'[27] dem Wissen eine deontisch-normative, d. h. *regulative* Dimension[28] immer eingeschrieben ist. Wissen, insofern es soziale Relevanz erlangt, ordnet Weltsichten und reguliert Praktiken, d. h. besitzt eine steuernde und regulierende Funktion. „Wissensordnung" (Helmut Spinner) und „Diskursordnung" (Michel Foucault) stellen in dieser Hinsicht Synonyme dar. Explizit drücke sich diese Ordnungs- und Steuerungsfunktion in den „Regeln und Zwängen" (Foucault 1992: 33) aus, die Teil einer jeden institutionell verfestigten Form von Wissen (z. B. Kanon-, Schul-, Buchwissen) sind, die eine Aussage legitim machen, ihr einen Wahrheitswert zu- oder absprechen können. Diese müsse zu einem „System eines bestimmten wissenschaftlichen Diskurses einer bestimmten Epoche" (ebd.: 33) gehören, um als wahr oder wissenschaftlich gelten zu können. Ein derart systemisch diskursiv ausgerichteter Machtbegriff gibt die Perspektive vor, unter der Macht-Wissens-Relationen zu analysieren sind:

---

[26] Zu unterscheiden wären vielmehr unterschiedliche Formen (und innerhalb dieser Formen durchaus auch Grade) von Rationalität, zwischen denen dann mögliche Übergänge gesucht werden müßten, wie es Wolfgang Welschs Konzept der transversalen Vernunft nahe legt (Welsch 1996).
[27] In der „Archäologie des Wissens" wird konkreter von der ‚Akzeptabilität von Aussagen' gesprochen, die einer diskursiven Formation angehören (Foucault 1995).
[28] Gegenüber der Ontologie als der Lehre vom Sein (als das, was „der Fall ist") wird die Deontik als logische Theorie, „wie es sein soll" (Stegmüller 1979: 157) unterschieden, also wie sich der Modus des „Sollens" im Unterschied zum „Sein" gestaltet. Grundsätzlich wird dabei nach den drei Modi „Notwendigkeit, Möglichkeit und Unmöglichkeit" differenziert (ebd.). Hier soll mit diesem Begriff angedeutet werden, daß die normativ-deontische und die deskriptive Funktion diskursförmigen Wissens stets zusammenwirken.

„Diese Macht/Wissen- Beziehungen sind darum nicht von einem Erkenntnissubjekt aus zu analysieren, das gegenüber dem Machtsystem frei oder unfrei ist. Vielmehr ist in Betracht zu ziehen, daß das erkennende Subjekt, das zu erkennende Objekt und die Erkenntnisweisen jeweils Effekte jener fundamentalen Macht/Wissen- Komplexe und ihrer historischen Transformationen bilden (...) Analysiert man die politische Besetzung des Körpers und die Mikrophysik der Macht, so muß man im Hinblick auf die Macht den Gegensatz Gewalt/Ideologie, die Metapher des Eigentums, das Modell des Vertrags sowie das der Eroberung fallenlassen" (ebd.: 40).

Eine Analyse der jeweiligen (historischen) Wissensformen setzt demnach voraus, von traditionellen Vorstellungen einer ‚Exteriorität' von Macht gegenüber der Vernunft, der Wahrheit oder der Wissenschaft genauso Abstand zu nehmen wie von der Annahme, daß die Autonomie des Subjekts außerhalb dieses Wissens bzw. der herrschenden Diskurse zu finden sei. Bei modernen Machtformen handelt es sich nicht mehr nur um Praktiken sichtbarer Unterwerfung (Strafsysteme, explizite Imperative), sondern sie schließen Verhältnisse und Diskurse mit ein, die prima vista als Befreiung oder Emanzipation des Subjekts gedeutet werden könnten, aber Effekte von Kontroll- und Disziplinierungsmaßnahmen darstellen. Macht wird als relationales Verhältnis definiert (Foucault 1994: 253), das die Form eines „Beziehungsnetzes" (ebd.: 228) annehme, bei dem kein eindeutiges Machtzentrum mehr festzustellen sei. Weitere Kriterien von Macht sind nach Foucault, daß sie omnipräsent sei, nicht repressiv, sondern produktiv und normierend/normalisierend zugleich (vgl. Hillebrand 1997: 117) wirke.

Die analytische Perspektive, die sich zur Untersuchung von Wissensformen eröffnet, ist somit auf der Ebene der Praxis nicht primär phänomenologisch, strukturalistisch, interaktionistisch oder funktionalistisch geprägt, sondern bezieht sich auf die Spezifik der jeweiligen diskursiven Praxis und ihrer mehrfachen Determinierung. Metaphern wie „Feld" und „Raum", die von Theoretikern wie Bourdieu, Foucault, Apple gleichermaßen zur Beschreibung von Praxen verwendet werden, implizieren Strukturen, Dispositionen, Positionen, Diskurse, Handlungen, Regeln also: ‚Subjektives' und ‚Objektives' gleichermaßen, ohne von einer generellen Dominanz *eines* Elements auszugehen. Soziale Praxen sind strukturell überdeterminiert und daher in ihrer Komplexität strukturanalytisch zu untersuchen.

Wissen war oben mit Blick auf spezifische Kontexte als Information höherer Ordnung beschrieben worden. Zur Konkretisierung des Kontextbezugs von Wissen kann auf den Formbegriff rekurriert werden, mit dessen Hilfe ein spezifisches Wissen als ein Wissen aufgefaßt werden kann, das über eine spezielle *Form* im Sinne einer regelhaften und regelmäßigen Formierung aufweist: Eine soziale Form insofern, als es innerhalb bestimmter Praktiken, Handlungszusammenhänge, d. h. Praxisformen auftaucht, eine zeitlich-räumliche Form des Hier und Jetzt seiner Aktualisierung, eine mediale Form (Schulbuch, Radio), eine thematisch-inhaltliche Form des Diskurses sowie eine semiotische Form, durch Wissen als bild- oder sprachförmiges unterschieden werden kann. Der Formbegriff ermöglicht es, eine grundlegende Unterscheidung von *Wissen* und *Nicht-Wissen* einzuführen, die Wissen als spezifisch zeitlich, sozial und räumlich fixierte, kontextualisierte, mediatisierte und thematisch gebundene Einheit betrachtet, die von unspezifischeren Varianten unterschieden werden kann, in denen Nicht-Wissen auftaucht: Als „1) selektive Rezeption und Vermittlung von Risikowissen, 2) Unsicherheit des Wissens, 3) Irrtümer und Fehler, 4) Nicht-Wissen-Können (...), 5) Nicht-Wissen-Wollen" (Beck 1996: 302). Nicht-Wissen stellt daher nicht schlicht die andere negative Seite, von Wissen dar, sondern differenziert sich weiter in graduell zu unterscheidende Formen von Nicht-Wissen, die eines gemeinsam haben: Sie sind auf die ein oder andere Weise unspezifischer als Wissen. Hierbei ist Spezifität nicht mit Objektivität zu verwechseln, sondern bezieht sich lediglich auf den Umstand, daß Wissen die beschriebenen minimalen Formcharakteristika aufweisen muß, um als Wissen gelten zu können, soziale Relevanz zu erlangen und wahrgenommen zu werden. Dies stellt die unabdingbare Voraussetzung für die Möglichkeit seiner Wiederholung in unterschiedlichen Kontexten dar, um beispielsweise so etwas wie „Objektpermanenzen" (Luhmann 1991: 107) zu gewährleisten[29].

Soziokulturelles Wissen liegt sprachlich-zeichenhaft und somit diskursförmig vor (vgl. Kap. 3). Diskurse stellen jedoch nicht einfach die sprachlich-zeichenhafte Seite eines Wissens dar, das gegenüber dem Diskurs primär wäre und dann nur noch seinen ‚diskursiven Ausdruck' fände[30]. Vielmehr bildet Diskurswissen, d. h. das sprachlich-zeichenhaft artikulierte und sozial kommunizierte Wissen eine emergente Struktur- und Ordnungsebene. Diskurse sind gleichermaßen konstitutiv für soziokulturelles Wissen wie dieses stets einen Teil der Diskursordnung bildet, die als regelhafte Praxis „gelebt" wird:

„Diskurse sind für Foucault Arten der Wissenskonstituierung ebenso wie die gesellschaftlichen Praktiken, die Formen der Subjektivität und die Machtverhältnisse, die den Wissensbereichen und den Beziehungen zwischen ihnen innewohnen. Diskurs sind mehr als nur Arten des Denkens und der Bedeutungsproduktion. Sie konstituieren die ‚Natur' des Körpers, das unbewußte und bewußte Denken und das emotionale Leben der Subjekte, die sich zu beherrschen suchen. Weder der Körper noch die Gedanken noch die Gefühle haben außerhalb ihrer diskursiven Artikulation eine Bedeutung, aber die Art, wie der Diskurs die Gedanken und Körper des Individuums konstituiert, ist immer Teil eines umfassenderen

---

[29] Allgemein für Wissenschaft heißt das: „Wissenschaftliche Disziplinen bilden im Zuge ihrer institutionellen Ausdifferenzierung und Professionalisierung semantische Traditionen aus, die ihre selektiven Beobachtungen und Beschreibungen fixieren, der weiteren Kommunikation zur Verfügung stellen und kontingenten Sinn in bestimmten transformieren, um auf diese Weise Objektpermanenz zu erzeugen" (Ehrenspeck/Rustemeyer 1996: 368).

[30] ‚Diskurs' und ‚Wissen' sind nicht nur einfach aufeinander in irgendeiner Weise bezogen, sondern füreinander konstitutiv. In ähnlicher Weise hebt dies Polanyi in bezug auf Ryles Unterscheidung von ‚knowing how' (= Können) und ‚knowing that' (= Wissen) hervor. Sie hätten beide eine „ähnliche Struktur, und keiner tritt jeweils ohne den anderen auf" (1985: 16).

Netzes von Machtbeziehungen, die oft institutionell begründet sind (...)" (Weedon 1990: 139).

Diskurs im Sinne von diskursiver Praxis bezieht sich sowohl auf die unscheinbar-impliziten und unbewußten Wissensanteile (unthematisierte Voraussetzungen, indirekte Sprechakte, habitualisiertes Wissen usw.) wie auch auf die explizit über Sprache und Kommunikation ablaufenden diskursiven Reproduktionsformen in Praktiken (Anweisungen, explizite Festlegungen, Vorschriften, Handlungsanleitungen usw.). Mit Diskurs ist daher die sprachlich-zeichenhafte Seite sozialer Praktiken sowie die gelebten, d. h. in Handlungen und sozialen Formen materialisierten Praktiken gemeint, die sich auch in den Körper der Subjekte über Habitualisierungen und damit den Alltag einschreiben[31]. In diesem Kontext wird die Bedeutung eines ethnographisch-mikroanalytischen Blicks auf die diskursiven Praktiken deutlich, was etwa Apple (1981) hervorhebt.

Gerade im Schulbereich und bei der Untersuchung von Diskursformen wie Schulbuch oder Curricula, so Apple, sei klar geworden, daß die schulischen Praxen und das in ihnen vermittelte Wissen nicht einseitig z. B. von der Ökonomie determiniert seien. Funktionalistische Reproduktionsannahmen, wie sie seinerzeit von marxistischen Theoretikern vertreten wurden (Kritik von Apple 1981: 81), erfaßten die Autonomie kultureller Praxen in der Schule nicht. Hingegen gewährleiste der Bezug zu kulturellen Praxen, die einzelnen institutionellen Verfestigungen und Selektionen von Wissen im Bildungsbereich (z. B. Lehrpläne und Schulbücher) als Knotenpunkte eines Netzes aus Wissen und Diskursen[32] aufzufassen und in der Analyse aufeinander zu beziehen. Apple betont drei Elemente, die bildungssoziologisch und wissenstheoretisch in bezug auf Schule von Belang seien. Untersucht werden sollten seiner Meinung nach die

„alltäglichen Interaktionen und Regularitäten des geheimen Lehrplans, der implizit Normen und Werte vermittelt; der formale Korpus des Schulwissens, d. h. das Curriculum selbst, wie es in verschiedenen Materialien und Texten geplant und vorgefunden wird und durch die Lehrer zusätzlich gefiltert wird; und schließlich die grundsätzlichen Perspektiven, auf die Erzieher (verstanden in Gramscis Sinne als Rolle von Intellektuellen) bei der

---

[31] Bourdieu spricht in diesem Zusammenhang von „körperlicher Erkenntnis" (2001: 165-210), das ein grundlegend „praktisches Erfassen der Welt" (ebd.: 174) zur Folge hat, zu dem das Subjekt durch einen „sozial geschaffenen Körper" (ebd.: 175) befähigt wird. Damit wendet Bourdieu sich gegen die Vorstellung eines transzendentalen Subjekts, dessen Weltwissen sich in Form einer allgemeinen Vernunft bzw. eines allgemeinen Wissens über die Welt etabliert, sondern gibt der konkret „räumlich und zeitlich situierten Erfahrung" (ebd.) den Vorrang.

[32] Wissen stellt hierbei die umfassendere Kategorie dahingehend dar, als es die subjektiven Interpretationen von Diskurssequenzen und Aussagen impliziert, die auch noch über die impliziten Anteile von Diskursen (Prämissen, ein zum Verstehen notwendig einzubringendes Wissen usw.) hinausreicht.

Planung, Organisation und Bewertung von Unterricht und Schule zurückgreifen" (Apple 1981: 81).

Damit sind wesentliche Determinanten der Unterrichtspraxis und zentrale Elemente des in Schule umgesetzten Wissens beschrieben. Wissen wie auch Macht kommen hierbei also auf *mehreren Ebenen* zum Tragen: Als impliziter Bestandteil und damit als Wissen, das selbst nicht direkt thematisiert ist und daher unsichtbar bleibt (Gedächtnisraum, Intermedialität, Interdiskursivität); als explizites Wissen, das qua Schulbuch als offiziellem Lernmedium in seiner Legitimität (Wissenschaftlichkeit, objektives Wissen, Vermittlungswissen) schon stets anerkannt ist und mit einer gewissen Autorität auftritt; und schließlich in der Person der Lehrerin, die als zusätzlicher Filter wirkt (Vollstädt u. a. 1999: 28), Schulbuchwissen konterkarieren kann oder regulierend auf das in der Unterrichtspraxis auftauchende Diskurswissen Einfluß nimmt (Verbote, eigene Materialen, andere Aufgabenstellungen usw.). *Das Schulbuch als Medium ist daher in ein komplexes Netzwerk medialer, diskursiver, institutioneller und wissenspraktischer Bezüge gestellt.* Sein spezifisches Wissen kann daher nur mit Berücksichtigung dieser Relationen adäquat untersucht werden.

Hierbei macht eine Differenzierung nach unterschiedlichen Formen von Diskurs Sinn, da Diskursformen semantisch und diskursiv selektiv sind[33] (vgl. Höhne 2002). So finden sich auf der Semantikebene zwischen Lehrplänen und Schulbüchern sowohl Bezüge wie auch Diskontinuitäten, die Hinweise auf die Spezifik des Schulbuchwissens geben (z. B. Direktadressierungen in Form von Arbeitsaufgaben). Zugleich gibt es ein klares asymmetrisches Abhängigkeitsverhältnis zwischen Schulbüchern und Lehrplänen, da erstere von letzteren abhängen und nicht umgekehrt. Diese Vorgabe- und Filterfunktion wirkt sich bis auf die semantisch-thematische Struktur von Schulbuchwissen aus und wird praktisch, institutionell durch Zulassungsverfahren kontrolliert.

Ein weiteres allgemeines Merkmal soziokulturellen Wissen ist, daß es sich um „*shared-knowledge*" (Reckwitz 1999: 28), d. h. um *sozial geteiltes Wissen* und damit überindividuelles Wissen handelt. Im Kontext des „interpretativ-konstruktivistischen" Paradigmas (1999: 25) hat sich Wissen vom traditionellen Wahrheitsbegriff gelöst und wurde auf Handlungspraxis umgestellt (ebd.: 26). In ähnlicher Weise wird auch in Theorien sozialer Repräsentation die „soziale Zuschreibung von Bedeutung" und der kollektive Charakter „*sozialen* Wissens" betont, der nach Flick vom „formalen Ablauf von Prozessen der Informationsverarbeitung" kognitionstheoretischer Ansätze zu

---

33 So unterscheidet sich eine Nachrichtensendung u. a. von einem Schulbuch durch ihre formale Struktur, aber auch ein Roman von Schulbuch dadurch, daß im Roman im Unterschied zum Schulbuch normalerweise kein thematisch spezifiziertes Inhalts- und Stichwortverzeichnis vorliegt. Dennoch ist beiden die Diskursform „Buch" gemeinsam.

unterscheiden sei (1995a: 12-13). Dabei ist hervorzuheben, daß Wissen gegenüber Diskurs den umfassenderen Begriff darstellt, da letzterer sich auf das sprach- und zeichenförmig manifestiertes Wissen bezieht. Demgegenüber existiert die Dimension individuellen Erfahrungswissens, die sich aus spezifischen, biographischen Erinnerungen, lebensgeschichtlichen Konstellationen, bestimmten Sozialerfahrungen, Körperpraktiken usw. speist, die im Subjekt spezifisch konfiguriert vorliegen[34], Erfahrung und Vorwissen formieren. Es liegt auf der Hand, daß im Kontext einer Untersuchung über Schulbuchwissen nur das diskursiv artikulierte Wissen interessieren kann.

Die Sprach- und Zeichenförmigkeit soziokulturellen Wissens bildet eine eigenstrukturelle, d. h. emergente Ebene, auf der Wissen spezifisch regelhaft artikuliert wird. Während der Regelbegriff sich auf die Genese und Transformation von Strukturen bezieht (Searl 1979: 54 ff.), verweist der Emergenzbegriff auf die Spezifik der Strukturebene:

Im ‚klassischen' Sinne bedeutet Emergenz die Entstehung neuer Seinsschichten (Leben gegenüber unbelebter Natur oder Geist gegenüber Leben), die in keiner Weise aus den Eigenschaften einer darunter liegenden Ebene ableitbar, erklärbar oder voraussagbar sind (...) (Krohn/Küppers 1992: 389).

Jenseits von Subjektivität bzw. Intersubjektivität ist mit soziokulturellem Wissen eine *transsubjektive Ebene* beschrieben, bei der ein eigenes Ordnungsniveau als „Ordnung des Diskurses" (Foucault 1993) entsteht. Ohne die Komplexität von Diskurs- bzw. Formationsregeln hier insgesamt thematisieren zu können (vgl. dazu Foucault 1995), gehört der Konsens (vgl. Kap. 3.1) als Resultat regelhaften Aushandelns von Positionen dazu. Dies verdient hier deshalb Erwähnung, weil es sich auf die institutionellen Selektionen und Beschränkungen bezieht, die für Wissen formkonstitutiv sind.

Mongardini hat darauf aufmerksam gemacht, daß die Grundmodi eines *Konsenses* aktiver und passiver Art sein können (1983: 79). Eine Zustimmung kann strategischer Natur sein und durch Sachzwänge oder eine andere Art Druck motiviert sein. Über Konsens werden die Möglichkeiten der Interpretationen von Wirklichkeit limitiert, da soziales Konsenswissen mit der Autorität legitimen Wissens auftritt, sei es, daß Wahrheitsansprüche oder normative Setzungen, die keiner weiteren Überprüfung unterzogen werden, damit verbunden sind. Mongardini weist weiter darauf hin, „daß die ihre Angehörigen verbindende Konsensusgrundlage sich nicht so sehr in einer *Vereinbarung über die Wirklichkeit ausdrückt,* als einer Vereinbarung *über die Bedeutung, die die Individuen der Wirklichkeit beimessen,* d. h. also über die Meinungen, die Werte, die Vorurteile" (1983: 79, Hervorh. i. Orig.). Auch werde das Soziale stets als „Konfrontation zwischen *Perzeption der Wirklichkeit und*

---

[34] Auch Polanyi betont, daß mehr gewußt wird, als ausgesagt werden kann (1985: 29) und spricht mit Blick auf impliztes Wissen von „zwei Realitätsebenen" (ebd.: 37), die jeweils eine eigene emergente Ebene bilden (ebd.: 33 ff.).

idealem Modell erlebt" (ebd.), was zwingend einen Konsens bzw. verschiedene Arten von Konsens über die Interpretation von Wirklichkeit zur Konsequenz habe. Dies impliziere zum einen ein kollektiv akzeptiertes Wissen, wo es um Deutungen sozialer und politischer Verhältnisse geht und zum anderen müsse auch die ‚subjektive Seite' eines Konsens berücksichtigt werden, der in den Gratifikationen für das Subjekt liege. Auch in der Idee des Allgemeinwohls müsse ein „persönlicher Nutzen" (ebd.: 77) erkennbar sein.

Der hierbei verwendete Konsensbegriff schließt nicht an die Verwendung von Konsens als gemeinschaftlich ausgehandelter Position an, in der alle Geltungsansprüche deliberativ und den expliziten Regeln einer Diskursrationalität folgend offengelegt werden könnten, um so den ‚zwanglosen Zwang des besseren Arguments' zum Zuge kommen zu lassen. Dieser von Habermas, Benhabib u. a. vertretene Konsensbegriff birgt das Paradox, daß immer schon das vorausgesetzt wird, was aufgrund des angezielten Procedere eigentlich erst erreicht werden soll, nämlich „Normen der Gleichheit und der Symmetrie (...) dieselbe Möglichkeit, Sprechakte einzubringen (...)" (Benhabib, in: Mouffe 1997: 84). Demgegenüber ist die grundsätzlich ausschließende Wirkung von Konsens jeder Art zu betonen, worauf Mouffe hinweist:

„In einer liberal-demokratischen Gesellschaft ist und wird Konsens immer Ausdruck einer Hegemonie und Kristallisation von Machtverhältnissen sein. Die Grenze, die sie zwischen dem Legitimen und dem Nichtlegitimen zieht, ist eine politische und sollte aus diesem Grund anfechtbar bleiben" (ebd.: 85).

Sich auf Carl Schmitt berufend, hebt sie hervor, daß die „Identität einer demokratischen politischen Gemeinschaft auf der Möglichkeit einer Grenzziehung zwischen ‚uns' und ‚ihnen' basiert (...) (und) daß die Demokratie stets Inklusions-/Exklusionsverhältnisse umfaßt" (ebd.: 81). Für eine Analyse von Wissen sind also die Exklusionseffekte konsensualen Wissens gegenüber den expliziten Inklusionsabsichten hervorzuheben. Konsens ist daher auch nicht mit Kompromiß gleichzusetzen, sondern beinhaltet vielmehr die Gebrochenheit und das soziale Ringen um die richtige Interpretation wieder. Entscheidend an dieser Konsensfigur ist, daß die Übereinkunft zum einen lokal, situativ, temporär und kontextuell gebunden ist und dies konstitutiv für das strategischen Verhalten der Akteure ist. Zum anderen zeigt sich, daß dadurch auch keine universellen Rationalitätsstandards vorausgesetzt werden können, nach denen ein Konsens generell als mehr oder weniger rational klar einzustufen wäre[35]. Vielmehr wird in den lokalen Praktiken bzw. Institutionen selbst

---

35 Auch Wimmer hat auf die Restriktionen und die Pluralität sozialer Kontraktlogiken aufmerksam gemacht. So sieht er den „Gesellschaftsvertrag" als eine aus „unterschiedlichen Interessenlagen heraus erfolgte Zustimmung und deshalb Legitimität einer gesellschaftlichen Ordnung an, ohne damit zu implizieren, daß diese Ordnung vernunftrechtlich begründbar sei – im Gegenteil: Die Zustimmung erfolgt aufgrund der Abwägung der je variierenden, nicht der universellen Interessen von Individuen und sie erfolgt unter Bezugnahme auf bereits durch gesellschaftliche und kulturelle Erfahrungen vorgeformter, meist habi-

festgelegt, was als rational, akzeptabel und legitim gilt. Der Begriff des Konsens bezieht sich auf die Verwobenheit von Wissen mit lokalen Praktiken und auf die damit verbundenen normativen Setzungen, Sinnselektionen, Legitimierungen usw., d. h. er impliziert die Heterogenität unterschiedlicher Interessen sozialer Akteure und institutionell-sozialer Kontexte[36]. Interessen als spezifisches Akteurswissen und Handlungsstrategien implizierten habituelle Dispositionen und situative Faktoren, worauf Bourdieu verweist:

„Tatsächlich bestimmen sich Interessen (...) im Verhältnis zwischen dem Habitus als System kognitiver und motivationaler Strukturen und der Situation (oder dem Objekt); ebenso gründet sich die Konvergenz der Interessen oder das Zusammenspiel der Aspirationen, die die Bündnisse und Spaltungen zwischen den konfligierenden und konkurrierenden Gruppen stiften, auf der Übereinstimmung der Dispositionen" (1976: 216).

Dominantes Wissen bzw. ein hegemonialer Konsens ist im Rahmen der Genese neuzeitlich-moderner Öffentlichkeit in Form von Verbreitungsmedien und Institutionalisierungen an einflußreiche intellektuelle Trägerschichten gebunden (Eisenstadt 1991). Zu den Intellektuellen und Wissensexperten einer Gesellschaft zählen nach Gramscis allgemeiner Intellektuellentheorie Lehrer und Professoren sowie Parteiführer, aber auch Priester oder Vorgesetzte – d. h. alle, die qua Funktion in einem besonderen Lehrer-Schüler-Verhältnis stehen, eine erzieherische Funktion im weitesten Sinne haben und permanente *Vermittlungsarbeit* leisten. Moderne Macht- und Hegemoniebeziehungen besitzen demnach eine eminent pädagogische Seite, welche die Vermittlung eines spezifischen Wissens, einer Haltung, einer Disposition oder eines Habitus beinhalten kann. Gramsci behauptet sogar, daß „jede Hegemoniebeziehung notwendigerweise eine pädagogische Beziehung" (Gramsci 1983: 257) sei, die sich zwischen Einzelnen, national zwischen gesellschaftlichen Gruppen und Klassen, aber auch international zwischen Nationen und „Zivilisationen" (ebd.) einstelle. Ein organisches Verhältnis zwischen Akteuren wie auch Identifikationsprozesse werden nicht nur über die Vermittlung von Fach- und Sachwissen in Gang gesetzt, sondern durch den Zusammenhang von „Wissen-Verstehen-Fühlen" hergestellt, wie es in der Überschrift eines seiner Texte lautet. Der Intellektuelle, insofern er nur als Träger funktionalen Wissens verstanden werde, könne nur „Beziehungen rein bürokratischer, formaler

---

tualisierter Bewertungsmaßstäbe (...), nicht nach Maßgabe einer abstrakten Rationalität" (1996: 411 Fn. 12). Darüber hinaus weist Feilke auf die notwendige Differenzierung von „Common sense" und „Konsens" hin. Letzterer erscheine „sprachtheoretisch als zu starke Prämisse für eine Theorie der Kommunikation", während Common sense aus der „primären Selektivität der Kommunikation" resultiere und seinerseits „die kommunikative Erzeugung koordinierter Selektivität" stütze (1994: 70).

[36] Im Falle des Schulbuchs wird dies deutlich an den unterschiedlichen Länderausgaben von Schulbüchern mit gleichem Titel wie den unterschiedlichen Darstellungsformen ein- und desselben Gegenstandes in verschiedenen Schulbüchern und der Differenzierung der Verlage nach bildungsreformnahen A-Ländern und B-Ländern ohne Bildungsreformtradition (Gagel 1994).

Natur", aber keine (pädagogische) Führung aufbauen (1983: 94). Wo es aber um freiwillige Zustimmung, um das aktive Erzeugen eines Konsens – und in Gramscis Worten um den Aufbau eines ‚historischen Blocks' – geht, müssen weitere identifikatorischen Prozesse und Ebenen berücksichtigt werden:

„Wenn die Beziehungen zwischen den Intellektuellen und dem Volk und der Nation, zwischen Führern und Geführten, zwischen Regierenden und Regierten, von einer organischen Zustimmung erzeugt wird, in der das Gefühl und die Leidenschaft zum Verständnis und also zum Wissen werden (nicht mechanisch verstanden, sondern in lebendiger Art und Weise), nur dann ist die Beziehung repräsentativ und es kommt zu einem Austausch individueller Elemente zwischen Regierten und Regierenden, zwischen Geführten und Führern, d. h. es entwickelt sich das gemeinsame Leben, das alleine gesellschaftliche Kraft ist, der ‚historische Block' baut sich auf" (ebd.).

In dem Sinne leitet sich der Konsens aus den drei Elementen von Sach- oder Referenzwissen, Verstehen bzw. Interpretieren und Emotionalität bzw. Identität her, die sich zu einem repräsentativen und konsensuellen Wissen verdichten. Das Set an gemeinsamen Anschauungen und Meinungen, die in diskursiven Praxen konstruiert und reproduziert werden, wird zuweilen auch mit dem aristotelischen Begriff der Doxa gefaßt (Bourdieu 1976: 151, Pielenz 1993: 124 ff.), wozu nach Bornscheuer folgende Aspekte gehören:

„Unter diesen Aspekt der ‚herrschenden Meinungen' sind (...) sämtliche mündlichen und schriftlichen, bewußt oder unbewußt internalisierten Geltungsansprüche der Tradition und Konvention ins Auge zu fassen, vom idealen gesamtgesellschaftlichen consensus omnium bzw. der herrschenden Vor-Urteil-Struktur über alle kanonisierten Bildungsgüter bis hin zu den dezidierten ‚Lehrmeinungen' einzelner Autoritäten (politischer, pädagogischer, wissenschaftlicher oder kultischer). Zu den endoxa ist mit dem Sententiösen, Sprichwörtlichen und Zitathaften der Bereich aller gesellschaftsgeschichtlichen Erfahrungen und Erinnerungen wie auch aller handlungsorientierenden, zukunftsweisenden Bedeutungsgehalte zu rechnen" (1976: 95)

Diese „Topik", wie Bornscheuer die „Struktur der gesellschaftlichen Einbildungskraft" im Anschluß an Aristoteles nennt, setzt sich aus den basalen Mustern und Kategorien des „bereits kodierten Blicks" (Foucault 1980: 23) zusammen, der jede Wahrnehmung prägt und sie zu einem historischen Akt werden läßt. Insofern stellt diese Form des soziokulturellen Basiswissens eine unhintergehbare Grundlage für das soziale Konsensbewußtsein dar.

Es wird deutlich, daß der Konsensbegriff sich auf zwei unterschiedliche Ebenen soziokulturellen Wissens bezieht. Zum einen wird damit ein Wissen charakterisiert, das lokal bzw. spezifisch geregelt wird, und unter partikularen Kräfteverhältnissen und Interessen sozialer Akteure stehend eine Variante des Konsens darstellt, die man als *Konsens von Praktiken* bezeichnen kann. Zum anderen ist davon das erwähnte *soziokulturelle Basiswissen* zu unterscheiden, durch das die Formen sozialer Kategorisierungen, Wahrnehmungen und Diskurse verknüpft sind (z. B. bestimmte Argumentationsmuster, Metaphern), die eine Kohärenz des sozialen Konsens und der Meinungen ganz allgemein stiften. Um die semantische Struktur dieses konsensualen Basiswissens präziser zu fassen, kann auf die Unterscheidung von „Spezialdiskurs" und „Interdiskurs" zurückgegriffen werden, wie sie u. a. von Jürgen Link getroffen wird. Die diskursiven Elemente, die zwischen den jeweiligen spezifischen Wissensbereichen fluktuieren, und diese imaginär miteinander verknüpfen, nennt er „Kollektivsymbole"[37]. Ihre Bedeutung für eine Analyse konsensualen und hegemonialen Wissens besteht darin, daß sie eine wesentliche soziale Integrationsfunktion als auch eine „hohe kulturelle *reproduktions-kapazität* (...) und sehr hohe *paraphrastische kapazität*" (Link 1982: 6) besitzen, durch welche die „verschiedensten arbeitsteiligen Praxisbereiche imaginär unter einen Hut gebracht würden wie z. B. Ökonomie und Sexualität oder Kultur und Politik (ebd.: 11). Die Menge „diskursiver elemente, segmente, parzellen, teilstrukturen, die zwischen verschiedenen diskursen übereinstimmen" (ebd.) werden Interdiskurs genannt. Eine solche imaginäre Verknüpfung verschiedener Bereiche findet beispielsweise statt, wenn ein Parteivorsitzender als „deutscher Nationalspieler" und „Star seines Vereins" (In: Link 1982: 11) bezeichnet wird und dies eine Kette von Assoziationen (Zwei Mannschaften – Zwei-Parteiensystem, Angriff/Verteidigung, Sturm/Abwehr, Offensive/Defensive usw.) freisetzt, wodurch die ‚Logik der Politik' in der ‚Logik des Sports' reartikuliert wird. Hierbei kommt es zu Analogiebildungen, Übertragungen oder zur Bildung spezifischer Assoziationsketten und Konnotationen. Aus diesen Prozessen und Konstruktionen lassen sich schließlich die Funktionen der einzelnen Verkettungen bestimmen, wobei die Analyse zeigen muß, in welcher Weise die entsprechenden Sinneffekte erzeugt werden.

Der Politikwissenschaftler Thomas Meyer hat auf die strukturellen, intersystemischen Verkopplungen von Politik und Medien aufmerksam gemacht, und die daraus resultierenden hybriden medienpolitischen Formen als „Mediokratie" (Meyer 2001) bezeichnet. Um den Prozeß der Überformung einer bereichsspezifischen Logik (etwa eines Kodes im systemtheoretischen Sinne) durch eine andere Semantik zu beschreiben, wird auf die Metapher der „Kolonialisierung" (ebd.: 89 ff.) zurückgegriffen. Die diskursiv-semantische Kolonialisierung der Politik durch die Medien wird folgendermaßen beschrieben:

„Die Regeln der Medienlogik überformen die konstitutiven Faktoren der politischen Logik, verteilen in vielen Fällen die Akzeptanz zwischen ihnen neu, fügen ihnen neue Elemente aus dem Bereich der medialen Wirkungsgesetze hinzu, aber sie absorbieren die Logik nicht vollständig" (ebd.: 91).

---

[37] Zu den Kollektivsymbolen gehören primär Metaphern, aber auch Metonymien. Allgemein versteht Link unter ihnen „Sinnbilder", bei denen es sich um „komplexe, ikonische, motivierte Zeichen" (1988: 286) handelt.

Eine bereichs-, feld- oder systemspezifische Logik unterliegt somit Tendenzen *diskursiver Überformung* bzw. Überlagerung, was die Verknüpfung zweier Teilbereiche betrifft. Über Medien sozialer Kommunikation bzw. von Diskursen werden solche Kopplungen diskurssemantisch auf Dauer gestellt, was zu wesentlichen semantischen Transformationen führt. Diskursive Interferenzen, die über einen längeren Zeitraum andauern, wirken transformierend auf die Diskurslogik einzelner sozialer Bereiche und formieren sie neu (z. B. Bildung nur noch in Begriffen von Ökonomie zu reformulieren). Kopplungsprozesse beinhalten stets auch Transformation von Bedeutungen, die etwa im Falle der Politik-Medien-Kopplung darauf hinausläuft, daß spezifische Nachrichtenwerte wie „Konflikthaftigkeit" oder „Überraschungswert" in die politische Logik integriert werden (ebd.: 46-47). Dadurch ändert sich die politische Semantik wie auch die politischen Praktiken in entscheidender Weise, die mittlerweile stark auf „Inszenierung" angelegt sind (Grewening 1993) und es entsteht eine neue „Form der Präsentation" von Politik (Meyer 2001: 48):

„Empirische Analysen zeigen, daß die Präsentationsregeln im wesentlichen dieselben sind, mit denen das Theater als Kulturmodell seien Wirkungen erzielt, ohne sich allerdings im Fall der *medialen Inszenierung* als solche zu erkennen zu geben" (ebd.: 49).

Zu den Darstellungsformen medialisierter Politik gehören unter anderem „Personifikation, Mythischer Heldenkonflikt, Drama" (ebd.: 50)[38].

Um die mediale Schnittstelle, an denen Schulbücher zwischen Wissenschaft und Politik angesiedelt sind, genauer zu bestimmten, kann erneut auf das Modell von Link zur Differenzierung wissenschaftlicher und nichtwissenschaftlicher Diskurse zurückgegriffen werden. Er unterscheidet in einer Art Kreis- oder Kuchenschema einen großen Bereich, der mit den Begriffen „Interdiskurs, elementarer Ideologie, ‚Alltagswissen', ‚senso comune' (Gramsci), journalistischem Wissen, Volksreligion, Populärphilosophie" (Link nach Jäger 1991: 28) beschrieben wird. Den zweiten großen Bereich bilden die Spezialdiskurse: Naturwissenschaftliche Spezialdiskurse, humanwissenschaftliche Spezialdiskurse wie Psychoanalyse, juristischer Diskurs und schließlich die interdiskursiv dominierten Spezialdiskurse, auch „elaborierte Ideologien" genannt, wie Philosophie und Theologie[39]:

---

38 So führte die Schulbuchuntersuchung „Bilder von Fremden" (Höhne/Kunz/Radtke 2003) zu dem Ergebnis, daß sowohl die Darstellungsformen wie „Konflikt" oder „soziale Probleme" sowie bestimmte semantische Elemente (Metaphern, Idiomatik) zwischen Massenmedien und Schulbüchern bezüglich der Migrantendarstellung einen hohen Grad an Übereinstimmung aufwiesen. Dies stellt zum einen ein Indiz dafür dar, in welch hohem Maße Schulbuchwissen nach der Logik des Mediensystems – bei aller Spezifik durch die pädagogische Kodierung – konstruiert wird.

39 Den drei spezialdiskursiven Bereichen sind jeweils drei unterschiedliche Machttypen zugeordnet. So bilden die naturwissenschaftlichen Diskurs „technologische Macht" aus, während die humanwissenschaftlichen Diskurse mit „Normalisierungsmacht" und die interdiskursiven Spezialdiskurse mit „ethischer Macht" verknüpft sind (Jäger 1991: 27).

„(...) beide besitzen in der tat keine speziellen empirischen gegenstände als korrelat ihres wissens, sondern beschäftigen sich speziell mit integration und totalisierungen der diskurse. man kann grob sagen, daß der anteil interdiskursiver vorgaben bei den humanwissenschaften geringer als bei der theologie, philosophie usw., aber stärker als bei den naturwissenschaften ist (...)" (Link nach Jäger 1991: 28).

Die These von der Verwissenschaftlichung des Alltags und damit einhergehend von der Vulgarisierung wissenschaftlichen Wissens (Nolda 1996: 100 ff.) beinhaltet, daß für jedes spezialisierte, wissenschaftliche Wissen auch eine Form der ‚Vulgata' existiert, die vermittelnd-popularisierende, legitimierende und integrierende Funktion zugleich besitzt. Die Strukturierung von Schulbuchwissen als spezifisches Vermittlungswissen wurde in Kapitel 3.3 mit Rekurs auf den Begriff der pädagogischen Kodierung expliziert. Daher stellt die Unterscheidung von spezialisiert/nicht-spezialisiert (bzw. interdiskursiv) eine weitere wichtige Formdifferenzierung von Wissen auch mit Blick auf Schulbuchwissen dar. Sinnvollerweise wären somit bei einem thematisch gebundenen Diskurs die Funktion und Komplexität unterschiedlicher semantischer Verknüpfungen sowie die Anschlußmöglichkeiten daraufhin zu analysieren, welche interdiskursiven Elemente (z. B. Metaphern, Metonymien, Idiomatik, narrative Strukturen) darin vorfindbar sind und welche gemeinsamen semantischen Grundmuster vorliegen. Als wissenschaftlich im Sinne von Spezialwissen[40] wäre ein Diskurs in bezug auf den Ort zu beschreiben, wo er in Erscheinung tritt (eine Fachzeitschrift, eine Seminardiskussion, eine Expertentagung usw.) oder aufgrund der thematischen Gebundenheit bzw. der Verwendung von Fachterminologie, als diskursimmanentes Kriterium. Im weiteren Rahmen stellt sich jedoch die Frage nach dem Verhältnis zwischen wissenschaftlichem Wissen und Alltagswissen bzw. wissenschaftlichen Praktiken und Alltagspraktiken.

Alltagswissen und wissenschaftliches Wissen stellen zwei Wissensformen dar, die spezifischen Diskursregeln folgen. Sie besitzen gemeinsame Struktureigenschaften, die einem gemeinsamen epistemologisch-intelligiblen Raum entspringen. Dieser Raum ergibt sich aus dem Gesamt des soziokulturellen Diskurswissens und bildet die Menge möglicher Erkenntnis. Der Unterschied zwischen beiden Wissensformen ist, wie Hierdeis/Hug bemerken, „gradueller" Art, die Trennung keine strikte (1992: 63). Wenn Kriterien wie Erfolgsmessung von Handeln, virtueller Perspektivübernahme der Partner, Metawissen als Wissen über Wissen usw. zugrundegelegt werde, so hat Alltagswissen Theoriestatus und der „kognitive Stil der Praxis" und der „kognitive Stil der Theorie" (Soeffner 1989: 20) weisen strukturelle Gemeinsamkeiten bei graduellen Unterschieden auf (Spinner 1974: 1486).

---

[40] Damit ist nichts über die ‚Qualität' wissenschaftlichen Wissens etwa im Sinne von ‚rational' oder ‚objektiv' ausgesagt.

Infolgedessen ist es von Bedeutung zu untersuchen, wie sich die Formen der Verwissenschaftlichung von Alltagswissen in Richtung Neuartikulation von sozialem Konsens verändern, durch den die Teilbereiche übergreifend integriert werden. Die damit verbundenen Transformationen von spezifischem wissenschaftlichem Wissen etwa auf Vermittlungswissen hin zeigen sich in den veränderten mikrosprachlichen bzw. semantischen Formen. Diese Fokussierung des analytischen Blicks auf die sprachlich-diskursiven Strukturen sozialen Wissens ermöglicht es, zu untersuchen, in welcher Form und in welchem Ausmaß spezifische semantische Elemente sich als dominant und typisch für Diskurse erweisen und worin das für das Schulbuchwissen konstitutive Moment der Vermittlung besteht (Höhne 2002).

Insgesamt bietet das Konzept des Interdiskurses eine Möglichkeit, den wenig präzisen Begriff des Alltagswissens diskursanalytisch genauer zu bestimmen und dessen integrierende Funktion aufzuzeigen:

„aus den verschiedensten spezialdiskursen sammelt sich nun in den redeformen mit totalisierendem und integrierendem charakter (z. B. journalismus, z. B. populärwissenschaft und populärphilosophie) ein stark selektives kulturelles allgemeinwissen, dessen gesamtheit hier interdiskurs genannt wird. Interdiskurs ist nicht, wie die spezialdiskurse explizit geregelt und systematisiert, ihm werden keine definitionen abgefordert, keine widerspruchsfreiheit usw. bildlich haben wir den interdiskurs als ‚fluktuierendes gewimmel' zu kennzeichnen gesucht" (Link nach Jäger 1991: 28).

Die Erziehungswissenschaften würden nach Links Kuchenschema ähnlich wie die Psychologie zum humanwissenschaftlichen Teil gerechnet werden. Die Begriffe ‚Vulgarisierung' und ‚Verwissenschaftlichung' bezeichnen jeweils komplementäre Prozesse. Wie Flick betont, führt die „Verwissenschaftlichung des Alltagsdenkens" sowohl zum „Verschwinden bestimmter Wissensformen" als auch zur Figur des „Amateurwissenschaftlers" in der „Ära der sozialen Repräsentation":

„Damit ist die Masse derjenigen Menschen gemeint, die ihr Wissen über die Wissenschaft aus populärwissenschaftlichen Aufbereitungen in ‚Psychologie heute', ‚Scientific American', den Wissenschaftsseiten der Tageszeitungen oder entsprechenden Sendungen in anderen Medien bis hin zur Wissenschaftsdarstellung in Filmen beziehen (...) Diese Rezeption baut jedoch auf den in Schulen, Berufsausbildungen etc. vermittelten (Ausschnitten von) wissenschaftlichen Wissensbeständen und auf der Vermittlung der daran angelehnten Denk- und Wahrnehmungsweisen" (Flick 1995b: 69).

Bezogen auf das Schulbuch bedeutet dies, daß Wissen auf ein idealtypisches Lernsubjekt hin in *Vermittlungswissen* transformiert wird, im institutionellen Gefüge von Schule, Lehrplänen, Kulturministerium usw. steht und im Unterricht als spezifischer Praxisform von Vermittlung entfaltet wird. In welchem Ausmaß hierbei nun strukturelle Ähnlichkeiten in den Darstellungsformen zwischen verschiedenen Medien – Schulbuch und Massenmedien – vorliegt, müßte untersucht werden. Die Befunde des Schulbuchprojekt „Bilder von Fremden" zur Migrantendarstellung deuten auf eine hohe Konvergenz in den

Darstellungsformen bezüglich Migrantinnen in Massenmedien und Schulbüchern und somit auf ein *intermediäres mediales Dispositiv*[41] hin. Die Funktion des Schulbuchs wäre hierbei, herrschendes Wissen über Migrantinnen in Form didaktisch gebrochenen Schulbuchwissens den Schülersubjekten, d. h. alters- und adressatengruppenspezifisch zu vermitteln. Hierin hätten Schulbücher vor allem Verstärkungs- und Bestätigungsfunktion für Medienwissen, denn als reaktives Medium „reagiert" das Schulbuch auf die Massen- und Verbreitungsmedien; das in ihm artikulierte Wissen wird nicht außerhalb der Medienkette konstruiert. Ähnlich wie im Falle der Lehrpläne ist von einem asymmetrischen Verhältnis zwischen Massenmedien und Schulbüchern in dem Sinne auszugehen, daß erstere Wissen vorgeben, das schülerspezifisch zugeschnitten wird.

Der Vermittlungsbegriff, der hierbei zur Kennzeichnung des Wissens gebraucht wird, ist nicht methodischer Natur, sondern bezieht sich auf die konstruktive und strukturierende Dimension dieses spezifisch kodierten Wissens. Es geht dabei nicht um die Vermittlung eines als objektiv erachteten Sachverhalts oder Gegenstandes. Vielmehr durchläuft der Gegenstand einen Transformationsprozess und wird spezifisch (re)konstruiert. Diese (Re-) Konstruktionen in Form von Texten, Bildern und Graphiken schließen zum einen an vorgängige Konstruktionen und Diskurse an und strukturieren zum anderen Praxisformen (z. B. Unterricht) potentiell, symbolisch-diskursiv vor. Der Vermittlung ist daher eine Zeitstruktur inhärent, die sich aus den selektiven retrospektiven Anknüpfungen und prospektiven Vorstrukturierungen auf eine mögliche Praxis hin ergibt und die signifikant für Vermittlungswissen ist. In dem hierbei vermittelten Wissen werden Zuschreibungen, Ein-, Aus- und Abgrenzungen vorgenommen, durch welche die Subjekte auf eine spezifische Art positioniert werden (vgl. Kap. 3.4 zum Begriff der Subjektposition). Stuart Hall hat in seinen Analysen politischer Auseinandersetzungen und ihrer Darstellung in Massenmedien auf die „strukturierte Vermittlung von Ereignissen" (1989: 126 ff.) hingewiesen. „Ausgewogenheit" werde nicht einfach in Massenmedien widergespiegelt, sondern es sei entscheidend, „sie zu *konstruieren*" (ebd.: 145). In dieser Hinsicht spielten die Medien eine *„vermittelnde* Rolle", da das Bild von Ausgewogenheit „das Resultat einer sozialen Praxis" sei, die „innerhalb eines ganz bestimmten Machtsystems bzw. Machstruktur" stattfinde (ebd.):

„Die Konzepte ‚Ausgewogenheit' und ‚Konsens' sind daher eng miteinander verwoben. ‚Konsens' impliziert nicht eine einzelne, einheitliche Position, der sich die gesamte Gesellschaft verschrieben hat. Er bildet den grundsätzlichen *gemeinsamen Boden* – die zugrunde-

---

[41] Der Dispositiv, der seinerzeit unter anderem von Foucault verwendet wurde (1983), besagt, daß Wissen und Erkenntnisse zu einem bestimmten historischen Zeitpunkt einem komplexen Ensemble von Institutionen, Diskursen, Wissens- und Subjektivierungsformen, Praktiken, Machtverhältnissen usw. entspringen und sich machtvoll verdichten – etwa in Form dominanten Wissens oder spezifischer Normalisierungspraktiken.

liegenden Werte und Prämissen -, auf dem die beiden Positionen sich bewegen, die im Detail scharf differieren können. ‚Konsens' ist bedingt durch strukturierte Uneinigkeit – all diese gemeinsamen Prämissen, die es ermöglichen, daß ‚Hinz und Kunz *übereinkommen, miteinander streiten'*. ‚Ausgewogenheit' wird *durch Konsens* eingerahmt" (ebd.: 145).

Als Beispiel für einen solchen Konsens nennt Hall das Zweiparteien-System bzw. den Glauben daran, daß das Bild demokratischer Ausgewogenheit das rechts-links- Schema zur Voraussetzung habe.

Diese Art des Konsens stellt einen Teil „regulierender Praxis" (Butler 1997: 21) dar. Foucault spricht mit Blick auf Disziplinarpraktiken davon, daß diese *„normend, normierend, normalisierend"* (1994: 236) zugleich wirkten. Die unauflösliche Verquickung von Norm und Normalität von Wissen, Normierung und Normalisierung in Praktiken wird alltäglich in Diskursen durch Grenzziehungen erreicht, die für Diskurse selbst konstitutiv sind und deren thematische Innenseite von der Außenseite abgrenzen[42], wodurch sie ihre Form erhalten. Butler weist allgemein auf das Moment des „konstitutiven Außen" eines jeden Diskurses hin, was kein absolutes oder ontologisches Außen sei, sondern „nur in Bezug auf diesen Diskurs gedacht werden kann" (1997: 30). Es werde sowohl auf deskriptiver wie auf normativer Ebene ausgeschlossen, denn

„(...) insoweit das Außer-Diskursive abgegrenzt wird, wird es von dem gleichen Diskurs gebildet, von dem es sich frei zu machen versucht. Diese Abgrenzung, die häufig als eine vortheoretisch bleibende Voraussetzung in irgendeinem Akt des Beschreibens mitvollzogen wird, markiert eine Grenze, die einschließt und ausschließt und sozusagen darüber entscheidet, was zu dem Gegenstand gehören wird, von dem wir dann sprechen und was nicht. Dieses Ausgrenzen wird eine beträchtlich normative Kraft und sogar etwas Gewaltsames haben, denn es vermag nur zu konstruieren, indem es auslöscht; es kann eine Sache nur begrenzen, indem es ein bestimmtes Kriterium durchsetzt, ein Selektionsprinzip" (ebd.: 34-35).

Die so vollzogenen „stillschweigenden Ausschlußoperationen" (ebd.) vollziehen sich permanent im Bereich des konsensualen sozialen Wissens. Die symbolisch-diskursive „Wissensordnung" (Spinner 1994) limitiert den Raum des Intelligiblen als dem potentielle Erkennbaren dahingehend, als in ihm die „Ordnung der Dinge" (Foucault) vorgegeben ist, innerhalb der die Gegenstände ihren Status erhalten und nur in diesem epistemologischen ‚Ordnungsrahmen' überhaupt erkannt werden können. Dieses „historische Apriori" (Foucault 1995: 184-186) einer jeden Erkenntnis stellt den historischen Rahmen möglicher Erfahrung dar, der sich aus dem Gesamt der hegemonialaktuell artikulierten Formen des Diskurswissens einschließlich der virtuellen Möglichkeitsbezüge ergibt. Dies impliziert auch das für einen Diskurs be-

---

[42] So zeigt sich schon auf der Diskursebene eine Art systemische Logik dergestalt, daß thematisch gegenüber einer unspezifischen „Umwelt" (andere Themen) abgegrenzt wird und die grundlegende Leitdifferenz, also die Form eines jeden Diskurses die von Thematisierung/Dethematisierung wäre.

stimmende konstitutive Außen im Sinne seines stets mitlaufenden „negativen" Gegenstücks, durch das permanent die Grenze zum anderen gezogen wird ('Wir-Sie', die ‚eigene/fremde Kultur' usw.) und gezogen werden müssen. Differenzen (wie auch Anknüpfungen) realisieren sich auf der Ebene des Diskurswissens auf explizite und implizite Weise, aufgrund deren vielfältige Ausschlüsse und Grenzziehungen markiert werden. Diese Grenzen sind weder absolut noch einheitlich, da sie durch die Medialität, den institutionellen Kontext usw. mitkonstituiert werden. Es reicht daher nicht aus, Strukturbildung in Bezug auf Wissen alleine durch Komplexität, Selektion oder die bestimmt/unbestimmt- Differenz zu erklären, sondern die Ausschließungen sind macht-, institutionen- und akteursspezifisch als *Sekundärkodierungen* des relevant gewordenen soziokulturellen Wissens zu begreifen. Kodierungen wie etwa thematische Selektionen gehen auf institutionelle Praktiken zurück, die sich spurenhaft in die Struktur des Wissens bzw. des Diskurses einschreiben. Dies stellt eine Erweiterung des in Kap. 3.3 vorgelegten Kodierungsbegriffs dar, der nun auch institutionelle Praktiken mit einschließt.

Ein weiteres Strukturmerkmal von Wissen stellt seine Zeit(lichkeit) als *zeitliche Form* dar, weil Wissen auf Aktualisierungen im Diskurs angewiesen ist, welche die synchrone Dimension im Unterschied zur diachronen bildet (vgl. Luhmann 1991: 106). Mit dieser strukturalistischen Unterscheidung[43] kann die stete „transformierende Selektion" (Wexler 1981) von Wissen in diskursiven Praxen in dieser doppelten Dimension ihrer Dynamik analytisch erfaßt werden[44]. Mit einem solchen Konzept wird die Vorstellung von Wissen als Ressource oder Speicher aufgegeben. Strukturbildung hat stets eine zeitliche Dimension, ob in Formen diskursiver Anknüpfung an vorgängiges Diskurswissen (diachrone Perspektive), retrospektiver Erinnerungen oder prospektiver Erwartungen. Aleida und Jan Assmann weisen darauf hin, daß die synchrone Dimension der Kultur – also die Ermöglichung von Kommunikation durch die Herstellung von Gleichzeitigkeit – durch das Gedächtnis in die diachrone Dimension überführt werde (Assmann/Assmann 1994: 115).

---

[43] Ferdinand de Saussure führte diese Unterscheidung als erster in systematischer Absicht in die Sprachwissenschaft ein (1967: 108 ff.). Synchronie bezieht sich dabei auf den Systemcharakter von Zeichen zu einem gegebenen Zeitpunkt und beschreibt die vielfältigen Beziehungen der Zeichen zueinander, während Diachronie die historischen Veränderungen von Sprache und Zeichen beinhaltet.

[44] So beinhaltet Schulbuchwissen aufgrund der Trägheit des Mediums und des institutionellen Charakters von Schulbüchern, nämlich dogmatisches und kanonisches Wissen zu speichern, eine vom schnelllebigen Medien-Wissen unterschiedliche zeitliche Struktur (Vgl. Kap. 5). Es hat gerade in Zeiten exponentiellen Wachstums von Wissen die Funktion, sicheres und approbiertes Wissen zu konservieren und über längere Zeit zu stabilisieren (diachrone Dimension). Lehrerinnen reagieren auf den Aktualisierungszwang von Wissen beispielsweise durch Einbringen alternativer Materialien, was die Relativierung von Schulbuchwissen zur Folge hat.

Luhmann hat seinerseits auf den zentralen Stellenwert des Gedächtnisses im Zusammenhang mit der Aktualisierung von Wissen aufmerksam gemacht:

„Aber es (das Gedächtnis, T.H.) operiert nur, wenn es operiert, und nur mit dem Sinngehalt, den es jeweils aufgreift. Daher kann das Wissen nicht nach Art eines zeitbeständigen Vorrats begriffen werden, sondern nur nach Art einer komplexen Prüfoperation. Man spricht dann auch von „Erfahrung", wenn man sagen will, daß man in aktuellen Lagen Wissen über Vergangenes und Zukünftiges mobilisieren kann" (1991: 129).

Dabei geht es um die subjektive wie soziale Dimension von Gedächtnis gleichermaßen, durch das die Anschluß- und Kommunikationsfähigkeit gewährleistet wird. Die Struktur fixierten Wissen (z. B. Schrift, Bilder), das dauerhaft verfügbar gehalten wird und nicht unmittelbar wieder zerfallen soll, beruht auf seiner *medialen Form*[45] und der Diskurse. Es handelt sich um eine Linearität von Zeichenverknüpfungen im Diskurs, bei der Zeit und Bedeutungen eng miteinander verknüpft sind und eine dichte, bedeutungsvolle Materialität bilden[46]. Sie kann durch weitere institutionelle und mediale Verdichtungen typologisch (als Gesetzestext, als Schulbuchtext) gesteigert werden und so beispielsweise zu kanonischem oder dogmatischem Wissen führen. Wissen als Sinnverdichtung bzw. Information zweiter Ordnung ist je nach seinem Auftauchen mit unterschiedlicher sozialer Relevanz ausgestattet. Daß dies nicht nur von institutionell-medialen Orten, an denen es auftaucht, abhängt, zeigt beispielsweise die Persistenz mündlich vermittelter Tradition. An diesem Phänomen sieht man deutlich, daß Zeitlichkeit als Strukturmerkmal von Wissen auch immer Ungleichzeitigkeiten, Brüche und Diskontinuitäten beinhaltet. Diese heterogene Zeitlichkeit bleibt im Diskurs verdeckt, da stets der Eindruck von zeitlicher Kontinuität und inhaltlicher Linearität vermittelt wird. Durch die selektive Verknüpfung von Einzelereignissen zu Ereignisketten in Medien werden zeitliche Verläufe, Kausalitäten und Themen gekoppelt und so (re)konstruiert. In bezug auf Politik spricht etwa Meyer von „medialer Produktionszeit" im Unterschied zur „politischen Prozesszeit" (2001: 63).

Im Zusammenhang mit Zeit als zentralem Konstruktionsfaktor ist auch auf die Diskussion um die kürzere Lebensdauer bzw. Aktualität von Wissen zu verweisen. Dies ist um so bedeutender, „weil Halbwertzeit und Lebensdauer von Bildungsinhalten und wissenschaftlichen Konstruktionen drastisch abnehmen, so daß sich ein neuer Wettbewerb in der Zeitdimension entfaltet" (Willke 1997: 183). Die beschleunigte Transformation von Wissen in allen sozialen Bereichen (Wissenschaft, Alltag, Bildung) wirke sich in entschei-

---

[45] Vgl. zum Medienbegriff Kap. 3.2
[46] Dabei ist es gleichgültig, ob ein Autor über Jahre an einem Buch schreibt, jemand einen Brief oder eine e-mail verfaßt. Es geht darum, sich vor Augen zu führen, in welcher Weise die unterschiedliche zeitliche Strukturierung von Wissen als *verdichteter Sinn* in vergänglicher Kommunikation im Unterschied zu medial fixierten Formen sich auf das Wissen selbst auswirkt (z. B. auch durch die ökonomischen Restriktionen von Schulbuchproduktionspraxen).

dendem Maße auf Lernen allgemein und in der Schule (ebd.: 51) besonders aus. Die abnehmende Halbwertzeit repräsentativen soziokulturellen Wissens zwingt eigentlich zu immer rascherem Um- und Überarbeiten von Schulbuchwissen. Hoher und dauernder Innovationsdruck, die raschere Transformation von Wissen und zunehmender Einfluß massenmedialer Sozialisationsagenturen entwerten den Status von Schulbüchern als Leitmedium des Unterrichts systematisch und stetig.

Unterschiedliche Zeitstrukturen bzw. Ungleichzeitigkeiten von Wissen deuten auf eine weitere, oben bereits erwähnte Formunterscheidung von Wissen hin, die zeigt, in welcher Weise Strukturbildung als Prozeß vonstatten gehen. Dabei stellen die Strukturmerkmale „potentiell", „implizit", „explizit"[47] formbildende Unterscheidungen für Wissen dar, durch welche die modalen Anschlußmöglichkeiten von Wissen an Wissen bezeichnet werden. So hat u. a. Polanyi (1985) darauf hingewiesen, daß Wissen nie zur Gänze explizit vorliegt, sondern grundlegend auch etwa auf unsichtbaren, impliziten Anteilen beruht. Auf der Ebene von Diskursen kann es sich um Vorannahmen, unthematisierte Prämissen oder normative Setzungen handeln, die nicht direkt expliziert werden. Jedes diskursförmige Wissen als Aussage beruht grundsätzlich auf weiteren vorausgesetzten Aussagen und Prämissen, die bei jeder Verstehensleistung auf Rezipientenseite unwillkürlich schon immer akzeptiert worden sind. Die expliziten und impliziten Elemente von Wissen insgesamt ergeben einen „Raum" an Bedeutungen:

„Das epistemische Subjekt ‚versteht' eine Sequenz, sobald es in der Lage ist, ausgehend von der wörtlichen Bedeutung (...) dieser Sequenz, die Präsuppositionen, Inferenzen, Implikationen usw. festzustellen, die dem logischen Raum, in dem die Sequenz funktioniert, adäquat sind. In anderen Worten: das Wörtliche der Sequenz, die geregelte, grammatische Serie ihrer wesentlichen linguistischen Merkmale, wird betrachtet als ein Ensemble logischer Operationsspuren, das auf Nicht-Gesagtes, jedoch logisch Rekonstruierbares verweist" (Pecheux 1983: 52).

Der Ort, an dem diese Operationen vollzogen werden, ist für Pecheux das Gedächtnis. Sozial und historisch verweist jede Aussage, jede Sequenz also auf weitere, vorgängige Aussagen und somit auf einen „Bereich des Bereits-Gesagten und Anderswo-Gesagten", wo sie bereits funktioniert haben (ebd.: 53). Diesen Bereich nennt Pecheux das „Vor-Konstruierte", und es bildet als „diskursives Gedächtnis" den soziohistorischen Ort (ebd.) für mögliche Wiedereinschreibungen in aktuellen Diskursen[48]. Die Unterscheidung impli-

---

[47] Während „potentiell" auf die Möglichkeit einer Thematisierung – also die Dethematisierung – verweist, bezeichnen die Differenzen „implizit/explizit" auf die Modi der Aktualisierung von Wissen.

[48] An der Sequenz „Sein Tod war Gottes Wille" (ebd.: 53) verdeutlicht Pecheux den Begriff des Vor-Konstruierten. Die Sequenz stammt aus dem religiösen Bereich, setzt die Existenz Gottes voraus, und daß dieser einen Willen hat usw. Weiterhin schließt diese Aussage an Diskurse um die Schicksalhaftigkeit von Ereignissen an. Hier müssen also entgegen sy-

zit/explizit hat formgebende Funktion für Wissen und bezeichnet die *modalen Anknüpfungsformen* soziokulturellen Wissens (z. B. potentiell, explizit-denotative oder implizit-konnotative Verknüpfungen von Aussagen).

Eine solche Perspektive auf Gedächtnis und Wissen, die in unterschiedlichen Prozessen zeitlicher und institutionell-sozialer Strukturbildung präsent und bedeutungsvoll gehalten werden, läßt sich mit dem Merkmal *Prozeduralität* beschreiben. Es zeigt, daß Wissen steten Transformationen unterworfen ist. Damit wird der Ereignischarakter von Wissen herausgestellt, der diesem operationalen Wissensbegriff unterliegt. Eine solche Vorstellung von Wissen beinhaltet ein Generieren von Bedeutung im Diskurs, die nie völlig identisch oder einheitlich ist, sondern Verschiebungen, Neuverknüpfungen und somit Kontingenz unterworfen ist, ohne jedoch willkürlich zu sein. Wissen hat keinen Nullpunkt oder absoluten Anfang, sondern knüpft immer schon an vorgängiges Wissen an, wenn auch die Anknüpfungspunkte wie auch die zeitliche Dimension zumeist unsichtbar bleiben. Dieser Aspekt der immer schon existierenden ‚Nachzeitigkeit' gegenwärtigen Wissens unterstreicht noch einmal die Bedeutung des „Vorkonstruierten", das die Kontingenz zukünftiger (möglicher) Praxis auf Wahrscheinlichkeit gegenüber der bloßen Möglichkeit hin einschränkt[49].

Ereignisse können nur als Differenz beobachtet werden (Luhmann 1991: 37), d. h. in zeitlicher Hinsicht mit der Unterscheidung nach vorher/nachher. Im Zuge der Strukturbildung von Wissen als länger verfügbar gehaltenem selektiven Sinn kommt das Moment Bedeutungsgeneralisierung durch Zeitabstraktion hinzu:

> „Will man Ereignisse wiederholen (was im vollen zeitgebundenen Sinne unmöglich ist), muß man ihren Sinn generalisieren, von Zeit abstrahieren, muß sie reproduzieren, was durch rekurrente Zeitbestimmungen (Stunden, Tage, Wochen, Monate, Jahre im Unterschied zu Einmaldatierungen) erleichtert wird" (ebd.).

Erst mit der systematischen Medialisierung von Wissen seit dem Buchdruck war eine zeitliche – und örtliche – Unabhängigkeit der Generierung und eine allgemeine soziale Disponibilität soziokulturellen Wissens gewährleistet (Giesecke 1998). Insofern sind Formen der Verfestigung und Aggregierung

---

stemtheoretischer Annahmen einer „lupenreinen" Ausdifferenzierung nach eindeutigen Kodes der gesellschaftlichen Teilsysteme auf intermediale und interdiskursive Verknüpfungen quasi als Gegenbewegung zur Ausdifferenzierung in der Moderne angenommen werden, bei denen es semantisch und medial zu Hybridformen kommt (Koschorke/Vismann 1999: 13).

[49] Zadeh, der wesentlich die Entwicklung der sogenannten ‚Fuzzy Logic' beeinflußt hat, unterscheidet zwischen „Möglichkeit" als die Anzahl aller denkbaren Möglichkeiten für das Eintreten eines Ereignisses und „Wahrscheinlichkeit", die abhängig von einem Durchschnittswert, der ein Ereignis ‚wahrscheinlich' macht. Natürlich übersteigt die Zahl des ‚möglichen Ereignisses' die eines ‚wahrscheinlichen' um ein Vielfaches (vgl. Mc Neill/Freiberger 1994: 101). Bezüglich eines Kontingenzbegriffs ‚möglicher' oder ‚wahrscheinlicher' sozialer Praxis ist dies eine nützliche Differenzierung.

von Informationen auf höherer Stufe zu gesellschaftlich relevantem Wissen mit Abstraktionen von raum-zeitlichen Gegebenheiten verbunden. Damit hängt im weiteren die stete Verfügbarmachung und Vermittlung von Wissen in Institutionen und durch Medien zusammen, die wiederum dem Wissen in den konkreten Diskurspraxen durch die entsprechenden Logiken eine eigene Struktur (Zeit, thematische Selektionen, Machtverhältnisse usw.) aufprägen. Nicht erst in Zeiten der Globalisierung durchzieht die Moderne generell eine stete Entbettung und Neueinbettung von Wissen (Normen, Traditionen usw.) (vgl. Giddens 1997: 33-42). Die durch die Verbreitung von Druckerzeugnissen beschleunigte Wissensproduktion seit dem 16. Jahrhundert führte auf der einen Seite zur „Ent-Mittlung" traditioneller Wissensbestände und auf der anderen Seite zur großflächigen und systematischen Institutionalisierung von „Ver-Mittlung" in Gestalt der Bildungsinstitutionen mitsamt dem dazugehörigen Vermittlungswissen.

Prozeduralität als Strukturelement von Diskurswissen beinhaltet, daß thematisch ein und dasselbe Wissen an verschiedenen Orten (sozial, medial) auftauchen und unterschiedlich verknüpft und reproduziert werden kann (implizit, explizit). Damit kann sich dessen Funktion verändern und je nach Ort und Form unterschiedlich sein, wodurch auch deutlich wird, daß eine Funktionsbeschreibung von Wissen von mehreren Dimensionen abhängt. Ein prozeduraler Wissensbegriff ermöglicht es, sowohl in synchroner wie in diachroner Hinsicht Vergleiche zwischen verschiedenen Bereichen und Formen (und schließlich Diskursen) anzustellen, in denen Wissen auftritt (z.B in Massenmedien und Schulbüchern) – was sich in diskursanalytischer Perspektive durch die jeweiligen thematischen Selektionen, An- und Ausschlüsse beschreiben läßt (Höhne 2002a). Für eine Diskurs- und Wissensanalyse sind daher Dethematisierungen genauso von Bedeutung wie Thematisierungen. Erst die Einsicht in den Prozeß thematischer Selektionen aus einem größeren Horizont möglicher Thematisierungen führt dazu, nach den Indizien für und den Mechanismen von Selektionsbeschränkungen zu suchen. Zu fragen wäre, welches Wissen in den Diskursen im Schulbuch präsentiert wird und gleichzeitig muß berücksichtigt werden, welches Wissen *nicht* ins Schulbuch gelangt. Konsensuales Wissen zeigt sich in der Struktur einer Schulbuchseite, die das Material, ein Thema, den Stoff in einer spezifischen Weise präformiert darbietet, was die Auswahl der Bilder, der Texte, der Perspektiven, der Arbeitsanweisungen und nicht zuletzt des in Anspruch genommenen Vorwissens betrifft.

Die Ungleichzeitigkeit und die spezifischen Kodierungen von Wissen liefern wichtige Indizien auf die *Heterogenität* als weiteres Strukturmerkmal soziokulturellen Wissens. In dieser Hinsicht kann an den Gedanken der „Pluralität von Sprachspielen" (Lyotard 1993: 68) angeknüpft werden, wie er ursprünglich von Wittgenstein vorgetragen wurde (1984 § 7, 21, 23). Die „Mannigfaltigkeit der Sprachspiele" (ebd.: § 24) bezieht sich gleichzeitig auf unterschiedliche Rede-, Schreib- und Wissenspraktiken. Mit der Pluralitäts- und Heterogenitätsannahme ist gleichzeitig die Perspektive einer „Heteromorphie der Wissensformen" (Perger 1992: 26) verbunden, welche auf die Zerstreuung und Zersplitterung dissenter Logiken verweist und den Gedanken eines übergreifenden Kodes verwirft: „Es gibt in der Wissenschaft keine allgemeine Metasprache, in die alle anderen übertragen und in der sie bewertet werden können" (Lyotard 1993: 185/186), und sie wird durch eine „Pluralität formaler und axiomatischer Systeme ersetzt" (ebd.: 128). Dieses Pluralitätspostulat, das von Lyotard für die beiden grundlegenden Wissensformen (narrativ/wissenschaftlich) unterstellt wird, erfährt bei N. Goodman dahingehend eine Radikalisierung, als er eine „Vielheit von Welten" annimmt, deren jeweilige „Erzeugungsweisen", d. h. Interpretationen alle gleichberechtigt nebeneinander existieren (Goodman 1984). Er betont, daß es keinen unmittelbaren Zugriff *auf*, sondern nur verschiedene Beschreibungsweisen *von* Wirklichkeit gebe (ebd.: 15).

Mit der Heterogenität der Wissensformen geht ein veränderter Strukturbegriff einher, der nicht unilinear-deterministisch eine Wissenstotalität beschreibt. Vielmehr schließt die Metapher der Übersetzung von Wissen aus einem Bereich in einen anderen an die Vorstellung von Wissen als *Netz* an, in dem es kein eigentliches Zentrum gibt, keine alle Wissensformen letztendlich determinierende Superstruktur, welche die Linearität von Verläufen, Ereignissen und Entwicklungen determinierte (Derrida 1990).

Eco verdeutlicht historisch die unterschiedlichen Arten der Darstellung des Wissens anhand der klassischen Metaphern von Baum, Landkarte, Netz oder Rhizom. Während in der Antike und im Mittelalter nach Art einer begrifflichen Kosmologie die Philosophen darum bemüht waren, das jeweils historisch präsente Wissen durch lineare Kategorienzuordnungen zu erfassen (Baumstruktur mit fester Hierarchie und Ableitungs- bzw. Relationsgesetzmäßigkeiten wie im Falle des Porphyrischen Baumes, vgl. Eco 1989: 90-94), veränderte sich bei den Encyclopädisten des 18. Jahrhunderts die Struktur des Baums zu der einer Landkarte. Mit dieser Metapher sollen die vielfachen nicht-linearen querlaufenden Verknüpfungen des angewachsenen Wissens illustriert werden. Das moderne neuzeitliche Wissen ist, wie Eco festhält, schließlich netzförmig organisiert:

„Das charakteristische Merkmal eines Netzes ist es, daß jeder Punkt mit jedem anderen Punkt verbunden werden kann, und wo die Verbindungen noch nicht entworfen sind, können sie trotzdem vorgestellt und entworfen werden. Ein Netz ist ein unbegrenztes Territorium. Ein Netz ist kein Baum. Das Territorium der Vereinigten Staaten verpflichtet niemanden, von New York aus über St. Louis nach Dallas zu fahren, man kann auch über New Orleans dorthin kommen" (1989: 106).

Komplementär zu den Vernetzungen soziokulturellen Wissens in modernen Gesellschaften vollziehen sich die Ausdifferenzierungen – etwa nach spezifischen Wissensbereichen. Ausdifferenzierung und Vernetzung von Wissen führt daher sowohl zu einer Vervielfachung von Unterscheidungen und Grenzziehungen als auch zu einer exponentiellen Zunahme von Anschlussmöglichkeiten und Verknüpfungen.

Die diskursiv geschaffenen Innen/Außen-Grenzen müssen permanent re-stabilisiert werden, da mit jeder Zunahme der Komplexität von Wissen auch die Kontingenz zunimmt, denn Grenzen könnten auch stets anders gezogen werden. So kommt es laufend zu Verschiebungen, Veränderungen und neuen Verbindungen durch Rekonfigurationen und somit zur Transformation der Außengrenzen bzw. des Innen-Außen-Verhältnisses zwischen Diskursen und spezifischen Wissensbereichen. Dadurch können sich beispielsweise thematische Hierarchien ändern – Themen, die gestern noch als wichtig galten, werden heute als irrelevant eingestuft oder schlicht dethematisiert.

5. Zusammenfassung

Der Gang der bisherigen Argumentation läßt sich kurz folgendermaßen nachzeichnen. Kapitel 1 und 2 eröffneten das Feld für eine Schulbuchtheorie aus der Perspektive der Kritik. Erkenntnistheoretische Prämissen, kausalanalytische Wirkungsannahmen, methodische Eindimensionalität, der Mangel an empirischer Forschung und die fehlende Gegenstandstheorie in der Schulbuchforschung wurden dargestellt und kritisch diskutiert. Gegenüber der Selbstbeschränkung etablierter Schulbuchforschung als „little science" und der Reduzierung des Schulbuchs als pädagogischer Gegenstand wurde in Kapitel drei für eine wissenssoziologische, diskursanalytische und medientheoretische Erweiterung plädiert, um eine Theorie des Schulbuchs zu skizzieren, die seiner Komplexität als strukturelles Medium – gegenüber der monofunktionalen Perspektive auf Schulbücher als rein pädagogisches Medium – gerecht werden sollte. Es wurde versucht, den so deklarierten Anspruch durch die Entwicklung eines theoretisch-begrifflichen Bezugsrahmens einzulösen, bei dem zunächst einmal medien- und subjekttheoretisch das Schulbuch als ein spezifisches Medium umrissen wurde, durch dessen Wissen ein bestimmter performativer Raum für mögliche Subjektivierungen eröffnet wird. Darüber hinaus wurde die Spezifik von Schulbuchwissen unter Rekurs auf den Kodierungsbegriff als didaktisch kodiertes soziokulturelles Wissen gefaßt, ohne einen Wissensbegriff entwickelt zu haben. Dessen Eckpunkte wurden im folgenden vierten Kapitel mit Hilfe der formalen Strukturelemente in der Absicht markiert, eine weitergehende und konkretere Bestimmung des Schulbuchs als eigener Gegenstand durch die Charakterisierung des in ihm auftauchenden Wissens als „Schulbuchwissen" zu ermöglichen. Die verschiedenen Linien der Argumentation sollen im folgenden zusammengeführt und auf das Schulbuch angewendet werden. Zu diesem Zweck wird auf die in den einzelnen Kapiteln entwickelten Merkmale bezug genommen. Im einzelnen handelt es sich um die Begriffe „Medium", „Kodierung", „Konstruktorium", „Performativität" und „Subjektkonstitution" aus Kapitel 3 sowie die erwähnten Strukturmerkmale, wie sie für das Konzept des soziokulturellen Wissens in Kapitel 4.2 entwickelt wurden[1].

Mit Blick auf das Schulbuch können mit der *medieninternen Mikroebene* und der *medienexternen Makroebene* zwei Strukturebenen analytisch unter-

---

[1] Auf die Wiederholung der wesentlichen Kritikpunkte an der etablierten Schulbuchforschung wird an dieser Stelle verzichtet (vgl. Kap. 1 und 2), da es hier um eine positive Bestimmung und Konkretisierung des Schulbuchs als Gegenstand der Forschung geht.

schieden werden[2], auf denen Schulbuchwissen untersucht werden kann. Insofern nach der Struktur von Wissen gefragt wird, gilt es, seine Inhalte stets im Zusammenhang mit seiner Funktion und seiner Form zu untersuchen. So können entsprechende Differenzierungen vorgenommen und Schulbuchwissen als eine Wissensform[3] von anderen Wissensformen unterschieden werden. Die Makroebene bezieht sich auf die Relationen, in denen das Schulbuch zu anderen Medien (Fernsehen, Lehrpläne), zum institutionellen Kontext (Unterricht, Schule) und zu autonomen Feldern oder Bereichen wie Wissenschaft und Politik steht[4], während die Mikroebene die Diskurse und das Wissen innerhalb des Mediums Schulbuch betrifft, also die Thematisierungsformen, semantischen Strukturierungen usw.

Auf der *Makroebene* wurde gesellschaftliches Wissen theoretisch als soziokulturelles Wissen beschrieben, das emergent, formspezifisch und diskursförmig auftritt (vgl. Kap. 4.2). Im ersten Schritt wurde Wissen allgemein als höher aggregierte Information definiert, das sich durch eine spezifische Form auszeichnet. Zu den grundlegenden Formelementen soziokulturellen Wissens gehören die zeitlichen, sozialen, medialen, semiotischen, thematischen und modalen Formen, wodurch verschiedene Wissensformen unterschieden werden können. Soziokulturelles Wissen ist stets kontextualisiert und tritt so als formspezifisches Wissen auf. Seine soziale Relevanz erhält es dadurch, daß es funktional in einen bestimmten Kontext eingebunden ist. Form, Kontext und Funktion stellen die drei konstitutiven Elemente relevanten Wissens dar. So kann ein Schulbuch beispielsweise auch außerhalb von Schule etwa als Nachschlagewerk dienen, doch die genuine Relevanz von Schulbuchwissen ergibt sich aus dem institutionellen Kontext von Schule und Unterricht, d. h., wenn es – wie unterstellt wird – als Träger objektiv gültigen Vermittlungswissens in schulischen Praktiken eingebunden ist und unter den Bedingungen asymmetrischer Erziehungsverhältnisse Geltung bekommt.

Es wird davon ausgegangen, daß sich soziale Praktiken bzw. Kontexte in das jeweilige Wissen als soziale Form einschreiben und strukturell ihre Spuren hinterlassen, auch wenn die jeweilige Praxisform nicht direkt zu beobach-

---

[2] Das Schulbuch steht, wie in den Kapiteln 3 und 4 dargelegt wurde, innerhalb eines komplexen Netzwerks aus expliziten und impliziten institutionellen Elementen (Ministerien, Medien, soziale Akteure usw.), für deren Differenzierung diese analytischen Unterscheidungen dienen.

[3] So lassen sich beispielsweise für Schulbuchwissen und „Zeitungswissen" Zielgruppenfiktionen als gemeinsames Funktionsmerkmal angeben, welche jedoch mit anderen Merkmalen kombiniert sind, die in dem anderen Medium nicht zu finden sind. So haben etwa die Kopplung von Inhalten an übergeordnete Lernziele keine Entsprechung bei Zeitungen, die wiederum aufgrund von Nachrichtenfaktoren das Wissen strukturieren, welche für die Gestaltung von Schulbuchwissen keine Rolle spielen (z. B. der Nachrichtenfaktor „Sensation").

[4] Hierzu wären auch die Akteure zu zählen, die in der Diskursarena um das Schulbuchwissen ringen.

ten ist (z. B. die Produktionspraxis von Schulbüchern). Die genannten Formelemente wirken in dem so formierten Wissen – wie etwa Schulbuchwissen – zusammen und bilden seine spezifische soziale Form (z. B. Zeitlichkeit).

Es war darauf hingewiesen worden, daß soziokulturelles Wissen als *shared knowledge* bzw. sozial geteiltes Wissen in komplexen Aushandlungsprozessen gesellschaftlicher Akteure konstruiert wird (vgl. Kap. 3.1.1). Es stellt in diesem Sinne also kein objektives Wissen dar, vielmehr ist Objektivität als Effekt des Diskurses, in dem es artikuliert wird, zu betrachten. Somit besitzt dieses konsensual geteilte soziokulturelle Wissen einen dominanten bzw. hegemonialen Status insofern, als andere Versionen von Wissen (z. B. als nicht-objektiv erachtetes Wissen) mehr oder minder explizit machtvoll ausgeschlossen werden, indem ihnen beispielsweise Irrelevanz zugeschrieben wird[5]. Thematisierungen und Dethematisierungen, also die *thematische Form* von Wissen, deuten auf Prozesse der Selektion und Relevanzsetzung hin, die in spezifischen sozialen Praxen erfolgen. Warum welches Wissen wie beispielsweise in ein Schulbuch gelangt, welche Themen in welcher Form auftauchen und welche nicht, müßte daher mit Hilfe einer entsprechenden Analyse des diskursiv selegierten Wissens rekonstruiert werden. Hierzu wären die modalen Anschlußformen (potentiell/implizit/explizit) genauer zu untersuchen, die einen Diskurs zu einem länger andauernden Ereignis machen. Kein Diskurs erlangt ohne den entsprechenden sozialen oder medialen Kontext, in dem er erscheint, der ihn fixiert und stabilisiert, soziale Relevanz, d. h. Kontexte schaffen relevantes Wissen und nicht umgekehrt.

Soziokulturelles Wissen muß gesellschaftlich in Diskursen kommuniziert und aktualisiert werden. Sein Erscheinen stellt somit keinen einmaligen Vorgang dar, sondern hängt von Wiederholungen und den sozialen bzw. medialen Orten ab, an denen es auftaucht. Diese prägen den Diskursen eine spezifische soziale, mediale, zeitliche und thematische Form auf, in denen sich das Wissen manifestiert. Neben den Momenten der Wiederholbarkeit und Anschlußmöglichkeit beinhalten die unterschiedlichen Kontextualisierungen und Formierungen von Wissen also auch unterschiedliche *zeitliche Indices*, die wiederum mit den anderen genannten Formelementen zusammenhängen.

Schulbuchwissen ist wesentlich von weiteren institutionellen Verflechtungen abhängig, die formprägend sind und dem Wissen ihren Stempel aufdrücken. Die Vergänglichkeit von Schulbuchwissen ist beispielsweise gegenüber einem „Klassiker" der Literatur ungleich höher, aber niedriger im Vergleich zu einer Wochenzeitung, die auf Aktualität angewiesen ist. Die durchschnittliche Geltungsdauer eines Schulbuchs beträgt etwa zwischen acht und

---

5   Über den bloßen Prozeß der Selektion hinaus werden also Status des Wissens bzw. Kriterien festgelegt, nach denen ein Wissen als relevant oder irrelevant eingestuft wird.

fünfzehn Jahren[6], wozu noch die Zeit der Zulassung und die der wissenschaftlichen Vorselektion von Wissen als gesichertem Wissen hinzuaddiert werden muß. Die Zeitspanne, für die Schulbuchwissen Geltung beansprucht, beträgt alles in allem etwa zwei Jahrzehnte[7]. In diesem Sinne kann Schulbuchwissen im Vergleich zu anderen Medien wie Zeitungen, Zeitschriften, Computer, Fernsehen usw. als „träges Wissen" bezeichnet werden. Hierzu gehören auch die Art der didaktischen Kodierung (ältere Didaktiken), die medialen Erscheinungsformen (alte Polaroidfotos, Textlastigkeit) oder Anachronismen (veraltete Mode oder Möbel) des präsentierten Wissens. Schulbuchwissen ist daher grundlegend durch eine Struktur der *Ungleichzeitigkeit* gegenüber dem Fluß aktuellen Medienwissens und der Ereignisse gekennzeichnet. Diese Perspektive auf Schulbuchwissen setzt den Medienverbund als ein entscheidendes Referenzsystem für Schulbücher voraus.

Aufgrund der institutionellen Filterungen und staatlichen Kontrollen von Schulbuchwissen zeigt sich seine zentrale Kontrollfunktion mit dem in Kapitel 3.3 beschriebenen Doppelaspekt der staatlichen Kontrolle der Inhalte und der Steuerungsfunktion für den Unterricht. Bei Schulbuchwissen handelt es sich um *kontrolliertes und kontrollierendes Wissen* zugleich. Ein Schulbuch ist demnach nicht auf Aktualität hin angelegt, sondern auf die kontrollierte Weitergabe approbierten Wissens, was sich systematisch in der Zeitform des Schulbuchwissens widerspiegelt. Schulbuchwissen als konsolidiertes Wissen stellt sich nur über einen längeren Zeitraum der institutionellen Fixierung, Stabilisierung und der Prüfung her. Reliabilität konsensualen Wissens braucht Zeit und drückt sich in thematischen Traditionen und „verläßlichen" Thematisierungsweisen aus. Ungeprüfte Innovation und Variabilität von Wissen bringt zu viele Irritationen, anhand derer dann über die Verläßlichkeit von Wissen selbst institutionell nicht mehr zuverlässig entschieden werden kann. So schreiben sich die staatlichen Kontrollprozeduren direkt in die zeitliche und thematische Struktur von Schulbuchwissen ein und verleihen ihm seine spezifische Form als träges und kanonisch-dogmatisches Wissen (s. u.). Zeitform und Thematisierungsform sind vor allem im Fall überarbeiteter Auflagen eng gekoppelt, in denen bei kurzzeitiger Überarbeitung nur wenig verän-

---

[6] Ein Blick in die jährlich vom Georg-Eckert-Institut für internationale Schulbuchforschung herausgegebenen Schulbuchsynopsen mit allen in Deutschland zugelassenen Schulbüchern ergibt kein einheitliches Bild bezüglich der Geltungsdauer eines Schulbuchs.

[7] Ökonomische Kalkulationen von Seiten der Schulbuchverlage spielen dabei eine große Rolle, da sich ein Schulbuch erst ab einer bestimmten Auflagenhöhe und Geltungsdauer rechnet. Es würde sich wirtschaftlich nicht lohnen, ein Schulbuch nur für drei Jahre zu produzieren. Darüber hinaus stellen die langwierigen Zulassungsverfahren ein Proprium deutscher Bildungspolitik dar, die wesentliche Auswirkungen auf die Zeitstruktur von Schulbuchwissen haben. Themenspezifische Materialien und Handreichungen könnten beispielsweise viel schneller auf Veränderungen reagieren und Schulbücher völlig ersetzen, wenn das Zulassungsverfahren wegfiele und die Schulen bzw. Schulträger autonom über die Anschaffung von Materialien entscheiden könnten.

dert wird. Dies kommt auch den Interessen der Verlage entgegen, bei wenig Aufwand und mit längerer Geltungsdauer den Profit für ein Schulbuch zu steigern. Ein weiterer Aspekt der Zeitform des Schulbuchwissens besteht darin, daß es einen wichtigen Teil des kulturellen Gedächtnisses (Assmann 1992) darstellt, der weiter unten noch ausführlich behandelt wird.

Wissen schließt vielfach zeitlich, modal, medial usw. an Wissen an, was seine *netzförmige* Struktur als weiteres Merkmal von Wissen konstituiert (vgl. Kap. 4.2). Insofern besteht das Ziel einer wissens- und diskursorientierten Analyse darin, nach den Anschlußpunkten und -modalitäten von Schulbuchwissen zu suchen[8] sowie Thematisierungen und Dethematisierungen zu analysieren. In Kapitel 3.2 war die Iterierbarkeit, d. h. die gegenseitige Anschließbarkeit von *Medien* hervorgehoben und metaphorisch mit dem Ausdruck Medienkette bezeichnet worden. So zeigt sich theoretisch, daß Schulbücher auf vielfache Weise explizit sowie implizit mit anderen Medien verknüpft sind. Aufgrund der wissens- und diskursförmigen Vernetzung stellt das Schulbuch auch kein singuläres Medium dar, dessen Inhalte von Expertinnen ausschließlich nach einer eigenen Rationalität – etwa einer wissenschaftlich-pädagogischen Rationalität – festgelegt würden. Vielmehr werden Beschreibungsformen, Modelle sowie Präsentationsformen aus anderen Medien gesellschaftlicher Beobachtung unweigerlich übernommen und für Vermittlungszwecke strukturiert (vgl. Kap. 3.2). Die Transformation von Wissen aus Printmedien in Schulbuchwissen beruht also auf einer gezielten De- und Rekontextualisierung soziokulturellen Wissens, wie es in anderen Medien (Zeitungen, Sachbüchern usw.) erscheint. Inwieweit dieselben Inhalte lediglich in einem neuen Funktionszusammenhang (als Vermittlungswissen) eingearbeitet werden oder mit der Transformation eine grundlegende Veränderung des Wissens einhergeht, muß jeweils empirisch untersucht werden.

Während das Bild der Kette Hierarchiebeziehungen zwischen den Medien einschließt (Wissen aus dem Fernsehen fließt sozusagen in Richtung Schulbücher, aber nicht umgekehrt, wie auch Lehrpläne als Beobachtungs- bzw. Beschreibungsmedien einseitig institutionell-selektive Beschränkungen für Schulbuchwissen darstellen), deutet die Metapher des Netzes (vgl. Kap. 4.2) auf die dezentralen und virtuellen sowie potentiellen Relationen hin, in denen Schulbuchwissen schon immer steht. Dazu zählen zum einen die impliziten Anknüpfungen an Wissen aus anderen sozialen Bereichen oder Medien und zum anderen mögliche kommunikative Kontexte, in denen weitere Verkopplungen hergestellt werden können[9]. Der metaphorische Ausdruck des

---

[8] Im Rahmen einer empirisch orientierten Wirkungsanalyse von Schulbuchwissen wäre dies etwa das Vorwissen von Schülern.

[9] Dazu zählen auf der einen Seite bestimmte topische Elemente, d. h. bestimmte idiomatische Phrasen oder Metaphern und Differenzen eines speziellen thematischen Diskurses, die mehr implizit als explizit eine Verknüpfung zwischen Schulbuchwissen und Wissen in anderen Verbreitungsmedien herstellen. Auf der anderen Seite gehört auch der schulische

Netzes bezieht sich auf den weiteren Bereich möglicher und kontingenter Verknüpfungen, während die Medienkette die direkten institutionellen Selektionsbeschränkungen in bezug auf Wissen und die Diskursregulierungen beinhaltet, denen das Schulbuch ausgesetzt ist.

Die Netzförmigkeit von Schulbuchwissen steht schon aus strukturellen Gründen linearen Wirkungsannahmen entgegen, wie sie größtenteils innerhalb der etablierten Schulbuchforschung vertreten werden. Auf der Ebene der Struktur des Wissens in Form der erwähnten medialen Verflechtungen und durch das Rezipientenwissen (Schüler, Lehrer) wird das Schulbuchwissen *rekonstruiert* und damit neu kontextualisiert (vgl. Kap. 2.1.2). Es müssen die zeitliche Struktur des Kontextes sowie die grundlegende Differenz von Mitteilungs- und Verstehenskontext (Esposito 2002: 338) bei jeder Wirkungsannahme berücksichtigt werden, aus denen sich ganz unterschiedliche Relevanzsetzungen und ein hoher Grad an Kontingenz herleiten[10].

Wie erwähnt, finden sich auf der Makroebene die dem Schulbuch *vorgeschalteten institutionellen Selektionsinstanzen* in Gestalt der Lehrpläne. Anders als die Massenmedien, aus denen das Wissen indirekt als Vermittlungswissen restrukturiert in die Schulbücher gelangen kann, steuern und kontrollieren Lehrpläne direkt die Selektion von Wissen. Systemtheoretisch kann man von einer strukturellen Kopplung von Erziehungssystem und politischem System in Form der Verknüpfung von Lehrplänen und Schulbüchern sprechen. Diese ist durch eine einseitige Vorgabe selektiv gefiltertes Wissens für die Schulbücher charakterisiert und somit durch ein Verhältnis struktureller Asymmetrie gekennzeichnet.

Auf der Makroebene der sozialen, institutionellen, medialen und diskursiven Vernetzung von Schulbuchwissen stellt sich das Schulbuch daher allgemein als Medium dar, das zwischen den unterschiedlichen sozialen Bereichen wie Politik, Wirtschaft, Wissenschaft und der Schule bzw. dem Unterricht vermittelt. Schulbuchwissen bildet eine Schnittstelle der genannten Bereiche, an der auch Elternverbände, Gewerkschaften, Kirchen usw. als weitere gesellschaftliche Akteure operieren. In dieser Makroperspektive tritt die Funktion des Schulbuchs als Träger eines hochsensibel austarierten Konsenswissens zutage, das wesentlich durch soziale bzw. politische und nicht

---

10 Kontext dazu, in dem die Anknüpfung des Schulbuchwissens an die kommunikative Situation und an das Vorwissen der Schüler geleistet wird.
Natürlich kann kommunikative Kontingenz in unterrichtlichen Situationen jederzeit auf grund des grundsätzlichen asymmetrischen Verhältnisses zwischen Lehrer und Schülern ausgeglichen werden (machtvolles Eingreifen, Konvergenzfragen, Prüfungsrituale, Kategorisierungen von Schülern als „faul", „sozial schwierig" usw.). Dieses „Funktionieren" sollte aber nicht mit Verstehen im emphatischen Sinne, d. h. der subjektiven Integration von Wissen in eigenes Erfahrungswissen verwechselt werden, auch wenn durch Machtpraktiken sicher Effekte auf Schülerseite gezeigt werden. Ein kontextsensibles Modell, das zwischen Mitteilen und Verstehen als zwei verschiedenen Kontexten unterscheidet, hat Stuart Hall bereits in den 1980er Jahren vorgelegt (Hall 1999).

nur wissenschaftliche Einflußfaktoren erzeugt wird. Der Intransparenz inhaltlicher Entscheidungen in bezug auf Schulbuchwissen steht die formale Transparenz des politisch-institutionellen Zulassungsverfahrens gegenüber, was seine Dimension als Politicum herausstreicht. Doch nicht nur als Politicum, sondern auch als Informatorium und Pädagogicum – so die funktionale Dreiteilung von Stein – stellt das Schulbuch grundsätzlich ein *Konstruktorium* dar. Jede Art von Wissen, so wurde in Kapitel 3 argumentiert, wird medienspezifisch nach bestimmten Kriterien konstruiert und formiert.

Funktional besitzt das Schulbuch wie jedes Medium *Beobachtungsstatus*, d. h. es bietet allgemeingesellschaftlich und öffentlich bestimmte Beschreibungsformen zur Erklärung von Wirklichkeit an. Als Medienwissen ist ihm eine institutionell-reflexive Struktur eigen, die als Medium zweiter Beobachtung über das Wissen und die Beobachtungen des Alltags hinausgeht. Dieses Wissen als sozial organisierte Beobachtung zweiter Ordnung beinhaltet, wie in Kapitel 4.2 betont wurde, eine normierend-normalisierende Funktion. Diese idealtypische Zielgruppe repräsentiert im Fall des Schulbuchs die der Modell-Schüler bzw. der generalisierten Schüler. Hierzu gehört ganz zentral der nationalstaatliche Bezug von Schulbüchern, denn in zeitlich-historischer wie auch systematisch-politischer Hinsicht bildet der *Nationalstaat bislang die primäre formgebende Referenzgröße* allen Schulbuchwissens. Dies gilt trotz länderspezifischer Brechungen von Schulbuchwissen, die ihren expliziten Ausdruck in der Unterscheidung nach A- und B- Ländern findet (vgl. Kap. 3.3).

Das zentrale Element der didaktischen *Kodierung* gehört genuin zur Verdichtungsstruktur von Vermittlungswissen. Historisch gesehen haben sich Bedeutungen in Medien symbolisch verdichtet, um kommunikative Kontingenz selektiv einzuschränken und die Möglichkeiten diskursiver Ausschlüsse zu erhöhen[11]. Das Schulbuch stellt hierbei das funktionale Komplement zur zentralen Aufgabe von Schule dar, Normen universalistisch über den partikularen Schüler hinaus zu vermitteln und für die „Verallgemeinerung von Erfahrung" (Dreeben 1980: 51) zu sorgen. In dieser Perspektive muß Schulbuchwissen so strukturiert sein, daß es allgemeine Erfahrungen vermitteln und zulassen kann, die – wie Dreeben hervorhebt – in kooperativ-kollektiven Formen angeeignet werden (ebd.). Die Abstraktion vom konkreten Individuum, der zur Konstruktion des generalisierten Schülers führt, entspricht

---

[11] Diese Verdichtungsfunktion wird in der Systemtheorie vor allem symbolisch generalisierten Kommunikationsmedien wie Geld, Liebe oder Macht zugeschrieben, sie trifft aber auch auf moderne Verbreitungsmedien zu, gleichwohl die Selektion einschränkend und variationssteigernd zugleich verläuft: „Bei der Schaffung von Redundanz handelt es sich wohl um die Bedingung für Steigerung von Varietät, gleichzeitig handelt es sich dabei aber auch um eine Eingrenzung von Möglichkeiten, die den möglichen Erwartungshorizont einschränken" (Esposito 2002: 264). Dadurch wird wesentlich das kulturelle Gedächtnis sozial reguliert.

daher bereits der allgemeinen Funktion von Schule. So kommt dem Schulbuchwissen primär eine sozialintegrative und regulative Funktion zu[12].

Historisch erfüllten Schulbücher bis zur flächendeckenden Einführung des Fernsehens in den 1960er Jahren neben Kinderbüchern eine wesentliche mediensozialisatorische Aufgabe. Schulbücher stellten im Unterschied zu Kinderbüchern immer eine Pflichtlektüre dar, so daß man sagen kann, daß die Dominanz des Schulbuchs sich auch aus der mangelnden Konkurrenz zu anderen Medien herleitete. Diese Situation hat sich mit dem Aufkommen des Fernsehens, speziellen Kinderkanälen und Computern bzw. Computerspielen im Verlauf der 1980er und 90er Jahre grundlegend gewandelt, so daß der einstige dominante Status von Schulbüchern systematisch durch die Veränderungen der Medienumwelt untergraben und entscheidend relativiert wurde[13]. Auf das veränderte Leben von Jugendlichen in Medienwelten und die Bedeutung des „Lebens im System des *Medienverbunds*" haben unter anderem Charlton und Neumann-Braun (1992: 20) hingewiesen, was im Lesebereich etwa zur Individualisierung von Leseverhalten geführt hat (Eggert/Garbe 1995: 150). Neben dem „objektiven Medienverbund" sei auch ein „subjektiver Medienverbund" (ebd.: 161) mit zu berücksichtigen. Es sei zu untersuchen, in welchen Konstellationen Medien bei Kindern und Jugendlichen anzutreffen seien und wie sie rezipiert würden.

Neben den in bezug auf Schulbücher und Pädagogik externen Gründen der veränderten Medienumwelt trugen auch nachhaltig pädagogische, wissenschaftsinterne Entwicklungen wie etwa die Handlungs- und Schülerorientierung in der Didaktik zur Relativierung von Schulbüchern als zentrale Referenz für Unterrichtspraxis bei[14] (vgl. Kap. 3.3). Nach Beobachtungsform und Inhalt handelt es sich bei Schulbuchwissen immer auch um „Zeitgeist-Wissen", da es einer bestimmten diskursiven Formation angehört, in der bestimmte Auffassungen von Wissenschaftlichkeit, Objektivität, relevantem

---

[12] Dies birgt natürlich alle Ambivalenzen, die ein regulativ-normatives Wissen zwischen Macht, Restriktionen und der Schaffung von Möglichkeiten auszeichnet, wenn es universalistisch integrieren soll.

[13] So bemerken Eggert/Garbe: „Bis in die Mitte des 20. Jahrhunderts blieben Bücher und Zeitschriften die zentralen Kinder- und Jugendmedien. Erst nach dem zweiten Weltkrieg hat sich dies geändert: Innerhalb weniger Jahrzehnte vollzog sich der Siegeszug der audiovisuellen und elektronischen Medien innerhalb der Jugendmedien" (1995: 146). Zu den Veränderungen in der Beziehung Schulbuch – Verbreitungsmedien vgl. Kap. 3.2.

[14] Dies ist auch dem Umstand geschuldet, daß das Schulbuch auch für den Einsatz im Unterricht so gut wie nie als komplexes, sondern als triviales Medium mit transparentem Wissen verstanden und konzipiert wurde. Hier müßte ein weiterer Medien(kompetenz)begriff etabliert werden, der nicht nur an telematischen oder interaktiven Medien orientiert ist, sondern die Medien in ihrer Vielfalt berücksichtigt (Folien, Schulbücher, hand-out usw.).

Wissen usw. herrschen, die in das Schulbuchwissen eingehen, und es zu einem Teil des kulturellen Gedächtnisses[15] machen.

Hierbei wird die Funktion der *Konstruktion von Normalität* bzw. der Normalisierung bestimmter Sichtweisen und Wahrnehmung von Wirklichkeit durch Schulbuchwissen deutlich. In dem Maße, wie ein spezifisch als relevant erachtetes Wissen in sozialen Praxen hervorgebracht, reproduziert und institutionell kontrolliert wird, wird der Blick auf Wirklichkeiten formiert. Kein Wissen stellt nur eine spiegelbildliche Reproduktion einer Realität dar, die allen gleichermaßen zugänglich wäre, sondern (re-)konstruiert das Wissen über „die Welt" medien- und praktikenspezifisch, was das Schulbuch als Konstruktorium auszeichnet. Dies schließt nicht aus, daß sich bestimmte Wissensformen auch typologisch verfestigen und institutionalisieren. Doch kann unter konstruktivistischen Gesichtspunkten nicht mehr schlicht mit der Objektivität oder dem „besten Wissen der Experten" in puncto Darstellung argumentiert werden, wenn es darum geht, das Wie der (De)Thematisierungen und der dahinter liegenden Selektionsprozesse und Strategien zu untersuchen. Es war in dem Zusammenhang auf die grundlegende Regulierungsfunktion soziokulturellen Wissens hingewiesen worden, die sich auch aus seiner deontisch-normativen Funktion ergibt (Kap. 4.2).

Auf der *Mikroebene* wird die Struktur von Schulbuchwissen funktional durch den medialen Rahmen bestimmt (ein Buch mit bestimmten materiellen und typologischen Charakteristika), der das Schulbuch als ein sozial bedeutsames Beobachtungsmedium auszeichnet. Das Schulbuch stellt ein Vermittlungsmedium dar, in dem politisch kontrolliertes Wissen für Lehr- und Lernprozesse strukturiert wird. Es enthält medienspezifische Strukturierungsmittel wie Inhalts- und Stichwortverzeichnisse, durch die das Schulbuchwissen intramedial in Form eines komplexen Gliederungs- und Verweissystems weiter thematisch selegiert und strukturiert wird[16].

Die spezifische Form der wissenschaftlich-didaktischen Strukturierung von Wissen als Vermittlungswissen in Schulbüchern wurde mit dem Begriff der Kodierung bezeichnet (Kap. 3.3). Der Kodierungsbegriff verklammert die Mikro- und die Makroebene bezüglich der Formierung von Schulbuchwissen und verweist auf die Gelenkstelle von institutioneller Selektion durch Lehrpläne und Zulassungskommissionen auf der einen Seite und der wissenschaft-

---

[15] Da sich die Zugehörigkeit von Schulbüchern zum kulturellen Gedächtniss direkt in seiner kanonischen Struktur widerspiegelt, wird weiter unten im Teil, der die Mikroebene von Schulbuchwissen behandelt, darauf eingegangen.

[16] Diese Strukturierungsmittel sind natürlich nicht nur schulbuchspezifisch, sondern auch in jedem Sachbuch zu finden.

lich-didaktischen Restrukturierung von Wissen als Vermittlungswissen auf der anderen Seite[17].

Anschließend an Stuart Halls Feststellung, daß jedes soziale Wissen kulturell kodiert sei, ist es wichtig, die spezifischen, institutionellen Konstruktionen von Wissen genau zu untersuchen. In dem Sinne kann von Sekundärkodierungen gesprochen werden, durch die Wissen nach spezifischen Kriterien selegiert und strukturiert wird (z. B. im Massenmedienbereich die sogenannten Nachrichtenfaktoren). Die (Re-)Kodierung von Wissen stellt auch ein Indiz für dessen mediale Steigerung in Form von Sinnverdichtung dar, durch die Komplexität zugleich nach außen reduziert und nach innen, also medienintern aufgebaut bzw. stabilisiert wird. Die Relevanz des in Schulbüchern repräsentierten Wissens bildet sich nicht nur aufgrund thematischer Selektionen. Es ist auch auf die Gattung „Schulbuch" zurückzuführen, dessen Funktion darin besteht, Träger von sozial bedeutsamem Wissen schon vor jedem Vermittlungsakt zu sein, da jedes im Schulbuch auftauchende Wissen zunächst einmal als repräsentativ, objektiv und daher als vermittlungswert eingestuft wird.

Wissenschaft ist in Form der Didaktik bzw. Fachdidaktik sowie der jeweiligen Bezugswissenschaft an der Formierung von Schulbuchwissen beteiligt, was auf der konzeptuellen und diskursiven Ebene als didaktische „Neukodierung" (Wexler 1981: 59) zum Ausdruck kommt (vgl. Kap. 3.3). Explizit werden die Kriterien, nach denen Wissen für ein Schulbuch restrukturiert wird, in Lehrerhandbüchern angeführt, in denen die didaktische Metaebene für eine spezifische Unterrichtssituation und Zielgruppe dargestellt wird. Für eine konkretere Beschreibung dieser Art der Neukodierung von Wissen können die performativen Aussagen in Schulbüchern, durch die eine bestimmte Handlungssituation („Macht...", „Schreibt auf...") vom generalisierten Schüler unterschieden werden, auf den hin nach dem Stand wissenschaftlicher Erkenntnis über Entwicklungs- und Lernverläufe Schulbuchwissen thematisch strukturiert und selegiert wird. Durch diese beiden Strukturierungselemente wird Vermittlungswissen wesentlich formiert. Im Zentrum didaktischer Kodierungsarbeit steht die Strukturierung von Wissen auf eine spezifische Lehr- und Lernsituation hin, die idealtypisch in der Form des Modellschülers antizipiert wird[18]. So kann festgehalten werden, daß Schulbuchwissen stets auf einer doppelten Ebene funktioniert: Als thematisches Wissen auf der Objektebene und spezifisch didaktisch kodiertes Wissen auf der Metaebene.

---

[17] Eine Kopplung des politischen und des wissenschaftlichen Bereichs kann auch personal über die Doppelfunktion von Expertinnen erfolgen, die beispielsweise sowohl Schulbuchautorinnen sind, als auch an der Konzeption von Lehrplänen mitwirken.

[18] Lernziele leiten sich aus dieser generalisierten Modellierung des Schülers und der entsprechenden thematischen Strukturierung des Wissens in Form thematischer Sukzessionen und Gliederungen ab.

Daß aber auch andere Faktoren bei der thematischen Selektion und der Konstruktion von Wissen eine Rolle spielen, wurde bereits erwähnt. Dies ist von Bedeutung, wenn man sich erneut die *Normalisierungsfunktion* von Schulbuchwissen vor Augen führt. In die Art der Konstruktion des so genannten generalisierten Schülers gehen die soziokulturellen, normativen Vorstellungen von Entwicklung und Entwicklungsstand, vermittlungswürdigem Wissen von einer Generation an die nächste, d. h. spezifische Generationenvorstellungen oder auch schlicht die sozialpolitischen Ordnungskonzepte ein, die sich in den Vorstellungen über einen voll sozialisierten Schüler am Ende der Schullaufbahn artikulieren. In diesem Sinne stellt die didaktische Transformation von Schulbuchwissen nicht lediglich eine didaktisch erweiterte Exekution bürokratisch-institutioneller Vorgaben dar, sondern gestaltet sich als komplexer Vorgang der *Übersetzung*, bei dem die beiden Strukturierungsformen (politisch-thematisch und didaktisch) verknüpft werden. Bei dieser Verknüpfung und der damit verbundenen Transformation wird ein spezifisches Wissen *konstruiert*, das als Schulbuchwissen seine spezielle Form erhält. Die sozial erwünschte Weitergabe konsensualen Wissens sowie die technische Umsetzung in Form der alters- und schulartspezifischen Strukturierung werden in diesem Prozeß der „Neukodierung" miteinander verknüpft.

Hierbei tritt die grundsätzlich *dogmatische* Struktur von Schulbuchwissen hervor, die sich aus seiner sozialisierenden und integrierenden Funktion herleitet. Richtiges Wissen im Schulbuch heißt vor allem: „richtig" im Sinne der sozialen Ordnung. Dies gilt nicht nur für Sozialkunde- oder Geschichtsbücher, sondern auch für Physik- und Mathematikbücher, die Schülerinnen in die naturwissenschaftlich-technologische Ordnung der Gesellschaft einführen sollen. Um etwa Biotechnologien zu akzeptieren (oder zu kritisieren), bedarf es eines bestimmten Grundverständnisses, das wesentlich über den Biologieunterricht und ein entsprechendes Schulbuchwissen vermittelt wird. So wird deutlich, daß die regulative Funktion soziokulturellen Wissens (Kap. 4.2) im Schulbuch medial und institutionell gesteigert wird, wenn das Biotechnologie-Wissen des Biologiebuches etwa zur Grundlage von versetzungsrelevanten Prüfungen gemacht wird oder aufgrund seines Erscheinens im Schulbuch einen Indikator für den ‚lehrbaren' wissenschaftlichen und gesellschaftlichen Fortschritt darstellt.

Die Normalisierungspraktiken bezüglich des Vermittlungswissens setzen sich auch in der Form fort, in der sie die Unterrichtspraxis vorstrukturieren. Dies wurde anhand der performativen Funktion didaktisch kodierten Wissens deutlich gemacht, wodurch ein *performativer Raum* im Sinne einer potentiellen Unterrichtspraxis eröffnet wird (vgl. Kap. 3.4). Innerhalb der Schule mit ihrer Selektionsfunktion, die einen Mechanismus zum Sortieren von Schülern darstellt, gewinnt das theoretisch-abstrakte Schulbuchwissen konkrete Gestalt und kann etwa bei „Nicht-Wissen" zum Ausscheiden führen. So steuert auf der einen Seite Schulbuchwissen den Unterricht in subtiler Weise, indem es ihn thematisch vorstrukturiert, und auf der anderen Seite wird das Wissen als obligatorisches Prüfungswissen in einer standardisierten Vermittlungspraxis zur Grundlage harter Selektionspraktiken.

Zugleich wird konzeptuell mit dem Schulbuchwissen ein *normativregulativer* Begriff von Normalität vermittelt. In der Subtilität der Vermittlung eines Normalitätswissens, das sich als solches natürlich nicht zu erkennen gibt, liegt der Aspekt der *Macht* von Schulbuchwissen. Gleichgültig, ob es sich etwa um die Vermittlung der Idee einer kontinuierlichen Entwicklung Europas seit der Aufklärung im Rahmen des Geschichtsunterrichts geht, um die Akzeptanz pränataler Diagnoseverfahren im Biologieunterricht oder die Anerkennung des Status von Migranten als „Fremde" im Sozialkundeunterricht – in allen Fällen wird ein zur Normalität erhobenes Wissen gelehrt, dem der Status von Objektivität zugeschrieben wird. Ein Signum der didaktischen Kodierung von Schulbuchwissen stellt hierbei die vorausgenommene und vorstrukturierte Kritik dar. In ihr werden die als legitim-kritisch erachteten Positionen präsentiert oder performativ in Form bestimmter Aufgabenstellungen konstruiert. Ein Außen dieser immanenten, legitimierten und antizipierten Kritik kommt dabei nicht mehr in den Blick. Schließlich ist es gerade die Pro/Contra-Struktur inszenierter Rede und Gegenrede, die das vermittelte Wissen normalisiert.

Die regulierende Funktion von Schulbuchwissen geht aber noch über die didaktisch strukturierte Vermittlung von Inhalten hinaus. Neben der performativ-habituellen Dimension von Schulbuchwissen, das Handlungssituationen strukturiert und Rollenidentitäten verteilt sowie legitime Sprech- und Verhaltensformen vorgibt, wird ein komplexes *medientypologisches* Wissen vermittelt. Dieses reicht vom Lesenkönnen über den richtigen Umgang mit dem Buch bis hin zur Funktion von Schulbüchern als Referenz und Erinnerungsstütze (vgl. Kap. 3.2). So wird jede Schülerin von Beginn ihrer Schulzeit an in eine Medienkompetenz eingeübt, die sehr viel mit der Art und Weise zu tun hat, in der in einer Gesellschaft Wissen geordnet und strukturiert wird. Dies schließt vor allem den Sach- und Objektivitätsbezug des Wissens, das Schüler erwerben, mit ein. Mit Schulbüchern werden diskursiv und mediensozialisatorisch Realitäts- oder Objektivitätseffekte vermittelt, die entscheidend auf den sozialen Status des Schulbuchs als Träger objektiven Wissens zurückzuführen sind. So liefern Geographiebücher, Sozialkunde- und Geschichtsbücher nach gängigem Verständnis „Fakten" oder „Daten" und keine relativen Beschreibungen von Ereignissen. Jeder Schüler geht zunächst einmal vom Wahrheits- und Realitätsgehalt des Schulbuchwissens aus, das sich in Form des Abgleichs von Frage-Antwort oder als Textaufgaben auf der Praktikenebene einspielt. Einsozialisiert wird dabei der Glaube an die Autorität von Schulbuchwissen als objektiv-realistischem Wissen, das eher dem Einüben einer Haltung denn dem kognitiven Aufnehmen von Informationen gleichkommt. Der mit dem Schulbuch als autoritativer Instanz vermittelte

Habitus geht auf das entpersonalisierte Schulbuchwissen zurück, das zwar von der Lehrerin noch gedeutet wird, aber einen Wert für sich beansprucht, der allgemeinerer Art ist – nämlich unabhängig von subjektiven Meinungen ein objektives Bild über Realität zu vermitteln, das buchstäblich innerhalb der komplexen Lernarrangements praktiziert wird (vgl. Kap. 3.3). Die oben so bezeichneten Realitäts- und Objektivitätseffekte lassen sich daher wesentlich auf schulische Rituale, d. h. besagten Habitus[19] zurückführen, der in der Unterrichtspraxis vermittelt wird, wofür das Schulbuch noch ein wichtiges Bezugsmedium darstellt. Nicht die kognitiv-begriffliche Ebene spielt dabei die entscheidende Rolle, sondern die habituelle Ebene subtiler Unterrichtspraktiken. In dieser Hinsicht wirkt Schulbuchwissen auf einer nicht sichtbaren Metaebene, auf der sukzessive ein Wissen von Realität, Fiktion, Objektivität, Wahrheit usw. entwickelt und habitualisiert wird[20], das eher auf den gemeinsamen „Denkstil" (Ludwig Fleck) einer sozialen Gemeinschaft als auf eine gemeinsam beobachtete Realität oder Objektivität verweist[21]. Diese Metaebene möglicher und antizipierter Praktiken ist von der oben gleichnamigen Metaebene der didaktischen Kodierung analytisch zu unterscheiden. Die habituelle Metaebene kommt erst innerhalb von Praktiken zum Tragen, etwa wenn Arbeitsaufgaben in entsprechende Sozialformen des Unterrichts übersetzt und praktiziert werden. Theoretisch wurde sie mit dem Begriff des performativen Raums beschrieben, der durch die didaktische Strukturierung des Schulbuchwissens symbolisch eröffnet wird. Die didaktische Metaebene wirkt sich auf die thematisch-performative Strukturierung von Objektwissen, Weltwissen, Referenzwissen usw. aus. Wissen über soziale Ordnung, Verhaltensnormen und Wahrnehmungsweisen von Welt werden also im Schulbuch in impliziter Weise auf zwei zu unterscheidenden Ebenen konstituiert[22]. In Form der didaktischen Kodierung kommt das wissenschaftliche Spezialwissen zum Ausdruck, das akteursbezogen auch als Expertenwissen beschrieben werden kann. Es ist wesentlich theoretischer und technisch-strategischer Art

---

[19] Vgl. dazu die von Bourdieu/Passeron so bezeichnete „Einprägungsarbeit" pädagogischer Praktiken, auf die in Kap. 3.3 eingegangen wurde.

[20] Jedes Massenmedium enthält und vermittelt implizit diese Metakriterien, die erst dann explizit zur Sprache kommen, wenn der eingespielte Konsens – etwa über den Realitätsgehalt von Photos – zerbricht. Im Unterschied zu ihnen wird das Schulbuchwissen in eine Unterrichtspraxis übersetzt und nur so gewinnen Schulbücher einen zentralen Stellenwert. In dem Sinne ist ihre Wirkung stets vermittelt, nie unmittelbar und entfaltet sich auf der Metaebene subtiler Subjektkonstitution.

[21] Diese Sicht einer rituell im Unterricht inszenierten und organisierten Erfahrung widerspricht grundlegend Annahmen über eine authentische Erfahrung, die Schüler machen oder einbringen könnten. Erfahrung ist in diesem Sinne immer sozial organisiert und vermittelt.

[22] Analog unterscheidet Bateson in seiner Spieltheorie drei Ebenen: Die der „einfachen Bezeichnung", die „metasprachliche" und schließlich die „metakommunikative" (Bateson 1985: 241-242). Während die ersten beiden Ebenen sprachlicher Art sind (ein Objekt oder die Sprache selbst wird Gegenstand der Rede), werden auf der metakommunikativen Ebene Beziehungen thematisiert.

und besitzt eine klare Steuerungsfunktion (Situations- und Handlungsstrukturierend, Lernzielorientiert, d. h. intentional ausgerichtet usw.). Auf der habituellen Ebene geht es hingegen um ein praktisches Wissen, bei dem mit jeder Frage-Antwort-Sequenz Unterscheidungen von richtig/falsch, wahr/unwahr, real/fiktional oder objektiv/subjektiv gelernt und praktiziert werden. Kurzum: Es geht um *Regeln* gemeinsamen Praktizierens, Kommunizierens und Interagierens, die vermittelt und angeeignet werden. Die Regeln, Prämissen und Implikationen stellen ein implizites Wissen dar. Ein Beispiel kann dies verdeutlichen. In Sachkundebüchern finden sich oft bei der Thematisierung von Migranten Hinweise auf deren kulturelle Andersartigkeit bzw. Fremdheit. Diese wird aber nicht negativ oder als angsterzeugend abgelehnt, sondern explizit als anzuerkennende und zu akzeptierende Andersartigkeit und somit als Normalität vorausgesetzt. Entsprechende Arbeitsaufgaben strukturieren die Unterrichtssituation so, daß das „wir" der deutschen Schüler dem „sie" der ausländischen Schüler gegenüber gestellt wird – etwa in Form einer Befragung. Dieses komplexe Arrangement funktioniert auf mehreren (Meta-) Ebenen: a) die kulturelle Fremdheit der Migranten wird als Faktum ausgegeben und nicht weiter problematisiert; b) die wir/sie-Differenz wird in Form nationaler Unterscheidungen in die Unterrichtspraxis als scheinbar relevantes Wissen hineingetragen (und praktisch umgesetzt); c) es wird ein moralisch-legitimes Sprechen um Anerkennung von Fremden gelernt – ohne diese Konstruktion in irgendeiner Form zu problematisieren. Die Vielschichtigkeit der unthematisierten Prämissen und die *Formen der Objektivierung, Normalisierung und Naturalisierung von Differenzen durch Schulbuchwissen* gehen auf das Ineinandergreifen der drei angesprochenen Ebenen zurück: Der thematischen Objektebene, der Metaebenen der Kodierung und der habituellen Praktiken, auf denen ein theoretisch-strategisches und praktisch-implizites Wissen zusammenkommen. Lernen geht hierbei weit über die kognitive Aneignung von Inhalten hinaus. Wirkungen entfalten sich in puncto Subjektkonstitution eher auf der impliziten als auf der expliziten Ebene[23].

Die Lehrerin nimmt in diesem komplexen Arrangement des Unterrichts die Rolle einer Ko-Autorin bzw. *Kommentatorin* des Schulbuchwissens ein, indem sie Fragen zu Texten und Bildern stellt, Verbesserungen vornimmt und auf die Einhaltung der Lernziele achtet, kurzum: Sie reguliert dadurch subtil die Kontingenzen unterrichtlicher Kommunikation auf spezifische Zielpunkte hin, indem sie versucht, Kommunikation, Interaktion und Lesarten zu selegieren und zu steuern. Damit bildet sie eine zentrale Instanz des Unterrichts, indem sie wesentlich ihre eigenen Zielvorstellungen mit den Schülerinnen, den Interaktionen und dem Schulbuchwissen aufeinander zu beziehen versucht. Damit wird sie auch zur Drehscheibe gelingender Wissensvermittlung

---

[23] Diese Dimension wird beispielsweise in der wirkungsorientierten Untersuchung von Rauch/Wurster (1997) überhaupt nicht erfaßt.

hinsichtlich der Umsetzung sowie der Bestätigung der Zuverlässigkeit, Richtigkeit und Verbindlichkeit von Schulbuchwissen. Nach Art einer Supervision beobachtet, steuert und achtet sie permanent auf die Einhaltung von Regeln und kontrolliert Lesarten. So zeigt sich, daß Schulbuchwissen nicht nur auf die Lerngruppe der Schülerinnen alleine hin strukturiert wird, sondern auch auf einen „generalisierten Lehrer", der nach didaktisch-lernzielorientierten Maßgaben und Vorgaben den Lernprozeß steuern soll[24]. Dies unterstreicht noch einmal die kanonisch-dogmatische Struktur eines staatlich kontrollierten und kontrollierenden Schulbuchwissens.

Das performativ-handlungssteuernde Potential von Schulbuchwissen hat eine *subjektkonstituierende Funktion*. In Kapitel 3.4 wurde ausgeführt, daß über Schulbuchwissen Individuen auf vielfache Weise als Subjekte angerufen, positioniert und Zuweisungen vorgenommen werden: Als „Ausländersubjekt", „Geschlechtssubjekt", „Klassensubjekt" usw. Diese subjektkonstitutive Funktion von Schulbuchwissen besteht in der vielschichtigen Vermittlung von Identitäten *und* Unterscheidungen wie deutsch/ausländisch, männlich/ weiblich, Oberklasse/Unterklasse. In rituellen Akten der Wiederholung, zu denen die regelmäßige Verwendung des Schulbuchs beitragen kann, werden in kumulativer Weise Identitäten ausgebildet. Normen des richtigen Handelns und Seins kommen in idealtypischen Darstellungen von Szenen, Persönlichkeiten, Charakteren usw. zur Sprache. Hierbei werden Schülerinnen auf vielfache Weise angerufen, wodurch in Akten der Anerkennung jeweilige Identitäten gebildet und konsolidiert werden. Darüber hinaus werden die Subjekte Teil der symbolischen Ordnung, die als legitim und normal erachtet wird. Es ist daher in lern-, sozialisationstheoretischer und subjektkonstitutiver Hinsicht von Bedeutung, die Zuschreibungsformen und Subjektpositionierungen von Schulbuchwissen zu untersuchen. Sozialisatorische Effekte leiten sich dabei aus den Verdichtungen her, die aufgrund der kumulativen Wirkungen von Schulbuchwissen entstehen. Dies vollzieht sich in der doppelten Dimension der *synchronen* Verstärkung von intermedial konstruierten Positionen (in Schulbüchern, Fernsehen, Zeitschriften usw.) und der *diachronen* intramedialen Konsolidierung von Identitäten aufgrund der sukzessiven Abfolge von Positionierungen und Zuschreibungen gemäß der Jahrgangsabfolge[25]. Mit

---

[24] So erstaunt es nicht, daß viele Schulbücher die Lehr- und Lernsituation rigide vorstrukturieren und die Spielräume der Lehrerinnen stark begrenzen, indem sie sie auf die Rolle der Kommentatorin innerhalb eines bestimmten Arrangements festlegen (vgl. Höhne/Kunz/Radtke 2003). Es müßte untersucht werden, in welchem Ausmaß und in welcher Weise Schulbücher – gerade angesichts der hypertrophen Wirkungsannahmen etablierter Schulbuchforschung – überhaupt im Unterricht zum Einsatz kommen und wie Lehrer mit ihnen umgehen. Eventuell gilt das, was Vollstädt u. a. (1999) für Lehrpläne festgestellt haben, auch eingeschränkt und fachspezifisch unterschiedlich auch für Schulbücher – sie würden aus verschiedenen Gründen dann kaum zur Kenntnis genommen.

[25] Die Ergebnisse des Frankfurter Schulbuchprojekts „Bilder von Fremden" zeigten in beiden Dimensionen eine hohe Konvergenz der Darstellungen von Migranten (und Deutschen) in

einem solchen Kumulationskonzept der verstreuten und vielförmigen Identitätsbildungen könnte auch eine Entpsychologisierung des Wirkungsbegriffs erreicht werden, der nicht mehr als direkter Kausalzusammenhang von Intention und Wirkung zu verstehen wäre, sondern sich als Effekt aus zahlreichen Positionierungen und komplexen Überlagerungen ergäbe, die stabilisierende Auswirkungen in intra- und intermedialer Hinsicht auf die Subjektbildung hätten (vgl. Kap. 3.2 und 3.4).

So gewinnen die intermedialen Verknüpfungen von Schulbüchern besondere Bedeutung, denn Wirkungen werden a) in unterschiedlichen Kontexten je spezifisch und nicht einmalig oder unilinear erzielt, und b) sie realisieren sich wesentlich über repetitive Praktiken als Mechanismus der Bekräftigung und Bestätigung[26]. Diese virtuellen Verknüpfungen von Schulbuchwissen mit Wissen in anderen medialen und sozialen Bereichen verweist auf eine stets überdeterminierte Unterrichtspraxis, bei der das Schulbuch innerhalb eines Ensembles von Anrufungspraxen *einen* Faktor bildet, was jeder Annahme direkter Wirkungen entgegensteht. In dieser Perspektive erweist sich das Schulbuch als ein komplexer Gegenstand wissenschaftlicher Beobachtung, insofern es in seinen strukturellen Eigenschaften beachtet wird. Einfache Kausalannahmen mit Blick auf Wirkungen verhindern die Perspektive auf das Schulbuch als *strukturelles Medium*.

Schulbücher stellen einen wichtigen Teil des *kulturellen Gedächtnisses* dar. Aufgrund des rigide staatlich-institutionell gefilterten und kontrollierten Wissens läßt sich neben der angeführten dogmatischen Struktur das Merkmal *Kanonisierung* anführen, das wesentlich mit der zeitlichen Struktur von Schulbuchwissen zusammenhängt. Aleida und Jan Assmann haben auf die „diachrone Verewigung" als zentralem Element von Kanonwissen hingewiesen (Assmann/Assmann 1987: 15). Dies betrifft nicht nur die Art des Wissens, sondern auch die Konstruktion von Zeit selbst, d. h. der als verbindlich, notwendig oder kausal eindeutig unterstellten Kontinuitäten und Zusammenhänge. Diese Struktur findet sich im Schulbuchwissen auf mehreren Ebenen. Zum einen auf der expliziten Thematisierungsebene etwa in der Erzeugung von „Entwicklung" oder „Epochenabfolgen" in Geschichts-, Geographie- oder Gemeinschaftskundebüchern; auf der Metaebene didaktischer Kodierung in der Konstruktion des Modell-Schülers bzw. des generalisierten Schülers, dessen angenommenem Entwicklungsstand ein entsprechendes Vermittlungswissen korrespondiert (ein bestimmter „Stoff" für die siebte Klasse) wie auch auf der Ebene dessen, was oben als Habitus beschrieben wurde und sich auf die Realitäts- und Objektivitätsannahmen bezieht, die über Unterrichtspraktiken vermittelt und angeeignet werden. Zeitform – als Konzept von Kontinui-

---

der grundlegenden nationalen Unterscheidung von „deutschem Wir" und „ausländischem Sie" (Höhne/Kunz/Radtke 2003).

[26] Dabei kommt es aufgrund des niemals ganz identischen Wissens und der differenten Praktiken logisch zu Verschiebungen und Brüchen in den Prozessen der Identitätsbildung.

tät/Diskontinuität, als Vorstellung logischer Entwicklungsabläufe sowie kausal-zeitliches Handeln – und Inhaltsform sind im Schulbuchwissen vielfach eng gekoppelt, was ein wichtiges Merkmal seiner kanonischen Struktur darstellt[27].

Zur Kennzeichnung von Schulbuchwissen als kanonisch trägt vor allem die Art der institutionellen Selektion des Wissens insofern bei, als Kultusministerien und Zulassungskommissionen „gate-keeper-Funktion" (Stein 1991: 753) besitzen bzw. eine Art „Grenzposten" darstellen, durch den richtiges und wahres Wissen gegen „das Fremde, Unechte, Falsche" (Assmann/Assmann 1987: 11) abgegrenzt wird. Kanonisierung im Sinne institutioneller Kontrolle bedeutet stets Stabilisierung von Bedeutung und Vereindeutigung von Lesarten. Da Verstehen als kontingentes Ereignis aber nicht direkt kontrolliert werden kann, wird es auf der diskursiven Mikroebene von Schulbuchwissen in Form antizipierenden Verstehens, über die Moral heimlicher Lehrpläne und indirekte Sprechakte subtil gesteuert. Auf diese Art soll über die Methode „vermittelter Lesarten"[28] und stellvertretender Deutung Zukunft im Sinne antizipierten Weltverständnisses qua Schulbuchwissen kontrolliert werden, indem bestimmte Thematisierungen und Interpretationen von Welt sozialisatorisch über Praktiken eingearbeitet werden. Die kanonische Struktur, die Zeitform sowie die subjektkonstitutive Funktion von Schulbuchwissen wirken in dieser Hinsicht bei der Konstitution des Individuums als Schüler bzw. Schülersubjekt zusammen. Kanonisches Wissen gehört zum operationalen Gedächtnis[29] von Kultur und stellt eine „unvermeidliche Komplexitätsreduktion" (Christians 2001: 295) dar. Unvermeidlich deshalb, weil sich die Dynamik der Moderne wesentlich durch eine Vervielfachung von sozialen Selbstbeschreibungsformen und Beobachtungsmedien auszeichnet, zu denen auch Schulbücher gehören. Erreicht wird die Komplexitätsreduktion durch die Operationsformen des kulturellen Gedächtnisses. Dessen Merkmale sind institutionelle Organisiertheit, normativ-normalisierende Verbindlichkeit, mediale und soziale Geformtheit sowie Reflexivität, durch die zum einen Interpretationen für den Alltag vorgegeben und zum anderen die Beschreibungsformen selbst thematisiert werden (vgl. Assmann 1992: 15, Bering 2001: 331).

---

[27] Natürlich besteht noch ein Unterschied in der Art des kanonischen Wissens etwa im religiösen Bereich und bei Schulbüchern. „Kanonisch" meint hierbei das Zusammenwirken von expliziter institutioneller Kontrolle von Wissen *einschließlich* der Kontrolle der Lesarten. Ein kanonisches Wissen kann in letzter Instanz und bezogen auf eine Institution (etwa Schule) nicht abgelehnt werden (bei Prüfungen oder auch Interpretationen).

[28] Mit Lesart ist hier im weiten Sinne Weltverständnis oder Wirklichkeitswahrnehmung gemeint.

[29] Wenn man im Sinne Luhmanns Gedächtnis als aktualisierende Prüfoperation (1991: 129) auffaßt, dann stellen Schulbücher auf der Ebene sozialer Beobachtung Medien als Teil eines erweiterten Gedächtnissystems dar.

So sind es vor allem die Wissenschaften, die reflexive Beschreibungen von Gesellschaft und gesellschaftlicher Wirklichkeit liefern. Die Schulbuchforschung stellt in diesem Sinne die Reflexionsform von sozial formiertem Schulbuchwissen dar, die Schulbuchwissen aufgrund allgemeiner wissenschaftlicher Standards beobachtet, analysiert und korrigiert. Der Einsatz von Schulbüchern in der Praxis sowie der Zuschnitt ihres Wissens auf schulische Praxis hin würde logisch zu einer empirischen Ausrichtung der Forschung auf die Verwendung von Schulbüchern in der Schule führen, an der es in der etablierten Schulbuchforschung jedoch seit Jahrzehnten mangelt (vgl. Kap. 1, 2.1 und 2.2). Auch in der zweiten Dimension einer theoretisch systematischen Beschreibung ihres Gegenstandes wurden bislang keine grundlegenden Anstrengungen einer Konzeptualisierung des Schulbuchs als Forschungsgegenstand unternommen. Die vorliegende Arbeit stellt einen Versuch dar, das Schulbuch als ein strukturelles Medium, als Träger und Medium eines sozialen und kulturellen Wissens theoretisch auf der Mikro- und Makroebene zu fassen. Dies schließt notwendig ein selektives Vorgehen ein, was weitere Anstrengungen in theoretischer, aber vor allem in empirischer Hinsicht erfordert, um etwa die Wirkungsweisen von Schulbuchwissen in der Unterrichtspraxis qualitativ zu erforschen.

Es lassen sich abschließend folgende Dimensionen einer entsprechenden Schulbuchforschung skizzieren, die sich nicht auf das Schulbuch als rein pädagogischen Gegenstand beschränkt:

1) Starke Wirkungsannahmen verbleiben im Bereich des Hypothetischen und der Spekulation, wenn sie nicht durch eine entsprechende empirische Forschung begleitet werden. Dabei wäre zunächst einmal zu klären, was unter einer Wirkung zu verstehen ist, ob es unterschiedliche Reichweiten oder Tiefen von Wirkung gibt und bis an welche Grenze Wirkungsannahmen überhaupt zu erforschen sind. Damit ist die Frage verbunden, inwieweit emphatische Wirkungsannahmen nicht eher den Blick auf den Forschungsgegenstand verstellen, weil eine persönlichkeitsverändernde Dimension von Medienwirkung vielleicht gar nicht empirisch zu erfassen ist. Eine qualitativ ausgerichtete Rezeptionsforschung wäre ein erster wesentlicher Schritt zu untersuchen, in welcher Weise Schulbuchwissen von Schülern aufgenommen wird und welche Rolle Vorwissen dabei spielt. Dafür ist ein mehrdimensionales Forschungsdesign notwendig, in dem der Einsatz von Schulbüchern und deren Einbettung in die soziale Unterrichtssituation beobachtet werden kann (vgl. Rauch/Wurster 1997).

2) Schulbuchforschung müßte sehr viel stärker als Unterrichtsmedien- bzw. Medienforschung im allgemeinen konzipiert und realisiert werden. Schulbücher stellen nur einen Teil eines umfänglichen Medienverbundes dar, der in der Forschung mit zu berücksichtigen wäre.

3) Das Verhältnis von Schulbuch und Nationalstaat müßte in historischer Hinsicht stärker als bisher untersucht werden. Die nationalstaatliche Fixierung

und Fokussierung als zentrales Strukturelement von Schulbuchwissen herauszuarbeiten, stellt ein wichtiges Ziel dar. Dies bildet die Voraussetzung für weitergehende Forschung, die der Frage nachgehen könnte, welche Rolle Schulbücher im Rahmen von „Globalisierung", „Weltsystem" oder „Individualisierung" in Zukunft noch spielen können. Auch angesichts der bildungspolitischen, wirtschaftlichen und medialen Entwicklungen ist es unabdingbar, über den Status des Schulbuchs als Lehr- und Lernmittel, die Art seiner Zulassung und seines Einsatzes grundsätzlich nachzudenken.

4) Schließlich wäre die immer noch herrschende inhaltsanalytische Fixierung schulbuchanalytischer Untersuchungen zu überwinden und ein Methodenpluralismus anzustreben, der das ganze Spektrum möglicher qualitativer Verfahren mit einbezieht[30]. Zur Untersuchung der Struktur von Schulbuchwissen bietet sich die Diskursanalyse an, die auch eine Alternative zum ideologiekritischen Vorgehen darstellt. Wesentlich hierfür ist der Anschluß an angloamerikanische Arbeiten zur Erziehungssoziologie, wie sie in Kapitel 2.1.3 skizziert wurde. Damit geht die grundlegende Ausweitung des Schulbuchs als Forschungsgegenstand einher, das nicht auf pädagogisch-intentionales Handeln zu beschränken ist. Methodenpluralismus, eine ausreichende theoretische Beschreibung des Forschungsgegenstandes Schulbuch sowie eine empirisch gesicherte Forschung stellen entscheidende Elemente einer reflexiven Wissenschaft dar.

---

[30] Vor allem in Punkt 2 und 4 unterscheiden sich diese Vorschläge nicht von denen, die Klaus Lange bereits vor zwanzig Jahren in seinem Plädoyer für eine sozialwissenschaftlich ausgerichtete Unterrichtsmedienforschung gemacht hat (Lange 1981).

Bibliographie

Allport, G. W. (1971): Die Natur des Vorurteils. Köln.
Alt, J. A. (1981): Die Expansion des Subjektiven. In: Materialien zur politischen Bildung. H. 4, S. 32-35.
Althusser, L. (1977): Ideologie und ideologische Staatsapparate. Berlin.
Amann, K./Hirschauer, S. (Hg.) (1997): Die Befremdung der eigenen Kultur. Frankfurt/M.
Anderson, G. (1998): Die Erfindung der Nation. Zur Karriere eines folgenreichen Konzepts. Frankfurt/M., New York.
Anderson, J. R. (1989): Kognitive Psychologie. Heidelberg.
Angiletta, S. P. (2002): Individualisierung, Globalisierung und die Folgen für die Pädagogik. Opladen.
Apple, M. (1981): Social structure, ideology and curriculum. In: Zeitschrift für Sozialisationsforschung und Erziehungssoziologie. 1. Jg., H. 1, S. 75-90.
Apple, M. (1994): Wie Ideologie wirkt: Die Wiederherstellung der Hegemonie während der konservativen Revolution. In: Kolbe/Sünker/Timmermann, a. a. O., S. 34-63.
Arbeitsbuch Politik 1. 5. und 6. Schuljahr. Hrsg. von Mickel, W./Stachwitz, R. (1990). Düsseldorf.
Aries, P. (1979): Geschichte der Kindheit. München.
Arnold, R./Siebert, H. (1995): Konstruktivistische Erwachsenenbildung. Hohengehren.
Assmann, A. (1993): Arbeit am nationalen Gedächtnis. Frankfurt/M.
Assmann, A./Assmann, J. (1987): Kanon und Zensur. In: Dies. (Hg.): Kanon und Zensur. München.
Assmann, A./Assmann, J. (1994): Das Gestern im Heute. Medien und soziales Gedächtnis. In: Merten, K./Schmidt, S. J./Weischenberg, S. (Hg.): Die Wirklichkeit der Medien. Opladen, S. 114-140.
Assmann, J. (1992): Das kulturelle Gedächtnis. München.
Atteslander, P. (1975): Methoden der empirischen Sozialforschung. Berlin.
Austermann, A. (1998): Medienpädagogik. In: Lenzen, D. (Hg.): a. a. O., S. 1035-1045.
Austin, J. (1994/1962): Zur Theorie der Sprechakte (How to do things with words). Stuttgart.
Autrata, O. et al. (Hg.) (1989): Theorien über Rassismus. Berlin.
Baacke, D. (1995): Die Medien. In: Lenzen, D. (Hg.): a. a. O., S.314-340.
Baacke, D. u. a. (Hg.) (1985): Am Ende – Post-Modern? Next Wave in der Pädagogik? Weinheim, München.
Balibar, E. (1990): Gibt es einen Neorassismus? In: Balibar, E./Wallerstein, I.: Rasse, Klasse, Nation. Hamburg, S. 23-38.
Balibar, E./Wallerstein, I. (1990): Rasse, Klasse, Nation. Ambivalente Identitäten. Hamburg.

Bamberger, R. (1995): Methoden und Ergebnisse der internationalen Schulbuchforschung im Überblick. In: Olechowski, R. (Hg.): a. a. O., S. 46-94.
Baraldi, C./Corsi, G./Esposito, E. (1997): GLU. Glossar zu Niklas Luhmanns Theorie sozialer Systeme. Frankfurt/M.
Bardmann, T. W. (1994): Wenn aus Arbeit Abfall wird. Aufbau und Abbau organisatorischer Realitäten. Frankfurt/M.
Barthes, R. (1982): Mythen des Alltags. Frankfurt/M.
Barthes, R. (1983): Elemente der Semiologie. Frankfurt/M.
Barthes, R. (1985): Die Sprache der Mode. Frankfurt/M.
Bateson, G. (1985): Ökologie des Geistes. Frankfurt/M.
Bateson, G. (2000/1979): Geist und Natur. Frankfurt/M.
Baumann, Z. (1995): Moderne und Ambivalenz. Frankfurt/M.
Beck, U. (1996): Wissen oder Nicht-Wissen? Zwei Perspektiven „reflexiver Modernisierung". In: ders./Giddens, A./Lash, S.: Reflexive Modernisierung. Eine Kontroverse.
Becker, E. (2001): Die postindustrielle Wissensgesellschaft – ein moderner Mythos? In: Zeitschrift für kritische Theorie. Nr. 12, S. 85-106.
Behrmann, G. C. (1982): Sollte die Schulbuchforschung durch eine sozialwissenschaftliche Unterrichtsforschung ersetzt werden? In: Internationale Schulbuchforschung. H. 1, 4. Jg., S. 53-67.
Bell, D. (1979): Die nachindustrielle Gesellschaft. Reinbeck.
Benveniste, E. (1974): Probleme der allgemeinen Sprachwissenschaft. Frankfurt/M.
Berg, E./Fuchs, M. (Hg.) (1995): Kultur, soziale Praxis, Text. Frankfurt/M.
Berger, P./Luckmann, T. (1969/1994): Die gesellschaftliche Konstruktion der Wirklichkeit. Frankfurt/M.
Bering, D. (2001): Kulturelles Gedächtnis. In: Pethes/Ruchatz (Hg.): a. a. O., S. 329-332.
Bernfeld, S. (1990): Sisyphos oder die Grenzen der Erziehung. Frankfurt/M.
Bernstein, B. (1977): Beiträge zu einer Theorie des pädagogischen Prozesses. Frankfurt/M.
Blankertz, H. (1974): Theorien und Modelle der Didaktik. München.
Blümöhr, F. (1994): Die Gesellschaft der Bundesrepublik Deutschland. Bamberg.
Böke, K. (1997): Die „Invasion" aus den „Armenhäusern Europas". Metaphern im Einwanderungsdiskurs. In: Jung, M./Wengeler, M./Böke, K. (Hg.): a. a. O., S. 164-194.
Bollenbeck, G. (1996): Bildung und Kultur. Glanz und Elend eines deutschen Deutungsmusters. Frankfurt/M.
Bolz, N. (1993): Das Ende der Gutenberggalaxis. München.
Bonß, W./Hohl, R./Kollek, R. (Hg.) (1993): Wissenschaft als Kontext. Kontext der Wissenschaft. Hamburg.
Bornscheuer, L. (1976): Topik. Zur Struktur gesellschaftlicher Einbildungskraft. Frankfurt/M.
Bourdieu, P. (1973): Grundlagen einer Theorie der symbolischen Gewalt. Frankfurt/M.
Bourdieu, P. (1976): Entwurf einer Theorie der Praxis. Frankfurt/M.

Bourdieu, P. (2001): Meditationen. Zur Kritik der scholastischen Vernunft. Frankfurt/M.
Bowles, S./Gintis, H. (1978): Pädagogik und die Widersprüche der Ökonomie. Frankfurt/M.
Brezinka, W. (1976): Erziehungsziele, Erziehungsmittel, Erziehungserfolg. München.
Briegel, E. (1982): Das Bild der Frau aus ausgewählten Schulbüchern der BRD und der DDR. Augsburg.
Brinker, K. (1985): Linguistische Textanalyse. Berlin.
Brumlik, M. (1998): Archäologie als psychoanalytisches Paradigma der Geschichtswissenschaft. In: Rüsen, J./Straub, J. (Hg.): Die dunkle Spur der Vergangenheit. Frankfurt/M., S. 70-81.
Bruner, J. S. u. a. (1971): Studien zur kognitiven Entwicklung. Stuttgart.
Bublitz, H. u. a. (Hg.) (1999): Das Wuchern der Diskurse. Perspektive der Diskursanalyse Foucaults. Frankfurt/M., New York.
Bucher, H. J. (1996): Textdesign – Zaubermittel der Verständlichkeit? In: Hess-Lüttich, E. W. B. (Hg.): Textstrukturen im Medienwandel. Berlin u. a., S. 31-59.
Bühler, K. (1965/1934): Sprachtheorie. München.
Butler, J. (1991): Das Unbehagen der Geschlechter. Frankfurt/M.
Butler, J. (1993a): Kontingente Grundlagen: Der Feminismus und die Frage der Postmoderne. In: Benhabib, S. u. a.: Der Streit um Differenz: Feminismus und Postmoderne in der Gegenwart. Frankfurt/M., S. 31-59.
Butler, J. (1993b): Für ein sorgfältiges Lesen. In: Benhabib, S. u. a.: Der Streit um Differenz: Feminismus und Postmoderne in der Gegenwart. Frankfurt/M., S. 122-132.
Butler, J. (1997): Körper von Gewicht. Frankfurt/M.
Butler, J. (1998): Haß spricht. Berlin.
Byram, M. (Hg.) (1993): Germany: its representation in textbooks for teaching German in Great Britain. Frankfurt/M.
Chaffee, S. H./Ward, L. S./Tripton, L. P. (1973): Massenkommunikation und politische Sozialisation. In: Anfermann, J./Bohrmann, H./Sülzer, R. (Hg.): Gesellschaftliche Kommunikation und Information, Band. 2. S. 471-494.
Charim, S. (2002): Der Althusser-Effekt. Wien.
Charlton, A./Neumann, K. (1986): Medien, Konsum und Lebensbewältigung in der Familie. München.
Charlton, A./Neumann-Braun, K. (1992): Medienkindheit – Medienjugend. München.
Chomsky, N. (1977): Reflexionen über Sprache. Frankfurt/M.
Choppin, A. (1992): Aspekte der Illustration und Konzeption von Schulbüchern. In: Fritzsche, K., a. a. O., S. 137-150.
Christians, H. (2001): Kanon. In: Pethes/Ruchatz, a. a. O., S. 295-298.
Christmann, K./Groeben, N. (1999): Psychologie des Lesens. In: Franzmann u. a., a. a. O., S. 145-223.
Cohen, P. (1994): Verbotene Spiele. Theorie und Praxis antirassistischer Erziehung. Hamburg.
Combe. A./Helsper, W. (Hg.) (1996): Pädagogische Professionalität: Untersuchungen zum Typus pädagogischen Handelns. Frankfurt/M.

de Beaugrande, R./Dressler, W. U. (1981) : Einführung in die Textlinguistik. Tübingen.
Degele, N. (2000): Informiertes Wissen. Eine Wissenssoziologie der computerisierten Gesellschaft. Frankfurt/New York.
Deleuze, G. (1973/1992): Woran erkennt man Strukturalismus? Berlin.
Deutscher Bildungsrat (Hg.) (1972): Strukturplan für das Bildungswesen. Empfehlungen der Bildungskommission. (4. Aufl.). Stuttgart.
Dewe, B. (1991): Beratende Wissenschaft. Göttingen.
Dewe, B. (1996): Das Professionswissen von Weiterbildnern: Klientenbezug – Fachbezug. In: Combe, A./Helsper, W. (Hg.): a. a. O., S. 714-757.
Diaz-Bone, R. (1999): Probleme und Strategien der Operationalisierung des Diskursmodells im Anschluß an Michel Foucault. In: Bublitz, a. a. O., S. 119-135.
Diehm, I. (1997): Politische Bildung im Vorschulalter. In: Sander, W. (Hg.): Handbuch politische Bildung. Schwalbach/Ts., S. 143-156.
Dörr, F. (1979): Antizipation – ein didaktisches Prinzip. In: Wöhler, K. (Hg.): Didaktische Prinzipien. München, S. 172-186.
Dörner, D. (1982): Lernen des Wissens- und Kompetenzerwerbs. In: Treiber, B./Weinert, F. E. (Hg.): Lehr- und Lernforschung. München u. a., S. 134-148.
Dreeben, R. (1980): Was wir in der Schule lernen. Frankfurt/M.
Drerup, H./Keiner, E. (Hg.) (1995): Popularisierung wissenschaftlichen Wissens in pädagogischen Feldern. Weinheim.
Dreyfus, H. L./Rabinow, P. (1994): Michel Foucault. Jenseits von Strukturalismus und Hermeneutik. Weinheim.
Eco, U. (1972): Einführung in die Semiotik. München.
Eco, U. (1989). Im Labyrinth der Vernunft. Leipzig.
Eco, U. (1990): Lector in Fabula. München.
Eco, U. (1991): Semiotik. Entwurf einer Theorie der Zeichen. München.
Eco, U. (1995): Die Grenzen der Interpretation. München.
Edelmann, M. (1976): Politik als Ritual. Frankfurt/M.
Eggert, H./Garbe, C. (1995): Literarische Sozialisation. Stuttgart/Weimar.
Ehrenspeck, Y./Rustemeyer, D. (1996): Bestimmt – Unbestimmt. In: Combe/Helsper (Hg.): a. a. O., S. 368-396.
Einsiedler, W./Martschinke, S. (1998): Analyse von Illustrationen in Sachkundebüchern. In: Kahlert, J. (Hg.): Wissenserwerb in der Grundschule. a. a. O., S. 171-176.
Eisenstadt, S. H. (1991): Die Mitwirkung der Intellektuellen an der Konstruktion der lebensweltlichen und transzendentalen Ordnung. In: Assmann, A./Harth, D. (Hg.): Kultur als Lebenswelt und Monument. Frankfurt/M., S. 123-134.
Englund, T. (1994): Pädagogische Diskurse und die Konstitution von Öffentlichkeit. In: Sünker, a. a. O., S. 226-245.
Esposito, E. (2002): Soziales Vergessen. Frankfurt/M.
Farnen, R. F. (1994): Politik, Bildung und Paradigmenwechsel: Jüngste Trends in der kritischen Pädagogik, in den politischen Wissenschaften, der politischen Sozialisation und in der politischen Bildung in den Vereinigten Staaten. In: Sünker, H./Timmermann, D./Kolbe, F. U.: Bildung, Gesellschaft, soziale Ungleichheit. Frankfurt/M., S. 338-384.

Faßler, M. (1997): Was ist Kommunikation? München.
Faßler, M. (1998): Informations- und Mediengesellschaft. In: Kneer, G./Nassehi, A./Schroer, M. (Hg.): Soziologische Grundbegriffe. München, S. 332-360.
Faßler, M. (1998a): Makromedien. In: ders./Halbach, W. (Hg.): Geschichte der Medien. München, S. 309-360.
Faulstich, W. (1991): Medientheorien. Göttingen.
Feilke, H. (1994): Common-sense-Kompetenz. Frankfurt/M.
Fend, H. (1975): Gesellschaftliche Bedingungen schulischer Sozialisation. Weinheim.
Fend, H. (1980): Theorie der Schule. München u. a.
Fichera, U. (1994): Von „züchtigen Frauen" über Werkzeugmacherinnen zu...? Einige Ergebnisse der feministischen Schulbuchkritik. In: Diskussion Deutsch. Nr. 135, S. 114-125.
Fleck, L. (1983): Erfahrung und Tatsache. Frankfurt/M.
Flender, J./Christmann, U. (2002): Zur optimalen Passung von medienspezifischen Randbedingungen und Verarbeitungskompetenzen/Lernstrategien bei linearen Texten und Hypertexten. In: Groeben, N./Hurrelmann, B. (Hg.): Medienkompetenz. Weinheim/München, S. 201-230.
Flick, U. (1995a): Qualitative Forschung: Theorie, Methoden, Anwendung in Psychologie und Sozialwissenschaften. Reinbeck.
Flick, U. (Hg.) (1995b): Psychologie des Sozialen: Repräsentationen in Wissen und Sprache. Reinbeck.
Flusser, V. (1987): Die Schrift. Hat Schreiben Zukunft? Göttingen.
Foerster, H. von (1997/1985): Entdecken oder Erfinden. Wie läßt sich Verstehen verstehen? In: Gumin, H./Meier, H. (Hg.): Einführung in den Konstruktivismus. München, S. 44-81.
Fohrmann, J./Müller, H. (Hg.) (1988): Diskurstheorien und Literaturwissenschaft. Frankfurt/M.
Foucault, M. (1978): Der Wille zum Wissen. Frankfurt/M.
Foucault, M. (1978): Dispositive der Macht. Berlin.
Foucault, M. (1980): Die Ordnung der Dinge. Frankfurt/M.
Foucault, M. (1981): Wahnsinn und Gesellschaft. Frankfurt/M.
Foucault, M. (1983): Sexualität und Wahrheit. Der Wille zum Wissen. Frankfurt/M.
Foucault, M. (1987): Subversion des Wissens. Frankfurt/M.
Foucault, M. (1992): Was ist Kritik? Berlin.
Foucault, M. (1993): Die Ordnung der Diskurse. Frankfurt/M.
Foucault, M. (1994): Warum ich Macht untersuche? Die Frage des Subjekts. In: Dreyfus, H. L./Rabinow, P.: a. a. O., S. 243-250.
Foucault, M. (1994): Überwachen und Strafen. Frankfurt/M.
Foucault, M. (1995): Archäologie des Wissens. Frankfurt/M.
Frank, M. (1988): Zum Diskursbegriff bei Foucault. In: Fohrmann, J./Müller, H. (Hg.): a. a. O., S. 25-44.
Franzmann, B. u. a. (Hg.) (1999): Handbuch Lesen. München.
Fraser, N. (1994): Widerspenstige Praktiken. Macht, Diskurs, Geschlecht. Frankfurt/M.
Friebertshäuser, B. /Prengel, A. (Hg.) (1997): Handbuch qualitativer Forschungsmethoden in der Erziehungswissenschaft. Weinheim, München.

Fritz, J./Fehr, W. (Hg.) (1997): Handbuch Medien: Computerspiele. Theorie, Forschung, Praxis. Bonn.
Fries, P. (1998): Das bayerische Zulassungsverfahren für Schulbücher. In: Geschichte in Wissenschaft und Unterricht. Nr. 3, S. 180-186.
Fritzsche, K. P. (1990): Multikulturelle Gesellschaft – ein Thema deutscher Schulbücher? In: Internationale Schulbuchforschung. Nr. 12, Frankfurt/M., S. 335-348.
Fritzsche, K. P. (Hg.) (1992): Schulbücher auf dem Prüfstand: Perspektiven der Schulbuchforschung und Schulbuchbeurteilung in Europa. Frankfurt/M.
Fritzsche, K. P. (1992a): Vorurteile und verborgene Vorannahmen. In: ders. (Hg.): a. a. O., S. 107-129.
Fritzsche, K. P. (1992b): Schulbuchforschung und Schulbuchbeurteilung im Disput. In: ders. (Hg.): a. a. O., S. 9-22.
Fritzsche, K. P. (1993): Multiperspektivität – eine Strategie gegen Dogmatismus und Vorurteile. In: Byram, M: a. a. O., S. 55-61.
Fritzsche, K. P. et al. (1993b): Schulbücher gegen Fremdenfeindlichkeit? Ein Forschungsbericht. In: Internationale Schulbuchforschung. Nr.15, Frankfurt/M., S. 201-258.
Fritzsche, K. P./Hartung, M. (1997): Der Umgang mit „Fremden". Eine deutsch-deutsche Schülerbefragung zum Thema Schulbuch und Fremdenfeindlichkeit. Braunschweig.
Fromm, M. (1986): Heimlicher Lehrplan. In: Lenzen, D. (Hg.): Enzyklopädie Erziehungswissenschaft. Stuttgart, S. 524-528.
Gagel, W. (1994): Geschichte der politischen Bildung in der Bundesrepublik Deutschland 1945-1985. Opladen.
Gagel, W. (1997): Wissenschaftliche Orientierung. In: Sander, W., a. a. O., S. 115-127.
Gamm, H. J. (1979): Allgemeine Pädagogik. Die Grundlagen von Erziehung und Bildung in der bürgerlichen Gesellschaft. Reinbeck.
Geiger, K. F. u. a. (1997) (Hg.): Interkulturelles Lernen mit Sozialkundebüchern? Kassel.
Genette, G. (2001/1987): Paratexte. Frankfurt/M.
Gerlen, D. (1995): Sozialwissenschaften. In: Lenzen, D. (Hg.): a. a. O., S. 99-132.
Giddens, A. (1997): Konsequenzen der Moderne. Frankfurt/M.
Giesecke, M. (1998): Der Buchdruck in der frühen Neuzeit. Eine historische Fallstudie in der Durchsetzung neuer Informations- und Kommunikationstechnologien. Frankfurt/M.
Giesecke, H. (1988): Das Ende der Erziehung. Stuttgart.
Giesecke, H. (1993): Didaktik und Methodik für Schule und Jugendarbeit. Weinheim/München.
Giesecke, H. (1996): Wozu ist Schule da? Die neue Rolle von Eltern und Lehrer. Stuttgart.
Glasersfeld, v. E. (1996): Radikaler Konstruktivismus. Frankfurt/M.
Glasersfeld, v. E. (Hg.) (1997): Konstruktion der Wirklichkeit. Konstruktion des Begriffs der Objektivität. In: Carl-Friedrich-von-Siemens-Stiftung: Einführung in den Konstruktivismus. München, S. 9-40.
Gombrich, C. H. (Hg.) (1977): Kunst, Wahrnehmung, Wirklichkeit. Frankfurt/M.

Gomolla, M./Radtke, F.-O. (2000): Mechanismen institutionalisierter Diskriminierung in der Schule. In: Gogolin, I./Nauck, B. (Hg.): Migration, gesellschaftliche Differenzierung und Bildung: Resultate des Forschungsschwerpunktprogramms FABER. Opladen, S. 321-343.

Göpfert, H. (1985): Ausländerfeindlichkeit durch Unterricht. Düsseldorf.

Goodman, N. (1984): Weisen der Welterzeugung. Frankfurt/M.

Gramsci, A. (1983): Marxismus und Literatur: Ideologie, Alltag, Literatur. (Hrsg. von S. Kebir). Hamburg.

Graefen, G. (1997): Der wissenschaftliche Artikel – Textart und Textorganisation. Frankfurt/M. u. a.

Greimas, J. (1971): Strukturale Semantik. Braunschweig.

Habermas, J. (1969): Technik und Wissenschaft als Ideologie. Frankfurt/M.

Hacking, I. (1999): Was heißt ‚soziale Konstruktion'? Frankfurt/M.

Hall, S. (1989): Ausgewählte Schriften 1: Ideologie, Kultur, Medien, neue Rechte, Rassismus. (Hrsg. von N. Räthzel). Berlin.

Hall, S. (1994): Ausgewählte Schriften 2: Rassismus und kulturelle Identität. (Hrsg. von U. Mehlem). Hamburg.

Hall, S. (1999/1980). Kodieren / Dekodieren. In: Bromley, R. u. a.: Cultural studies. Grundlagentexte zur Einführung. Lüneburg zu Klampen, S. 92-112.

Hasebrook, J. (1995): Lernen mit Multimedia – unterhaltsam, aber auch wirksam? In: Riehm, K./Wingert, B. (Hg.): Multimedia. Mythen, Chancen und Herausforderungen. Mannheim, S. 93-102.

Hauff, M. (1988): Wie berücksichtigen Lesebücher die Anwesenheit von Migranten? Soest (59 S.) (Landesinstitut für Schule und Weiterbildung).

Hauff, M. (1990): Grundschullesebücher und Arbeitsmigration. In: Die Grundschulzeitschrift. Nr. 4, S. 51-52.

Hauff, M. (1992): Darstellung des „Fremden" in Schulbüchern des Sachunterrichts der Grundschule in Nordrhein-Westfalen. In: Internationale Erziehung im Geographieunterricht. Nürnberg, S. 146-160.

Hauff, M. (1993): Falle Nationalstaat. Die Fiktion des homogenen Nationalstaats und ihre Auswirkung auf den Umgang mit Minderheiten in Schule und Erziehungswissenschaft. Münster/New York.

Heid, H. (1995): Erziehung. In: Lenzen, D. (Hg.): a. a. O., S. 43-68.

Heitmeyer, W. /Dollase (1996): Die bedrängte Toleranz. Frankfurt/M.

Hejl, P. M. (1997): Konstruktion der Soziologie oder soziale Konstruktion. Grundlinien einer konstruktivistischen Sozialtheorie. In: Carl-Friedrich-von-Siemens-Stiftung: Einführung in den Konstruktivismus. München, S. 109-196.

Helsper, W. (1996): Antinomien des Lehrerhandelns in modernisierten pädagogischen Kulturen. Paradoxe Verwendungsweisen von Autonomie und Selbstverantwortlichkeit. In: Combe/Helsper (Hg.): a. a. O., S. 521-569.

Helsper, W. (1997): Das „postmoderne Selbst" – ein neuer Subjekt- und Jugend-Mythos? Reflexionen anhand religiöser jugendlicher Orientierungen. In: Keupp, H./Höfer, R. (Hg.): Identitätsarbeit heute. Klassische und aktuelle Perspektiven der Identitätsforschung. Frankfurt/M., S. 174-206.

Henschel, R. u. a. (1989): Zum Aufklärungspotential sozialwissenschaftlichen Wissens in der Praxis von Volkshochschulen. In: Beck, U./Bonß, W.: a. a. O., S. 457-488.
Hentig, v. H. (1999): Abstand vom Zeitgeist. In: Frankfurter Rundschau 10.09.1999.
Hepp, A./Winter, R. (Hg.) (1997): Kultur – Medien – Macht. Opladen.
Hess-Lüttich, E. W. B. (1992): Die Zeichenwelt der multimedialen Kommunikation. In: ders. (Hg.): Medienkultur – Kulturkonflikt. Massenmedien in der interkulturellen und internationalen Kommunikation. Opladen, S. 431-450.
Hessisches Kultusministerium (Hg.) (1989): Richtlinien zur Beurteilung von Schulbüchern. Wiesbaden.
Heydorn, H. J. (1970): Über den Widerspruch von Bildung und Herrschaft. Frankfurt/M.
Heyting, F. (1997): Konstruktivistische Erziehungswissenschaft. In: Hierdeis, H./Hug, T. (1997): a. a. O., S. 400-407.
Hickethier, K. (1978): Lexikon der Film- und Fernsehsprache. In Paech, J. (Hg.): a. a. O., S. 45-58.
Hierdeis, H./Hug, T. (Hg.) (1992): Pädagogische Alltagstheorien und erziehungswissenschaftliche Theorien. Bad Heilbrunn.
Hierdeis, H./Hug, T. (Hg.) (1997): Taschenbuch der Pädagogik. Baltmannsweiler.
Hirseland, A./Schneider, W. (2001): Wahrheit, Ideologie und Diskurse. Zum Verhältnis von Diskursanalyse und Ideologiekritik. In: Keller, R. u. a. (Hg.) a.a.O., S. 373-402.
Hillebrand, F. (1997): Disziplinargesellschaft. In: Kneer, G./Nassehi, A./Schroer, M. (Hg.): Soziologische Gesellschaftsbegriffe. München, S. 101-126.
Hippler, J./Lueg, H. (1993): Feindbild Islam. Hamburg.
Hirschauer, S. (1989): Die interaktive Konstruktion von Geschlechtszugehörigkeit. In: Zeitschrift für Soziologie. Jg. 18, H 2, S. 100-118.
Höhne, T. (2000): Schulbuchwissen. Dissertation am Fachbereich 4 der JWG-Universität Frankfurt/M.
Höhne, T. (2001): Alles konstruiert, oder was? Über den Zusammenhang von Konstruktivismus und empirischer Forschung. In: Angermüller, J./Bunzmann, K./Nonhoff, M. (Hg.): Diskursanalyse: Theorien, Methoden, Anwendungen. Hamburg, S. 23-36.
Höhne, T. (2002): Die thematische Diskursanalyse – dargestellt am Beispiel von Schulbüchern. In: Keller, R. u. a. (Hg.): Handbuch der sozialwissenschaftlichen Diskursanalyse (Bd. 2). Opladen (Im Erscheinen).
Höhne, T. (2002a): Pädagogisierung sozialer Machtverhältnisse. In: Dörfler, T. u. a. (Hg.): Postmodern Practises. Münster, S. 29-44 (In Druck).
Höhne, T./Kunz, T./Radtke, F.-O. (1999): ‚Bilder von Fremden' – Formen der Migrantendarstellung als der anderen Kultur in deutschen Schulbüchern von 1981-1997. Frankfurt/M. (Frankfurter Beiträge zur Erziehungswissenschaft, Reihe Forschungsberichte Bd. 4).
Höhne, T./Kunz, T./Radtke, F.-O. (2000): „Wir" und „Sie". Bilder von Fremden im Schulbuch. In: Forschungen Frankfurt, 2/2000, S. 16-25.

Höhne, T./Kunz, T./Radtke, F.-O. (2003): Bilder von Fremden – Formen der Migrantendarstellung als der anderen Kultur in deutschen Schulbüchern von 1981-1997. Frankfurt/M. (Im Erscheinen).
Hofmeister, H. (Hg.) (1994): Politik im Wandel. Paderborn.
Hug, T. (1997): Postmoderne und Erziehungswissenschaft. In: Hierdeis, H./Hug, T.: a. a. O., S. 439-456.
Huisken, F. (1973): Zur Kritik bürgerlicher Didaktik und Bildungsökonomie. München.
Hurrelmann, B./Hammer, M./Niess, F. (1993): Leseklima in der Familie. Gütersloh.
Hurrelmann, K. (1998): Einführung in die Sozialisationstheorie: Über den Zusammenhang von Sozialstruktur und Persönlichkeit. Weinheim/Basel.
Hurrelmann, K./Ulich, D. (Hg.) (1998): Handbuch der Sozialisationsforschung. Weinheim/Basel.
Imbusch, P. (1998): Macht und Herrschaft. Sozialwissenschaftliche Konzeptionen und Theorien. Opladen.
Ittermann, R. (1988): „Ausländer" im Sachunterricht der Primarstufe. Lehrpläne und Lehrbücher in Nordrhein-Westfalen. In: Sachunterricht und Mathematik in der Primarstufe. Jg. 16, S. 272-279.
Jäckel, M. (1999): Medienwirkungen. Opladen/Wiesbaden.
Jäger, S. (1991): Text- und Diskursanalyse: eine Anleitung zur Analyse politischer Texte. Duisburg.
Jäger, S. (1999): Text- und Diskursanalyse. (zweite überarbeitete Aufl.). Duisburg.
Jäger, S./Link, J. (Hg.) (1994): Die vierte Gewalt. Rassismus und Medien. Duisburg.
Jeismann, K.-E. (1979): Internationale Schulbuchforschung: Aufgaben und Probleme. In: Internationale Schulbuchforschung 1/1979, S. 7-22.
Jeismann, K.-E. (1990): Internationale Schulbuchforschung oder Staatsräson? Gedanken zum 10jährigen Bestehen des Georg-Eckardt-Instituts. Braunschweig.
Johnson, E. B. (1992): Are we looking at it in the same way? Some remarks on the problem of ideological investigation of text books and methodological approaches. In: Fritzsche, K. P.: a. a. O., S. 79-96.
Jung, M./Wengeler, M./Böke, K (Hg.) (1997): Die Sprache des Migrantendiskurses. Das Reden über „Ausländer" in Medien, Politik und Alltag. Opladen.
Jung, T. (1993): Lafontaine – Weiße Frau. Zur „Exegese" einer öffentlichen Redefigur. In: Jung, T./Müller-Doohm, S. (Hg.): Wirklichkeit im Deutungsprozeß. Frankfurt/M., S. 379-408.
Jürgensen, E./Muschkeit, D. (1979): TatSache Politik. Pädagogische Begleitmaterialien. Frankfurt/M.
Kade, J. (1997): Vermittelbar/nicht-vermittelbar: Vermitteln : Aneignen. Im Prozeß der Systembildung des Pädagogischen. In: Lenzen, D./Luhmann, N. (Hg.): Bildung und Weiterbildung im Erziehungssystem. Frankfurt/M., S. 30-70.
Kahlert, J. (Hg.) (1998): Wissenserwerb in der Grundschule. Bad Heilbrunn.
Kaiser, A. (1981): Alltagswende in der Pädagogik. Programm und Kritik. In: Pädagogische Rundschau. Jg. 35, H 2, S. 111-120.
Kallmeyer, W. u. a. (1977): Lektürekolleg zur Textlinguistik. Band 1 (2.Aufl.). Kronberg.

Kästner, E. /Neumann, G. (Hg.) (1993): Wirtschafts- und Rechtslehre, Band 3. Donauwörth.
Kees, A. u. a. (1991): Mädchen und Frauen im Schulbuch. Hrsg. v. Ministerium für Frauen, Arbeit, Gesundheit und Soziales und des Ministeriums für Bildung und Sport. Saarbrücken.
Kehm, M. B. (1991): Zur Abgrenzung und Integration. Der gewerkschaftliche Diskurs in der Bundesrepublik Deutschland. Opladen.
Kelle, H. (1997): ‚Wir und die anderen'. Die interaktive Herstellung von Schulklassen durch Kinder. In: Hirschauer, S./Amann, K. (Hg.): Die Befremdung der eigenen Kultur. Frankfurt/M., S. 138-167.
Keller, O. /Hafner, H. (1992): Arbeitsbuch zur Textanalyse. München.
Keller, R. (1997): Diskursanalyse. In: Hitzler, R./Honer, A.: Sozialwissenschaftliche Hermeneutik. Opladen, S. 309-334.
Keller, R. u. a. (Hg.) (2002): Handbuch sozialwissenschaftliche Diskursanalyse. Bd. 1: Theorien und Methoden. Opladen.
Kiesel, D. (1996): Das Dilemma der Differenz. Frankfurt/M.
Kiper, H. (1985): Über die Berücksichtigung von Ausländerkindern im Sachunterricht der Grundschule. In: Sachunterricht und Mathematik in der Primarstufe. Jg. 13, S. 268-273.
Kiper, H. (1987): Das ausländische Kind in den Richtlinien zum Sachunterricht in der Grundschule. In: Sachunterricht und Mathematik in der Primarstufe. Jg. 15, S. 87-91.
Kittler, F. A. (1995): Aufschreibsysteme 1800-1900. (3. überarbeitete Auflage). München.
Kittsteiner, H. D. (1992): Die Entstehung des modernen Gewissens. Frankfurt/M., Leipzig.
Klafki, W. (1975): Studien zur Bildungstheorie und Didaktik.Weinheim/Basel.
Klein, G. (1986): Reading into racism. London.
Klemenz, L. (1997): Von Hexen und anderen nackten Tatsachen. Wie Geschichte in Schulbücher kommt. Erfahrungsbericht einer Autorin. In: Frankfurter Rundschau 29.06.1997.
Klinger, C. (1995): Beredtes Schweigen und verschwiegenes Sprechen: Genus im Diskurs der Philosophie. In: Bußmann, H./Hof, R. (Hg.): Genus: zur Geschlechterdifferenz in den Kulturwissenschaften. Stuttgart.
Klook, D./Spahr, A. (1997): Medientheorien. Eine Einführung. München.
Kneer, G. (1997): Beobachten, Verstehen, Verständigung. In: Sutter, T. (Hg.): Beobachtung verstehen, Verstehen beobachten: Perspektiven einer konstruktivistischen Hermeneutik. Opladen, S. 51-69.
Knorr-Cetina, K. (1989): Spielarten des Konstruktivismus. In: Soziale Welt. Nr. 40, S. 86-96.
Knorr-Cetina, K. (1991): Die Fabrikation von Erkenntnis. Frankfurt/M.
Knorr-Cetina, K. (1998): Sozialität mit Objekten. In: Rammert, W. (Hg.): Technik und Sozialtheorie. Frankfurt/M.-New York, S. 83-120.
König, E./Zedler, P. (1998): Theorien der Erziehungswissenschaft. Weinheim.

Kolbe, F. U./Sünker, H./Timmermann, D. (1994): Neue Bildungssoziologische Beiträge zur Theorie institutionalisierter Bildung – Markierungen zur Theorieentwicklung. In: Sünker u. a., a. a. O., S. 11-33.

Kommunale Ausländerinnen- und Ausländervertretung der Stadt Frankfurt (Hg.) (1998): Sonderschulen. Schule für Migrantenkinder? Godesberg.

Konrad-Adenauer-Stiftung (1995). Kirche und Staat. der „Kruzifix-Beschluß" des Bundesverfassungsgerichts im Widerstreit der Meinungen. St. Augustin.

Koschorke, A./Vißmann, C. (1999): Einleitung. In: Dies. (Hg.): Widerstände der Systemtheorie. Berlin, S. 9-18.

Koselleck, R. (1992): Vergangene Zukunft. Zur Semantik geschriebener Zeiten. Frankfurt/M.

Krais, B. (1989): Soziale Feld, Macht und Kulturpraxis. Die Untersuchungen Bourdieus über die verschiedenen Praktiken der „herrschenden Klasse" in Frankreich. In: Eder, K. (Hg.): Klassenlage, Lebensstil und Kulturpraxis. Frankfurt/M., S. 47-71.

Krais, B. (1996): Bildungsexpansion und soziale Ungleichheit. In: Die Wiederentdeckung der Ungleichheit. (Jahrbuch Bildung und Arbeit). S. 118-146.

Kramis, J. (1990). Quellen des Wissens über guten Unterricht und deren Stärken und Schwächen. Freiburg. (Pädagogisches Institut).

Krieger, D. J. (1996). Einführung in die allgemeine Systemtheorie. München.

Krohn, W./Küpers, G. (1992). Emergenz: Die Entstehung von Ordnung, Organisation und Bedeutung. Frankfurt/M.

Kromrey, H. (1995): Empirische Sozialforschung. Opladen.

Kron, F. W. (1996): Grundwissen Pädagogik. Opladen.

Krüger, H.-H. (1999): Entwicklungslinien und aktuelle Perspektiven einer Kritischen Erziehungswissenschaft. In: Sünker, H./Krüger, H.-H. (1999): Kritische Erziehungswissenschaft. Ein Neubeginn? Frankfurt/M., S. 162-184.

Krüger, H.-H./Helsper, W. (Hg.) (1998): Einführung in die Grundbegriffe und Grundlagen der Erziehungswissenschaft. Opladen.

Krüssel, H. (1993): Konstruktivistische Unterrichtsforschung. Frankfurt/M.

Künzli, R. u. a. (1999): Lehrplanarbeit. Chur/Zürich.

Kunz, T. (2000): Zwischen den Stühlen – Zur Karriere einer Metapher. In: Jäger, S./Schobert, A. (Hg.): Faschismus, Rechtsextremismus, Kontinuitäten und Brüche. Duisburg, S. 229-252.

Kupfer, H. (1990): Pädagogik der Postmoderne. Weinheim/Basel.

Kuser, G. (1998): Die Analyse der Macht bei Foucault. In: Imbusch, P.: a. a. O., S. 239-254.

Laclau, E. (1979): Politik und Ideologie im Marxismus. Kapitalismus – Faschismus – Populismus. Berlin.

Laclau, E. (1982): Diskurs, Hegemonie und Politik. In: Das Argument. Nr. 78, S. 6-22.

Lange, K. (1981): Zur Methodologie und Methoden einer sozialwissenschaftlichen Unterrichtsmedienforschung. In: Internationale Schulbuchforschung. Nr. 3, S. 16-28.

Langewand, A. (1995): Bildung. In: Lenzen, D. (Hg.): a. a. O., S. 69-99.

Laugstien, T. (1993): Diskursanalyse. In: Haug, W. F. (Hg.): Historisch-Kritisches Wörterbuch des Marxismus, Band 2. Berlin, S. 728-744.
Lenzen, D. (1987). Mythos, Metaphern und Sinnhaftigkeit. In: Zeitschrift für Pädagogik. Jg. 37, S. 41-60.
Lenzen, D. (Hg.) (1995): Erziehungswissenschaft. Ein Grundkurs. Reinbeck.
Lenzen, D. (1997): Pädagogische Grundbegriffe, Bd. 1/2. Reinbeck.
Levinson, S. C. (1983): Pragmatik. Tübingen.
Lewandowski, T. (Hg.) (1994): Linguistisches Wörterbuch. (Band 3). Wiesbaden.
Levi-Strauss, C. (1971): Strukturale Anthropologie. Frankfurt/M.
Link, H. (1980): Rezeptionsforschung. Stuttgart, u. a.
Link, J. (1982): Kollektivsymbole und Mediendiskurse. In: kRR, kultuRRevolution, Zeitschrift für angewandte Diskurstheorie. Nr. 1, S. 6-20.
Link. J. (1986): Kleines Begriffslexikon. In: kRR, kultuRRevolution. Zeitschrift für angewandte Diskurstheorie. Nr. 11, S. 70-71.
Link, J. (1988): Literaturanalyse als Inter-Diskurs-Analyse. In: Fohrmann, J./Müller, H.: a. a. O., S. 284-310.
Link, J. (1992): Die Analyse der symbolischen Komponenten realer Ereignisse. Ein Beitrag der Diskurstheorie zur Analyse von rassistischen Äußerungen. In: Jäger, S./Januschek, F. (Hg.): Der Diskurs des Rassismus. Oldenburg. Osnabrücker Beiträge zur Sprachtheorie (OBST). Nr. 46, S. 37-52.
Link, J. (1993): „Asylanten" – zur Erfolgsgeschichte eines deutschen Schlagworts. In: Butterwege, Ch./Jäger, S. (Hg.): Europa gegen den Rest der Welt. Köln, S. 111-123.
Link, J. (1995): Diskurstheorie. In: Haug, W. F. (Hg.): Historisch-Kritisches Wörterbuch des Marxismus, Band 2. Berlin, S. 744-748.
Link, J. (1996): Versuch über den Normalismus: wie Normalität produziert wird. Opladen.
Link, J. (1999): Diskursive Ereignisse, Diskurs, Interdiskurs: Sieben Thesen zur Operativität der Diskursanalyse am Beispiel des Normalismus. In: Bublitz, H. u. a., a. a. O., S. 148-161.
Linke, A./ Nußbaumer, M./Portmann, R. (1994): Studienbuch Linguistik. Tübingen.
Lisch, R./Kriz, J. (1978): Grundlagen und Modelle der Inhaltsanalyse. Reinbeck.
Lißmann, K. J./Nicklas, H./Ostermann, Ä. (1975): Feindbilder in Schulbüchern. In: Friedensanalysen 1. Hrsg. v. d. Hessischen Stiftung für Friedens- und Konfliktforschung. Frankfurt/M., S. 37-62.
Löschper, G. (1994): „Rasse" als Vorurteil vs. Diskursanalyse des Rassismus. In: Kriminologisches Journal. Jg. 26, H. 3, S. 170-190.
Löschper, G. (1998): Gewalt und Medien. In: Kriminologisches Journal. 30. Jg., H.4, S. 242-261.
Lüders, C./Kade, J./Hornstein, W. (1998): Entgrenzung des Pädagogischen. In: Krüger, H.-H./Helsper, W. (Hg.): a. a. O., S. 207-215.
Luhmann, N. (1984): Soziale Systeme. Frankfurt/M.
Luhmann, N. (1991): Die Wissenschaft der Gesellschaft. Frankfurt/M.
Luhmann, N. (1995): Dekonstruktivismus als Beobachtung zweiter Ordnung. In: de Berg, H./Prangel, M. (Hg.): Differenzen. Systemtheorie zwischen Dekonstruktion und Konstruktion. Tübingen/Basel, S. 9-36.

Luhmann, N. (1996): Die Realität der Massenmedien. Opladen.
Luhmann, N. (1997): Die Gesellschaft der Gesellschaft. Frankfurt/M.
Luhmann, N./Schorr, K. E. (Hg.) (1982): Zwischen Technologie und Selbstreferenz. Fragen an die Pädagogik. Frankfurt/M.
Luhmann, N./Schorr, K. E. (1979/1988): Reflexionsprobleme im Erziehungssystem. Frankfurt/M.
Luhmann, N./Schorr, K. E. (Hg.) (1992): Zwischen Absicht und Person. Frankfurt/M.
Lyotard, J. F. (1993): Das postmoderne Wissen. Wien.
Maasen, S. (1999): Wissenssoziologie. Bielefeld.
Makropoulos, M. (1997): Modernität und Kontingenz. München.
Marienfeld, W. (1976): Schulbuchanalyse und Schulbuchrevision: Zur Methodenproblematik. In: Internationale Jahrbuch des Georg-Eckert-Instituts, Bd. 17. Braunschweig, S. 35-49.
Markefka, M. (1993): Vorurteile und ihre gesellschaftliche Funktion. Fernuniversität Hagen.
Markowitz, J. (1982): Relevanz im Unterricht – eine Modellskizze. In: Luhmann, N/Schorr, K. E. (Hg.): a. a. O., S. 87-116.
Mayer-Drawe, K. (1996): Versuch einer Archäologie des pädagogischen Blicks. In: Zeitschrift für Pädagogik. Jg. 42, S. 655-664.
Mayring, P. (1997): Qualitative Inhaltsanalyse. Weinheim.
McNeil, D./Freiberger, P. (1994): Fuzzy logic. München.
Menck, P. (1975): Unterrichtsanalyse und didaktische Konstruktion. Frankfurt/M.
Meier, R. (1986): Erfahrungen eines Autors mit der Genehmigung von Schulbüchern. In: Rauch, M/Tomaschewski, C.: Schulbücher für den Sachunterricht. Frankfurt/M., S. 83-92.
Meissner, A. (1998): Farbe als Geste im Design. In: Sturm, H. (Hg.): Geste und Gewissen im Design. Köln, S. 64-69.
Merten, K. (1987): Das Bild der Ausländer in der deutschen Presse. In: Bundeszentrale für politische Bildung (Hg.): a. a. O., S. 69-78.
Merten, K./Ruhrmann, G. (1986): Das Bild der Ausländer in der deutschen Presse. Frankfurt/M.
Meyer, T. (2001): Mediokratie. Frankfurt/M.
Michel, G. (1995): Die Rolle des Schulbuchs im Rahmen der Mediendidaktik. In: Olechowski, R., a. a. O., S. 95-115.
Mickel, W. /Stachwitz, R. (1990): Arbeitsbuch Politik 1. 5. und 6. Schuljahr. Düsseldorf.
Miksch, J. (1991): Deutschlands Einheit in kultureller Vielfalt. Frankfurt/M.
Mikos, L. (1994): Fernsehen im Erleben der Zuschauer. Berlin.
Mitulla, C. (1997): Die Barriere im Kopf. Stereotype und Vorurteile bei Kindern gegenüber Ausländern. Opladen.
Mocnik, R. (1994): Das „Subjekt, dem unterstellt wird zu glauben" und die Nation als eine Null-Institution. In: Böke, H./Müller, J. C./Reinfeld, S. (Hg.): Denkprozesse nach Althusser. Hamburg, S. 225-274.
Mollenhauer, K. (1986): Umwege: über Bildung, Kunst und Interaktion. Weinheim/München.

Mollenhauer, K. (1997): Methoden der Erziehungswissenschaft. Bildinterpretation. In: Friebertshäuser, B./Prengel, A.: a. a. O., S. 247-269.
Monaco, J. (1996): Film verstehen. Kunst, Technik, Sprache, Geschichte und Theorie des Films und der Medien. Reinbeck.
Mongardini, C. (1983): Rituale und Wandlungen des Konsens in der zeitgenössischen Gesellschaft. In: Ross, H./Rath, C. D. (Hg.): Rituale der Medienkommunikation. Berlin.
Montada, L. (1982): Die geistige Entwicklung aus der Sicht Jean Piagets. In: Oerter, R./Montada, L.: Entwicklungspsychologie. München/Wien/Baltimore, S. 375-424.
Mouffe, C. (1997): Inklusion/Exklusion: Das Paradox der Demokratie. In: Weibel, P./Zizek, S. (Hg.): Inklusion : Exklusion. Probleme des Postkolonialismus und der globalen Migration. Wien, S. 75-90.
Müller, W. (1977): Schulbuchzulassung : Zur Geschichte u. Problematik staatlicher Bevormundung von Unterricht und Erziehung. Kastellaun.
Müller-Doohm, S. (1997): Bildinterpretation als struktural-hermeneutische Symbolanalyse. In: Hitzler, R./ Honer, A. (Hg.): Sozialwissenschaftliche Hermeneutik. Stuttgart, S. 81-108.
Müller-Doohm, S./Neumann, Braun, S. (1995): Kulturinszenierungen – Einleitende Betrachtungen über Medien, Kultur und Sinnvermittlung. In: Dies. (Hg.). Kulturinszinierungen. Frankfurt/M., S. 9-26.
Nartop, P. (1920): Sozial-Idealismus. Neue Richtlinien sozialer Erziehung. Berlin.
Nassehi, A. (1997): Das stahlharte Gehäuse der Zugehörigkeit. Unschärfen im Diskurs um die „Multikulturelle Gesellschaft". In: Nation, Ethnie, Minderheiten. Hrsg. von A. Nassehi. Köln/Weimar/Wien, S. 177-208.
Nemitz, R. (1985): Familie und Schule als Dispositiv der Erziehung. In: Das Argument. Nr. 149, S. 10-28.
Neumann-Braun, K./Schmidt, A. (1995): Viva MTV! Dies. (Hg.): Frankfurt/M., S. 7-44.
Neuweg, G. H. (1999): Könnerschaft und implizites Wissen. Münster u. a.
Nicklas, H./Ostermann, A. (1975): Kann man zum Frieden erziehen? In: Heck, G./Schwig, M. (Hg.) (1991): Friedenspädagogik. Theorien und bildungspolitische Vorgaben einer Erziehung zum Frieden (1945-1985). Darmstadt, S. 13-23.
Nicklas, H./Ostermann, A. (1982): Vorurteile und Feindbilder. Baltimore/München/Wien.
Niehr, T. (1997): Argumentation oder Suggestion? Die Berichterstattung des ZDF – Magazins FRONTAL zum ausländerfeindlichen Brandanschlag in Solingen. In: Jung /Wengeler /Böke (Hg.): a. a. O., S. 283-298.
Noelle-Neumann, E./Schulz, W./Wilke, J. (Hg.) (1989): Fischer Lexikon. Publizistik, Massenmedien, Kommunikation. Frankfurt/M.
Nolda, S. (Hg.) (1996): Erwachsenenbildung in der Wissensgesellschaft. Frankfurt/M.
Nöth, W. (1985): Handbuch der Semiotik. Stuttgart.
Nöth, W. (2001): Handbuch der Semiotik (2. vollständig neu bearbeitete und erweiterte Auflage). Stuttgart.
Nüse, R. u. a. (1991): Über Erfindungen des radikalen Konstruktivismus. Weinheim.

Oelkers, J. (1982): Intention und Wirkung: Vorüberlegungen zu einer Theorie pädagogischen Handelns. In: Luhmann/Schorr (Hg.): a. a. O., S. 139-194.
Oelkers, J. (Hg.) (1992): Seele und Demiurg: Zur historischen Genesis pädagogischer Wirkungsannahmen. In: Luhmann/Schorr (Hg.): a. a. O., S. 11-57.
Oelkers, J./Tenorth, H. E. (Hg.) (1991): Pädagogisches Wissen. Weinheim/Basel.
Oelkers, J./Tenorth, H. E. (Hg.) (1991a): Pädagogisches Wissen als Orientierung und als Problem In: Dies., a. a. O., S. 13-38.
Olechowski, R. (Hg.) (1995): Schulbuchforschung. Frankfurt/ M. u. a.
Oswald, H. (1998): Lernen: Umgang mit anderen Kindern – Erfahrungen aus dem Forschungsprojekt „Alltag der Schulkinder". In: Kahlert, J. (Hg.): a. a. O., S. 91-110.
Ottmers, C. (1996). Rhetorik. Stuttgart/Weimar.
Paech, J. (Hg.) (1978): Film- und Fernsehsprache 1. Frankfurt/M.
Paech, J. (1998): Intermedialität. In: Albersmaier, F. J. (Hg.): Texte zur Theorie des Films. Stuttgart, S. 447-476.
Paivio, A. (1986). Mental representations. Actual coding approach. New York.
Parsons, T. (1997): Soziale Struktur und Persönlichkeit. Eschborn.
Paschen, H. (1991): Zur argumentativen Einheit pädagogischen Wissens. In: Oelkers, J./Tenorth, H.E. (Hg.): a. a. O., S. 319-332.
Pecheux, M. (1975): Les verites de la Palice. Paris.
Pecheux, M. (1983): Über die Rolle des Gedächtnisses als interdiskursives Material. In: Das Subjekt des Diskurses. Hrsg. von M. Geier und H. Woetzel. Berlin, S. 50-58.
Peek, J. (1993): Wissenserwerb mit darstellenden Bildern. In: Weidenmann, B. (Hg.): a. a. O., S. 59-94.
Perger, J. (1992): Das Werk von Jean-Francois Lyotard. In: Hütter, A. u. a. (Hg.): Paradigmenvielfalt und Wissensintegration. Beiträge zur Postmoderne im Umkreis von Jean-Francois Lyotard. Wien, S. 19-86.
Pethes, N./Ruchatz, J. (Hg.) (2001): Gedächtnis und Erinnerung. Reinbeck.
Petillon, H. (1987): Schulanfang mit ausländischen und deutschen Kindern. Weinheim.
Petrat, G. (1979): Schulunterricht. Seine Sozialgeschichte in Deutschland 1750-1850. München.
Piaget, J./Weil, A. M. (1976): Die Entwicklung der kindlichen Heimatvorstellungen und Urteile über andere Länder. In: Wacker, A. (Hg.): a. a. O., S. 127-148.
Pielenz, M. (1993): Argumentation und Metapher. Tübingen.
Pilgrim, C. (2000): Der ethnisierte Raum. Diskursanalyse mexikanischer und US-amerikanischer Schulbücher im Kontext interkultureller Debatten. Frankfurt/M.
Pinn I. /Wehner, M. (1995): Europhantasien. Die islamische Frau aus europäischer Sicht. Duisburg.
Plöger, W. (1999): Allgemeine Didaktik und Fachdidaktik. München.
Poenicke, A. (1995): Die Darstellung Afrikas in europäischen Schulbüchern für Französisch am Beispiel, England, Frankreich und Deutschland. Frankfurt/M.
Polanyi, M. (1985): Implizites Wissen. Frankfurt/M.

Pongratz, L. A. (1990): Schule als Dispositiv der Macht. Reflexionen im Anschluß an Michel Foucault. In: Vierteljahreszeitschrift für wissenschaftliche Pädagogik. Nr. 66, Jg., S. 289-308.
Portele, G. (1989): Autonomie, Macht, Liebe. Frankfurt/M.
Postmann, N./Weingartner, S. (1972): Fragen und Lernen. Frankfurt/M.
Potter, J./Wetherell, M. (1995): Soziale Repräsentation, Diskursanalyse und Rassismus. In: Flick, U. (Hg.): a. a. O., S. 177-199.
Preiswerk, R. (1980): The slant of the pen. Racism in children`s book. Geneve.
Quasthoff, U. (1973): Soziales Vorurteil und Kommunikation. Eine sprachwissenschaftliche Analyse des Stereotyps. Frankfurt/M.
Radtke, F. O. (1985): Hermeneutik und soziologische Forschung. In: Soziale Welt, Sonderband 3 „Entzauberte Wissenschaft", Hrsg. von W. Bonß/H. Hartmann. Göttingen, S. 321-349.
Radtke, F. O. (1990): Multikulturalismus – Vier Formen der Ethnisierung. In: Frankfurter Rundschau, 19/6/1990.
Radtke, F. O. (1992): Multikulturalismus und Erziehung. Ein erziehungswissenschaftlicher Versuch über die Behauptung: „Wir leben in einer multikulturellen Gesellschaft". In: Brähler, R./Dudek, P. (Hg.): Fremde – Heimat. Neuer Nationalismus versus Interkulturelles Lernen – Probleme politischer Bildungsarbeit. (Jahrbuch für interkulturelles Lernen). Frankfurt/M.
Radtke, F. O. (1995): Migration und Ethnizität. In: Flick, U. (Hg.): Handbuch qualitativer Sozialforschung. Weinheim, S. 391-394.
Radtke, F. O. (1996a): Fremde und Allzufremde. Die Ausbreitung des ethnologischen Blicks in der Einwanderungsgesellschaft. In: Wicker, H. R. u. a.: Das Fremde in der Gesellschaft: Migration Ethnizität und Staat. Zürich.
Radtke, F. O. (1996b): Wissen und Können. Die Rolle der Erziehungswissenschaft in der Erziehung. Opladen.
Radtke, F. O. (1996c): Fremde und Allzufremde. Der Prozeß der Ethnisierung gesellschaftlicher Konflikte. In: Friedrich-Ebert-Stiftung (Hg.): Ethnisierung gesellschaftlicher Konflikte. Bonn, S. 7-17.
Rang, A./Rang, B. (1985): Das Subjekt in der Pädagogik. In: Das Argument. Nr. 149, S. 29-43.
Rauch, M./Wurster, E. (1997): Schulbuchforschung als Unterrichtsforschung. Frankfurt/M. u. a.
Reckwitz, A. (1997): Struktur. Opladen/Wiesbaden.
Reckwitz, A./Sievert, H. (Hg.) (1999): Interpretation – Konstruktion – Kultur. Ein Paradigmenwechsel in den Sozialwissenschaften. Opladen/Wiesbaden.
Regener, S. (1999): Fotographische Erfassung. München.
Reichertz, J. (1997): Objektive Hermeneutik. In: Hitzler, R./Honer, A. (Hg.): a. a. O., S. 31-57.
Reif, A. (Hg.) (1973): Antworten der Strukturalisten. Hamburg.
Renner, E. (1982): Erziehung und Sozialisationsbedingungen türkischer Kinder. Heidelberg.
Reuser, K. (1999): Denkstrukturen und Wissenserwerb in der Ontogenese. In: Klix, F./Spada, H. (Hg.): Wissen. (Enzyklopädie der Psychologie, Bd. 6). Göttingen u. a., S. 115-166.

Richter, D./Vogt, J. (Hg.) (1974): Die heimlichen Erzieher: Kinderbücher und politisches Lernen. Reinbeck.

Riedel, K. (1995): Curriculum. In: Lenzen, D. (Hg.): a. a. O., S. 298-301.

Rohlfes, J. (1998): Politische und didaktische Tugendwächter. Warum Schulbuchgutachter mehr Zurückhaltung üben sollten. In: Geschichte in Wissenschaft und Unterricht. Jg. 49, H. 3, S. 157-164.

Rohloff, E.-A. (1988): Demokratie, politische Bildung und ihre Umsetzung im Lernprozeß. In: Bundeszentrale für politische Bildung (Hg.): Erfahrungsorientierte Methoden der politischen Bildung. Bonn, S. 11-29.

Rommelspacher, B. (1993): Männliche Jugendliche als Projektionsfiguren gesellschaftlicher Gewaltphantasien. Rassismus im Selbstverständnis der Mehrheitskultur. In: Breyvogel, W. (Hg.): Lust auf Randale. Gewalt gegen Fremde. Bonn, S. 65-82.

Rosebrock, C. (Hg.) (1995): Lesen im Medienzeitalter. Weinheim/München.

Rosebrock, C. (1995b): Literarische Sozialisation im Medienzeitalter. In: Dies. (Hg.): a. a. O., S. 9-30.

Rusch, G. (1999): Kommunikation der Wirklichkeit der Medien und der Wirklichkeit der Kommunikation. In: Rusch, G./Schmidt, S. J. (Hg.): Konstruktivismus in den Medien und den Kommunikationswissenschaften. Frankfurt/M., S. 7-12.

Rüsen, J. (1992): Das ideale Schulbuch. Überlegungen zum Leitmedium des Geschichtsunterrichts. In: Internationale Schulbuchforschung. Nr. 14, S. 237-250.

Rutz, M. (Hg.) (1997): Aufbruch in der Bildungspolitik. Roman Herzogs Rede und 25 Antworten. München.

Said, E. (1981): Orientalismus. Frankfurt/M./Berlin/Wien.

Sander, W. (Hg.) (1997): Handbuch politische Bildung. (Bundeszentrale für Politische Bildung). Schwalbach/Ts.

Sanders, B. (1995): Der Verlust der Sprachkultur. Frankfurt/M.

Sauer, M. (1998): Zwischen Negativkontrolle und staatlichem Monopol. Zur Geschichte von Schulbuchzulassung und -einführung. In: Geschichte und Wissenschaft im Unterricht. Jg. 49, H. 5, S. 1-13.

Saussure, de F. (1967): Grundfragen der Allgemeinen Sprachwissenschaft. Berlin.

Schade, K. F./Meueler, K. (1977): Die Dritte Welt in den Medien der Schule. Stuttgart.

Scheron, B. (1988): Das Thema „Gastarbeiter" in Lehrbüchern für die Hauptschulen in Nordrhein-Westfalen. In: Lernen in Deutschland. Jg. 8, S. 21-35.

Scheron B./Scheron, U. (1985): Das Thema „Gastarbeiter" in Lehrbüchern für den Lernbereich Gesellschaftslehre. In: „Gast"arbeiter im Unterricht. Hrsg. v. Deutsche Vereinigung für politische Bildung. Dortmund, S. 45-96.

Scheunpflug, A. (2001): Evolutionäre Didaktik. Weinheim/Basel.

Scheunpflug, A./Seitz, K. (1995): Die Geschichte der entwicklungspolitischen Bildung: Zur pädagogischen Konstruktion der „Dritten Welt". Bd. 2. Schule und Lehrerbildung. Frankfurt/M.

Scheunpflug, A./Treml, A. K. (Hg.) (1993): Entwicklungspolitische Bildung. Tübingen/Hamburg.

Schiewe, J. (1998): Die Macht der Sprache. München.

Schmidt, S. J. (1972): Ist ‚Fiktionalität' eine linguistische oder eine texttheoretische Kategorie? In: Gülich, E./Raible, W. (Hg.): Textsorten. Frankfurt/M., S. 59-71.

Schmidt, S. J. (1988): Diskurs und Literatursystem. Konstruktivistische Alternativen zu diskurstheoretischen Alternativen. In: Fohrmann/Müller (Hg.): a. a. O., S. 134-158.

Schmidt, S. J. (1994): Kognitive Autonomie und soziale Orientierung. Frankfurt/M.

Schmidt, S. J. (Hg.) (1996): Der Diskurs des radikalen Konstruktivismus. Frankfurt/M.

Schmidt, S. J. (1999): Die Zähmung des Blicks. Frankfurt/M.

Schmidt, S. J./Weischenberg, S. (1994): Mediengattungen, Berichterstattungsmuster, Darstellungsformen. In: Merten, K./Schmidt, S. J./Weischenberg, S. (Hg.): Die Wirklichkeit der Medien. Opladen, S. 212-236.

Schöfthaler, T./Goldschmidt, D. (Hg.) (1984): Soziale Struktur und Vernunft. Frankfurt/M.

Schönberg, U. (1993): Vorurteile – Feindbilder, Wurzeln und Dynamik. In: Bundeszentrale für politische Bildung (Hg.): Das Ende der Gemütlichkeit. Bonn, S. 37-50.

Schorb, B./Mohn, E./Theunert, H. (1998): Sozialisation durch Massenmedien. In: Hurrelmann, K./Ulich, D.: a. a. O., S. 493-510.

Schrand, H. (1995): Von der „Sackgasse des Singulären". Anmerkungen zu examplarischen Prinzipien im Geographieunterricht. In: Bünstorf, J./Kroß, E. (Hg.): Geographieunterricht in Theorie und Praxis. Gotha, S. 53-64.

Schuch, W. (1978): Der subjektive Faktor in der politischen Erziehung. Stuttgart.

Schulte-Holtey, E. (2000): Kurven – Intensitäten. Zur Erfahrbarkeit statischer Daten in den Massenmedien. In: Grewenig, A. /Jäger, M. (Hg.): Medien in Konflikten: Holocaust – Krieg und Ausgrenzung. Duisburg, S. 253-274.

Schultze, W. (1986): Der Islam in Schulbüchern. Braunschweig.

Schütz, A. (1971): Das Problem der Relevanz. Frankfurt/M.

Schütz, A. (1974): Der sinnhafte Aufbau der sozialen Welt. Eine Einleitung in die verstehende Soziologie. Frankfurt/M.

Schütz, H./Luckmann, T. (1975): Strukturen der Lebenswelt. Neuwied, Darmstadt.

Schwenk, B. (1979): Unterricht zwischen Aufklärung und Indoktrination. Frankfurt/M.

Schwenk, B. (1997): Pädagogische Verhältnisse. In: Lenzen, D.: a. a. O., S. 1566-1572.

Searle, J. (1979): Sprechakte. Ein sprachphilosophischer Essay. Frankfurt/M.

Seel, M. (1998): Die Medien der Realität und die Realität der Medien. In: Krämer, S. (Hg.): Medien – Computer – Realität. Frankfurt/M., S. 244-269.

Seel, M. (2000): Psychologie des Lernens. München/Basel.

Seidel-Pielen, E./Farin, K. (1991): Wie schuldig ist die Schule? In: Erziehung und Wissenschaft. Nr. 11, S. 6-9.

Siebert, H. (1999): Pädagogischer Konstruktivismus: eine Bilanz der Konstruktivismusdiskussion für die Bildungspraxis. Neuwied, Kriftel.

Simmel, G. (1992): Soziologie. Frankfurt/M.

Soeffner, H.-G. (1989): Auslegungen des Alltags – Der Alltag der Auslegung. Zur wissenssoziologischen Konzeption einer sozialwissenschaftlichen Hermeneutik. Frankfurt/M.
Sollwedel, I. (1970): Das neue Frauenbild in den Lesebüchern. In: Information für die Frau. 19.Jg., H. 6, S. 6-8.
Spinner, H. F. (1974): Theorie. In: Baumgartner, H. M./Krings, H./Wild, C. (Hg.): Handbuch philosophischer Grundbegriffe. Band 5, S. 1486-1513.
Spinner, H. F. (1994): Die Wissensordnung: ein Leitkonzept für die dritte Grundordnung des Informationszeitalters. Opladen.
Staube, G. (Hg.) (1996): Wörterbuch der Kognitionswissenschaften. Stuttgart.
Stegmüller, W. (1979): Hauptströmungen der Gegenwartsphilosophie. Bd. II. Stuttgart.
Stehr, N. (1994): Arbeit, Eigentum und Wissen: zur Theorie von Wissensgesellschaften. Frankfurt/M.
Stein, G. (1979): Immer Ärger mit den Schulbüchern. Brennpunkte zur Bildungspolitik 1. Stuttgart.
Stein, G. (1991): Schulbücher in Lehrerbildung und pädagogischer Praxis. In: Roth, L. (Hg.): Pädagogik. München. S, 752-759.
Steindorf, G. (1985): Lernen und Wissen. Theorie des Wissens und der Wissensvermittlung. Bad Heilbrunn.
Steiner, G. (1996): Lernen. Bern u. a.
Steinke, I. (1999): Kriterien qualitativer Sozialforschung. Weinheim/München.
Stichweh, R. (1994): Wissenschaft, Universität, Professionen: soziologische Analysen. Frankfurt/M.
Stöber, G. (1996): ‚Fremde Kulturen' und Geographieunterricht. In: Internationale Schulbuchforschung. Nr. 18, S. 175-210.
Strittmacher, P./Niegemann, H. (2000): Lehren und Lernen mit Medien. Darmstadt.
Strube, G. u. a. (Hg.) (1996): Wörterbuch der Kognitionsforschung. Stuttgart.
Strzelewicz, W. (1979): Bildungssoziologie. In: König, R. (Hg.): Handbuch der empirischen Sozialforschung (Bd. 14). Stuttgart, S. 85-236.
Sünker, H. u. a. (Hg.) (1994): Bildung, Gesellschaft und soziale Ungleichheit. Frankfurt/M.
Sünker, H./Krüger, H.-H. (Hg.) (1999): Kritische Erziehungswissenschaft am Neubeginn?! Frankfurt/M.
Taschwer, K. (1996): Wissen über Wissenschaft. Chancen und Grenzen der Popularisierung von Wissenschaft in der Erwachsenenbildung. In: Nolda, S. (Hg.): Erwachsenenbildung in der Wissensgesellschaft. Bad Heilbronn, S. 65-99.
TatSache Politik, Bd. 2. Hrsg. v. Helbig, L. (1997). Frankfurt/M.
Teistler, G. (Hg.) (1995): Bibliographie der in der Bundesrepublik zugelassenen Schulbücher für die Fächer Geographie, Geschichte, Sozialkunde (Politik). Ausgabe 1995/1996. Braunschweig.
Tenbruck, F. H. (1981): Emil Durkheim oder die Geburt der Gesellschaft aus dem Geist der Soziologie. In: Zeitschrift für Soziologie. 10.Jg., Heft 4, S. 333-350.
Terhart, E. (1989): Lehr- Lern- Methoden. Weinheim.

Terhart, E. (1991): Pädagogisches Wissen. Überlegungen zu einer Vielfalt, Funktion und sprachliche Form am Beispiel des Lehrerwissens. In: Oelkers, J./Tenorth, H. E. (Hg.): a. a. O., S. 129-142.

Terhart, E. (1995): Unterricht. In: Lenzen, D. (Hg.): a. a. O., S. 133-158.

Terhart, E. (1999): Konstruktivismus und Unterricht. In: Zeitschrift für Pädagogik. Jg. 49, Nr. 5, S. 629-648.

Terkessidis, M. (1998): Psychologie des Rassismus. Opladen/Wiesbaden.

Tertilt, H. (1996): Turkish Power. Frankfurt/M.

Thonhauser, J. (1992): Was Schulbücher lehren. Schulbücher unter erziehungswissenschaftlichem Aspekt (Am Beispiel Österreich). In: Fritzsche, K.: a. a. O., S. 55-79.

Titscher, S. u. a. (1998): Methoden der Textanalyse. Opladen/Wiesbaden.

Tillmann, K.-J.(1989): Sozialisationstheorien. Reinbeck.

Treml, A. K. (1998): Lernen. In: Krüger, H.-H./Helsper, W. (Hg.): a. a. O., S. 93-102.

Tworuschka, M. (1986): Analyse der Geschichtsbücher zum Thema Islam. Studien zur internationalen Schulbuchforschung (Schriftenreihe des Georg-Eckert-Instituts, hrsg. v. E. Hinrichs, Bd. 46.). Der Islam in den Schulbüchern der Bundesrepublik. Hrsg. v. A. Falaturi, Teil 1, Braunschweig.

Uhe, E. (1976): Quantitative Verfahren bei der Analyse von Schulbüchern. In: Schallenberger E. H. (Hg.): Studien zur Methodenproblematik wissenschaftlicher Schulbucharbeit. Kastellaun.

Uhle, R. (1989): Verstehen und Pädagogik. Eine historisch-systematische Studie über die Begründung von Bildung und Erziehung durch den Gedanken des Verstehens. Weinheim.

Van Dijk, Teun A. (1980): Textwissenschaft. München.

Van Leeuwen, T. (1992): The schoolbook as multimodal text. In: Internationale Schulbuchforschung. Nr. 14, S. 35-58.

Van Leeuwen, T./Kress, G. (1995): Critical Layout Analysis. In: Internationale Schulbuchforschung. Nr. 17, S. 25-43.

Vanecek, E. (1995): Zur Frage der Verständlichkeit und Lernbarkeit von Schulbüchern. In: Olechowski, R. (Hg.): a. a. O., S. 125-148.

Verduin-Müller, H. S. (1992): From revision to construction. The textbook: a knowledge product. In: Fritzsche, K.: a. a. O., S. 151-162.

Vierhaus, R. (1972): Bildung. In: Brunner, O./Conze, W./Koselleck, R. (Hg.): Geschichtliche Grundbegriffe: historisches Lexikon zur politisch-sozialen Sprache in Deutschland. (Hrsg. im Auftr. des Arbeitskreises für Moderne Sozialgeschichte e.V.). Stuttgart, S. 508-551.

Vogt, R. (Hg.) (1987): Über die Schwierigkeiten der Verständigung beim Reden. Opladen.

Voigt, E. (1985): Unbemerkte Ungleichheit. Die Darstellung von Mädchen und Frauen in 55 für Berliner Grundschulen zugelassene Schulbücher. Berlin.

Volosinov, V. N. (1975): Marxismus und Sprachphilosophie. Frankfurt/M./ Berlin/Wien (ursprünglich 1929).

Vollstädt, W. u. a. (1999): Lehrpläne im Schulalltag. Opladen.

Wacker, A (Hg.) (1976): Die Entwicklung des Gesellschaftsverständnisses bei Kindern. Frankfurt/M., New York.

Wagner, R. u. a. (1978): Mann-Frau-Rollenklischees im Unterricht. München.
Walter, R. (1999): Toleranz eines gesellschaftlichen Rechtsstaates. Frankfurter Rundschau 14.08.1999.
Walzer, M. (1998): Über Toleranz. Von der Zivilisierung der Differenz. Hamburg.
Watzlawick, P./Beavin, J. H./Jackson, D. D. (1985): Menschliche Kommunikation. (7. Auflage). Bern/Stuttgart/Toronto.
Weber, M. (1964): Wirtschaft und Gesellschaft. Köln/Berlin.
Weedon, C. (1990): Wissen und Erfahrung. Feministische Praxis und poststrukturalistische Theorie. Zürich/Dortmund.
Wehler, H.-U. (1998): Die Herausforderung der Kulturgeschichte. München.
Weidenmann, B. (1991): Lernen mit Bildmedien: psychologische und didaktische Grundlagen. Weinheim/Basel.
Weidenmann, B. (Hg.) (1993): Wissenserwerb mit Bildern: instruktionale Bilder in Printmedien, Film/Video und Computerprogrammen. Göttingen u. a.
Weinbrenner, P. (1986): Kategorien und Methoden für die Analyse wirtschafts- und sozialwissenschaftlicher Lehr- und Lernmittel. In: Internationale Schulbuchforschung. Hrsg. Georg-Eckert-Institut, Nr. 3., Braunschweig.
Weinbrenner, P. (1992): Theoretische Grundlagen, Dimensionen und Kategorien für die Analyse wirtschafts- und sozialkundlicher Schulbücher. In: Schriften zur Didaktik der Wirtschafts- und Sozialwissenschaften. Universität Bielefeld, Nr. 27. Bielefeld.
Weinbrenner, P. (1995): Grundlagen und Methodenprobleme sozialwissenschaftlicher Schulbuchforschung. In: Olechowski, R. (Hg.): a. a. O., S. 21-45.
Weingart, P. (1983): Wissensproduktion und soziale Struktur. Frankfurt/M.
Welsch, W. (1996): Vernunft: die zeitgenössische Vernunftkritik und das Konzept der transversalen Vernunft. Frankfurt/M.
Weniger, E. (1952): Didaktik als Bildungslehre. Teil 1 der Theorie der Bildungsinhalte und des Lehrplans. Weinheim.
Wenning, N. (1995): Nationalstaat und Erziehung. Fernuniversität Hagen.
Wexler, P. (1981): Struktur, Text und Subjekt: Eine kritische Soziologie des Schulbuchwissens. In: Zeitschrift für Sozialisationsforschung und Erziehungssoziologie. 1. Jg., H. 1, S. 55-74.
Wierlacher, A. (Hg.) (1993): Kulturthema Fremdheit. Leitbegriffe und Problemfelder kulturwissenschaftlicher Fremdheitsforschung. München.
Wilke, H. (1998): Systemisches Wissensmanagement. Stuttgart.
Willke, H. (1997): Supervision des Staates. Frankfurt/M.
Wimmer, A. (1996): Kultur. Zur Reformulierung eines sozialanthropologischen Grundbegriffs. In: Kölner Zeitschrift für Soziologie und Sozialpsychologie. H. 3, S. 401-425.
Wimmer, W. (1996): Zerfall des Allgemeinen – Wiederkehr des Singulären. Pädagogische Professionalität und der Wert des Wissens. In: Combe, A./Helsper, W. (Hg.): a. a. O., S. 404-447.
Winkler, H. (1997): Docuverse. Zur Medientheorie der Computer. Regensburg.
Wirth, U. (2002): Performanz. Frankfurt/M.
Wittgenstein, L. (1984): Tractatus logico – philosophicus. Werkausgabe Band 1. Frankfurt/M.

Wodak, R. (1998): Zur diskursiven Konstruktion nationaler Identität. Frankfurt/M.
Wodak, R. u. a. (1990): „Wir sind alle unschuldige Täter". Diskurs-historische Studien zum Nachkriegsantisemitismus. Frankfurt/M.
Wodak, R./Van Leeuwen, T. (1999): Politische, rechtliche und bürokratische Legitimation von Einwanderungskontrolle: Eine diskurshistorische Analyse. In: Kosseck, B. (Hg.): Gegen – Rassismen. Konstruktionen neuer Interaktionen und Interventionen. Berlin.
Woetzel, A. (1980): Diskursanalyse in Frankreich. In: Das Argument. Nr. 122, S. 511-512.
Wünsche, K. (1995): Der Schüler. In: Lenzen, D. (Hg.): a. a. O., S. 362-382.
Wulf, C. u. a. (Hg.) (2001): Grundlagen des Performativen. Weinheim/München.
Ziehe, T. (1975): Pubertät und Narzissmus: Sind Jugendliche entpolitisiert? Frankfurt/M.
Ziehe, T. (1996): Vom Preis des selbstbezüglichen Wissens. In: Combe, A./ Helsper, W. (Hg.): a. a. O., S. 924-942.
Zima, P. V. (Hg.) (1977): Textsemiotik als Ideologiekritik. Frankfurt/M.
Zima, P. V. (1989): Ideologie und Theorie. Tübingen.
Zima, P. V. (1991): Literarische Ästhetik. Tübingen.
Zinnecker, J. (Hg.) (1975): Der heimliche Lehrplan. Weinheim/Basel.

Frankfurter Beiträge zur Erziehungswissenschaft
Fachbereich Erziehungswissenschaften der
Johann Wolfgang Goethe-Universität

Reihe Kolloquien:

Frank-Olaf Radtke (Hg.)
Die Organisation von Homogenität – Jahrgangsklassen in der Grundschule
Kolloquium anläßlich der 60. Geburtstage von Gertrud Beck und Richard Meier, Frankfurt am Main 1998

Frank-Olaf Radtke (Hg.)
Lehrerbildung an der Universität – Zur Wissensbasis pädagogischer Professionalität
Dokumentation des Tages der Lehrerbildung an der Johann Wolfgang Goethe-Universität, Frankfurt am Main 1999

Heiner Barz (Hg.)
Pädagogische Dramatisierungsgewinne – Jugendgewalt. Analphabetismus. Sektengefahr
Frankfurt am Main 2000

Gertrud Beck, Marcus Rauterberg, Gerold Scholz, Kristin Westphal (Hg.)
Sachen des Sachunterrichts
Dokumentation einer Tagungsreihe 1997 – 2000
Frankfurt am Main 2001
Korrigierte Neuauflage 2002

Brita Rang und Anja May (Hg.)
Das Geschlecht der Jugend – Dokumentation der Vorlesungsreihe Adoleszenz: weiblich/männlich? im Wintersemester 1999 / 2000
Frankfurt am Main 2001

Dagmar Beinzger und Isabell Diehm (Hg.)
Frühe Kindheit und Geschlechterverhältnisse. Konjunkturen in der Sozialpädagogik
Frankfurt am Main 2003

Reihe Forschungsberichte:

Thomas Höhne/Thomas Kunz/Frank-Olaf Radtke
Bilder von Fremden – Formen der Migrantendarstellung als der „anderen Kultur" in deutschen Schulbüchern von 1981-1997
Frankfurt am Main 1999 (auch veröffentlicht unter: http://www.rz.uni-frankfurt.de/~bfischer/VW-Zwischenber.pdf)

Uwe E. Kemmesies
Umgang mit illegalen Drogen im ‚bürgerlichen' Milieu (UMID). Bericht zur Pilotphase
Frankfurt am Main 2000

Reihe Monographien:

Matthias Proske
Pädagogik und Dritte Welt – Eine Fallstudie zur Pädagogisierung sozialer Probleme
Frankfurt am Main 2001

Thomas Höhne
Schulbuchwissen – Umrisse einer Wissens- und Medientheorie des Schulbuchs
Frankfurt am Main 2003

Thomas Höhne/Thomas Kunz/Frank-Olaf Radtke
Bilder von Fremden – Formen der Migrantendarstellung als der anderen Kultur in deutschen Schulbüchern von 1981-1997.
Frankfurt am Main (Im Erscheinen).

www.ingramcontent.com/pod-product-compliance
Lightning Source LLC
Chambersburg PA
CBHW060341170426
43202CB00014B/2840